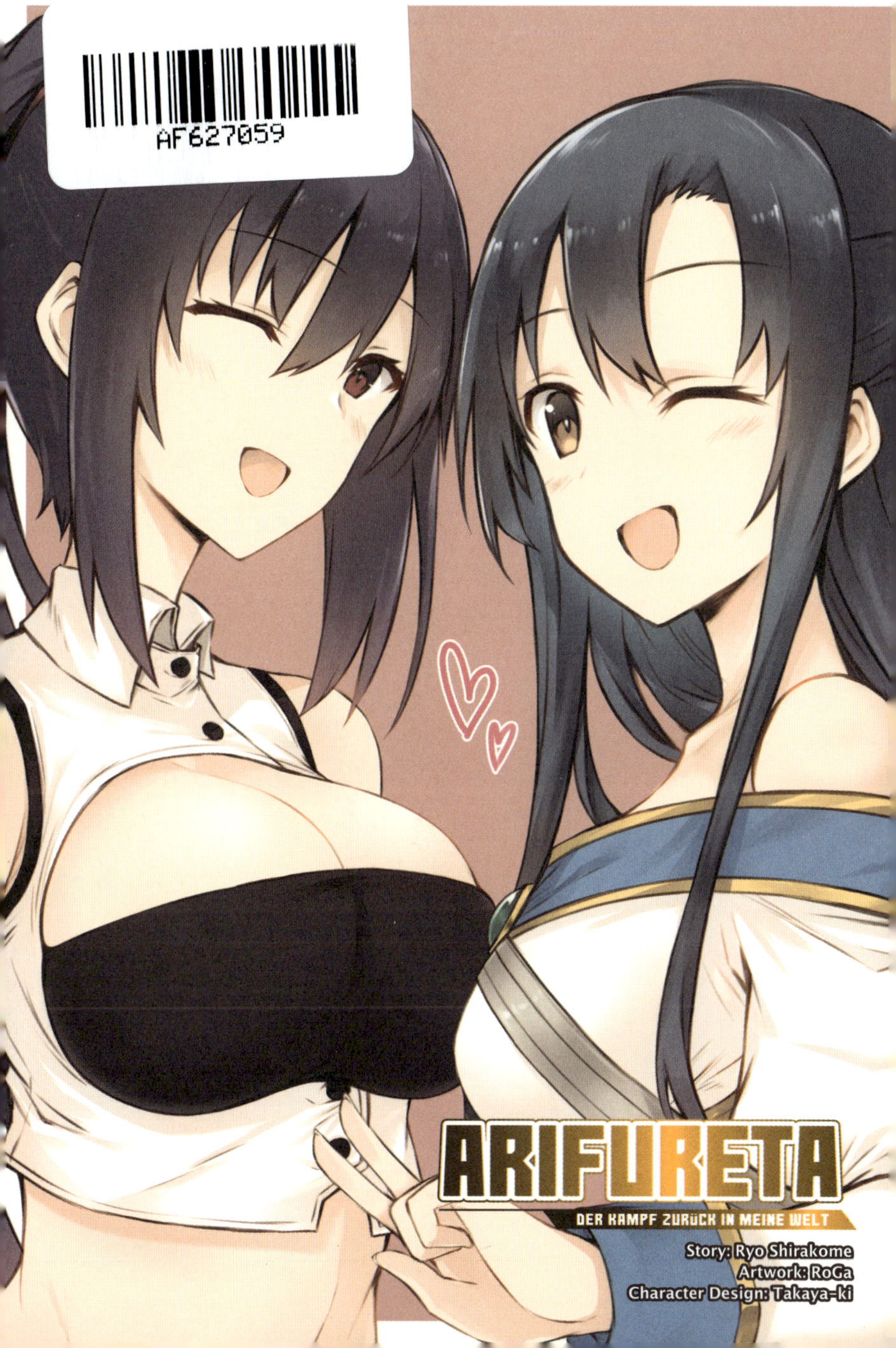
ARIFURETA
DER KAMPF ZURÜCK IN MEINE WELT
Story: Ryo Shirakome
Artwork: RoGa
Character Design: Takaya-ki

Inhalt

Kapitel 45	Hajime Nagumo	003
Kapitel 46	»Er«	029
Kapitel 47	Kaori Shirasaki	059
Kapitel 48	Was wir wollen	089
Kapitel 49	Das Herzogtum Ankaji	119
Bonus	Die glasklare weibliche Intuition der blutsaugenden Prinzessin	148
Bonusmanga	Die Partnerin der heutigen Nacht	156

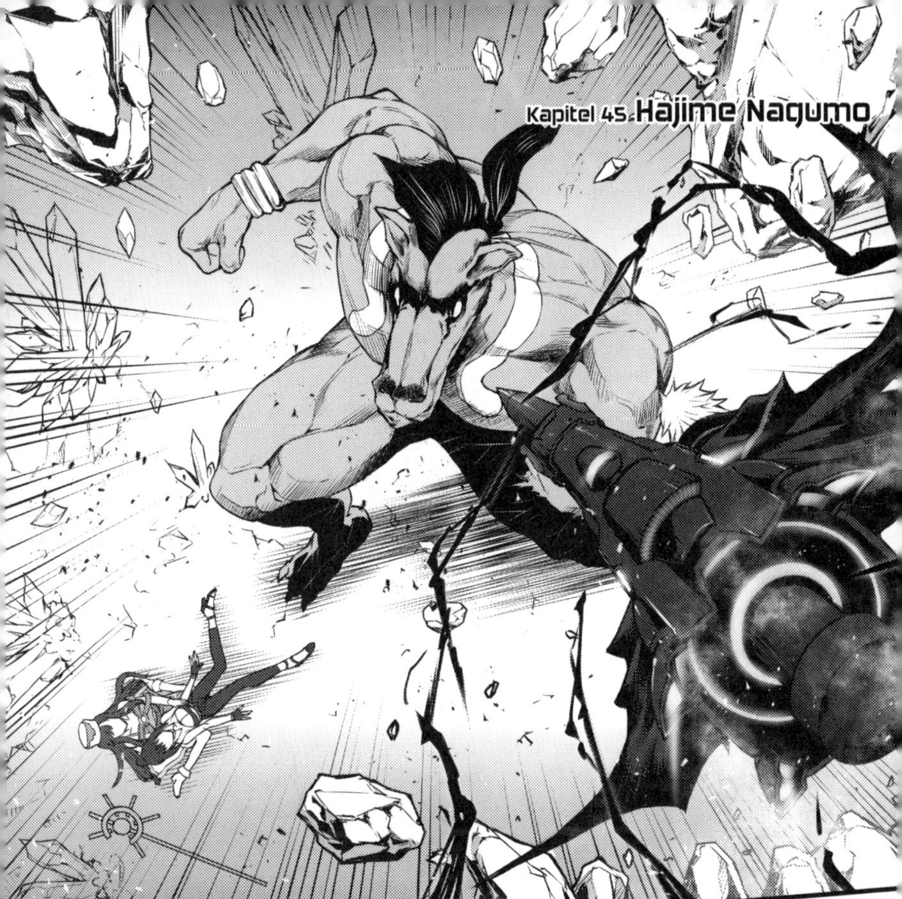
Kapitel 45 Hajime Nagumo

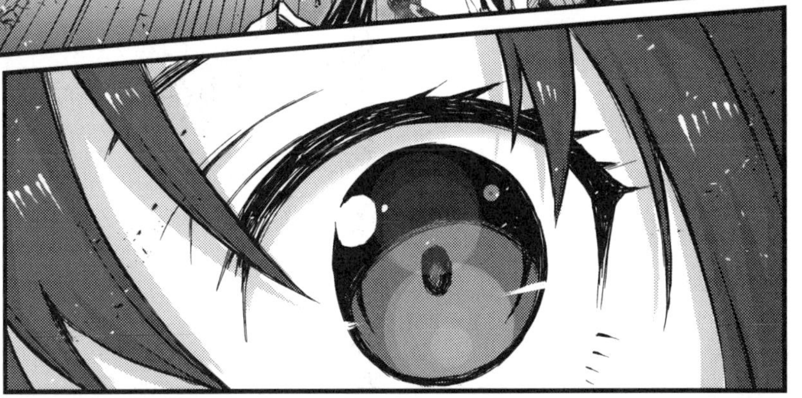

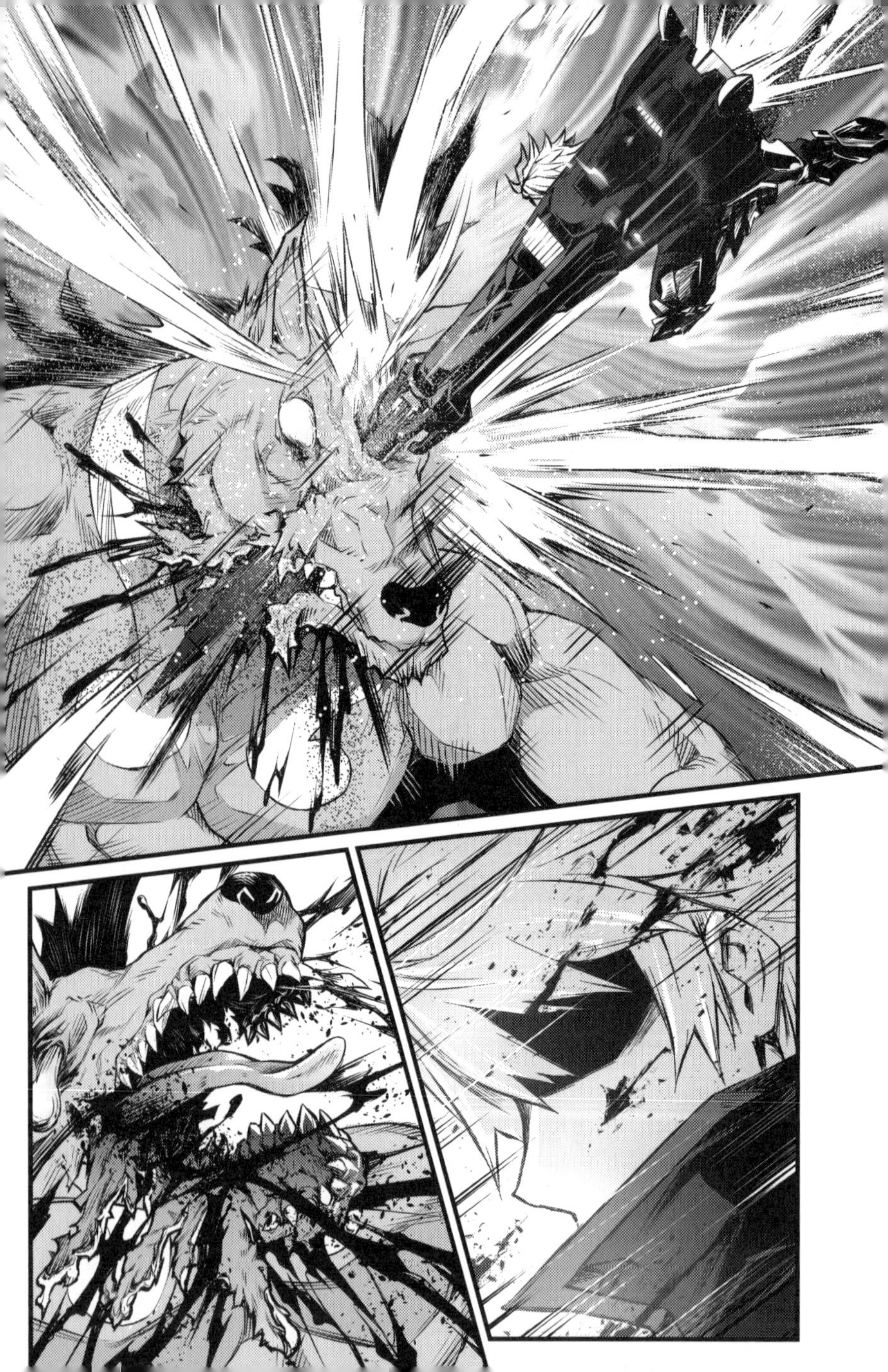

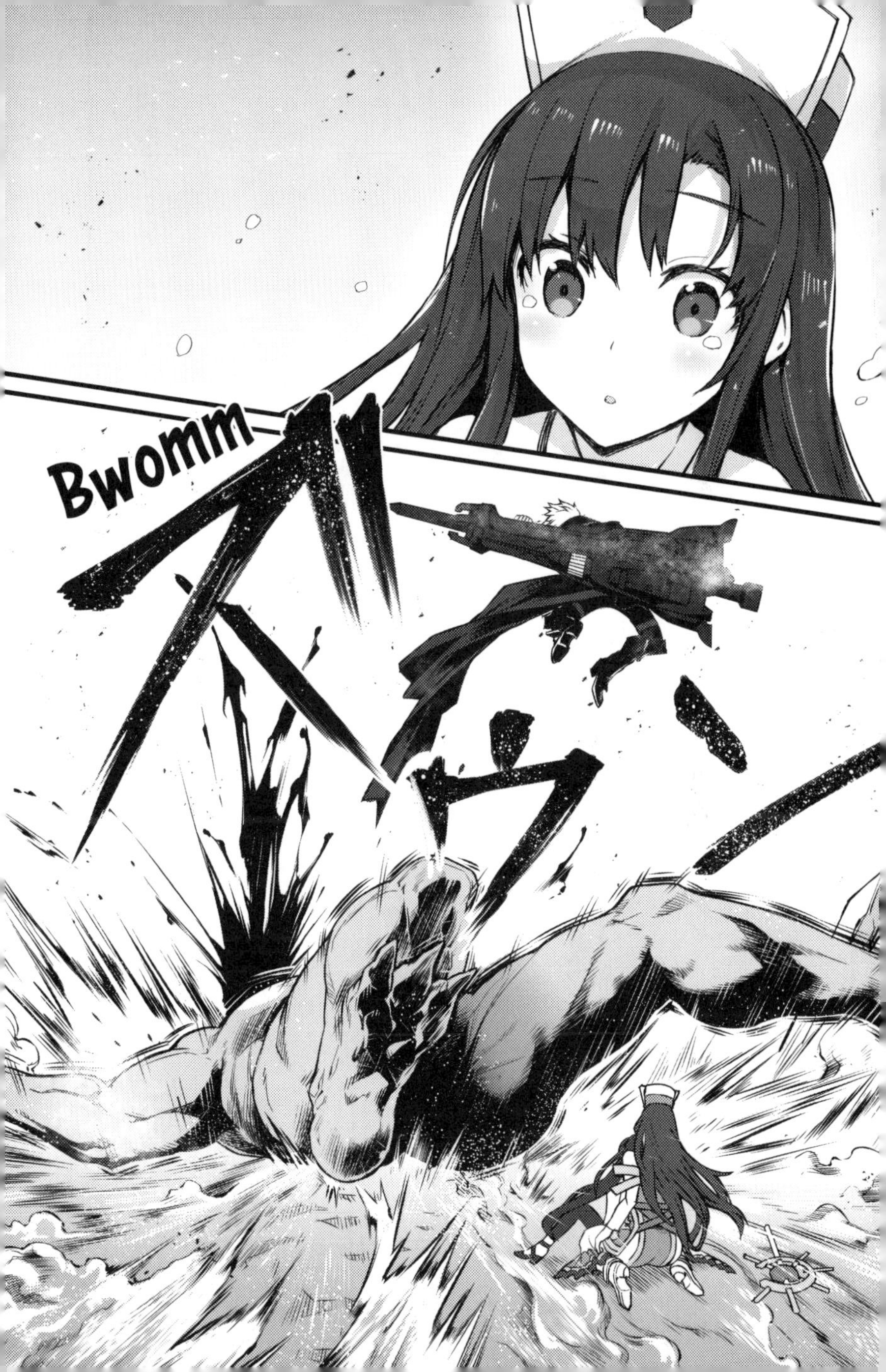
Bwomm

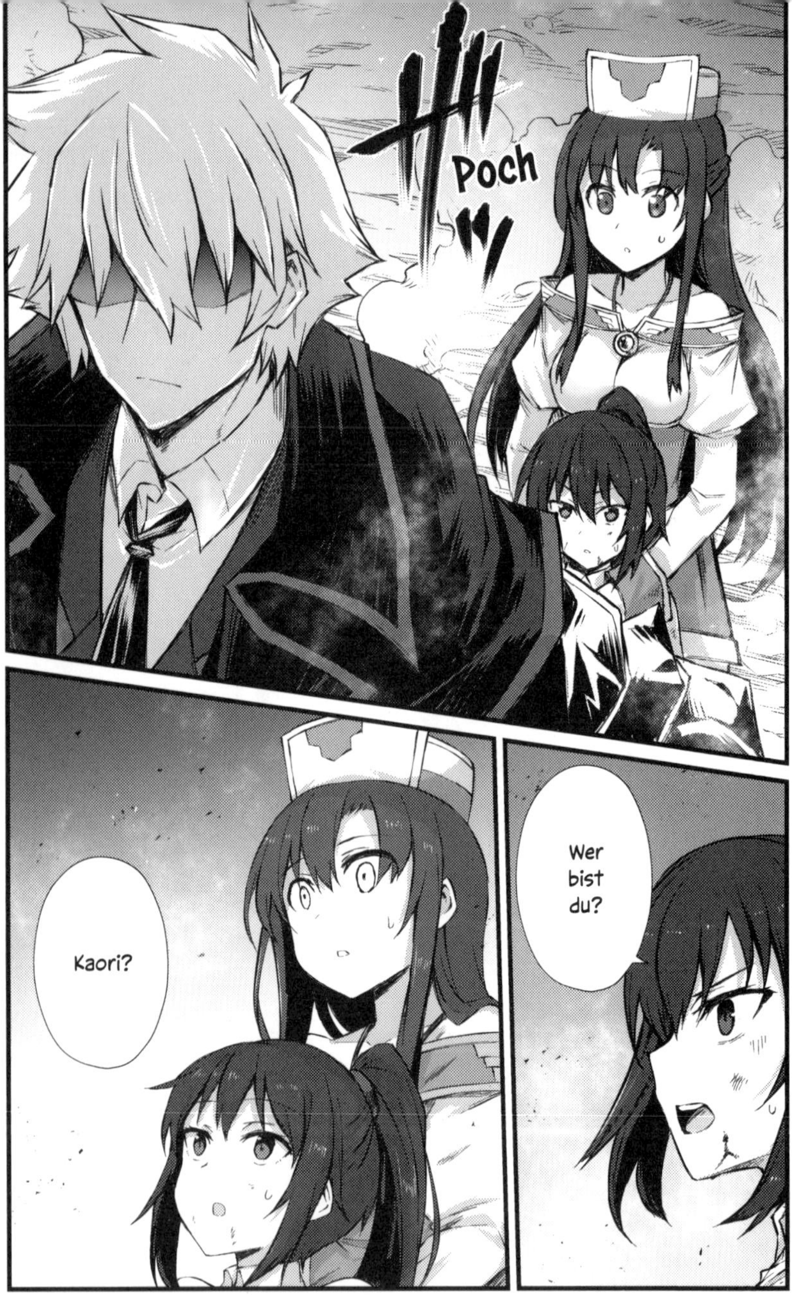
Poch
Kaori?
Wer bist du?

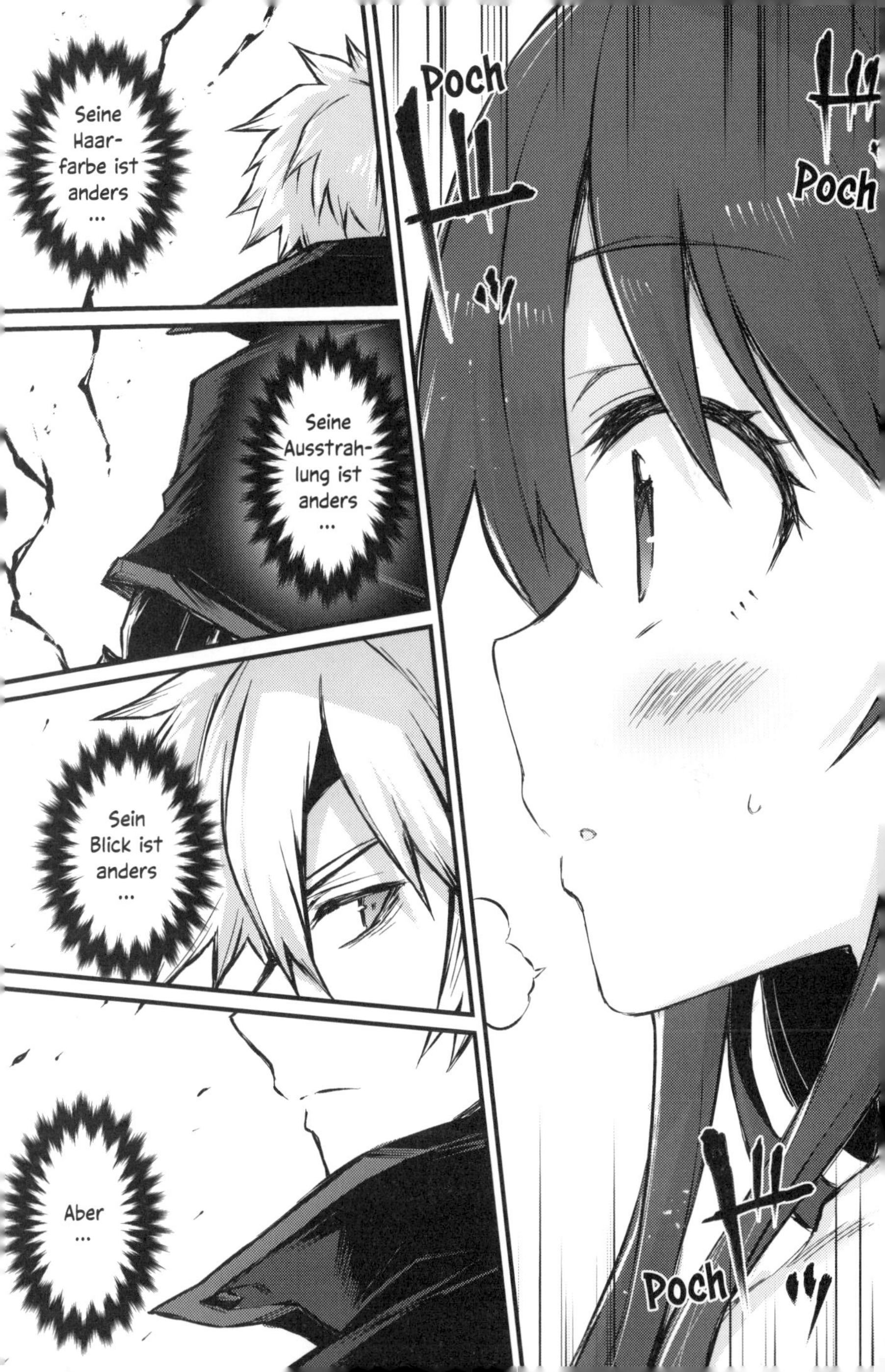
Poch
Poch
Seine Haarfarbe ist anders ...
Seine Ausstrahlung ist anders ...
Sein Blick ist anders ...
Aber ...
Poch

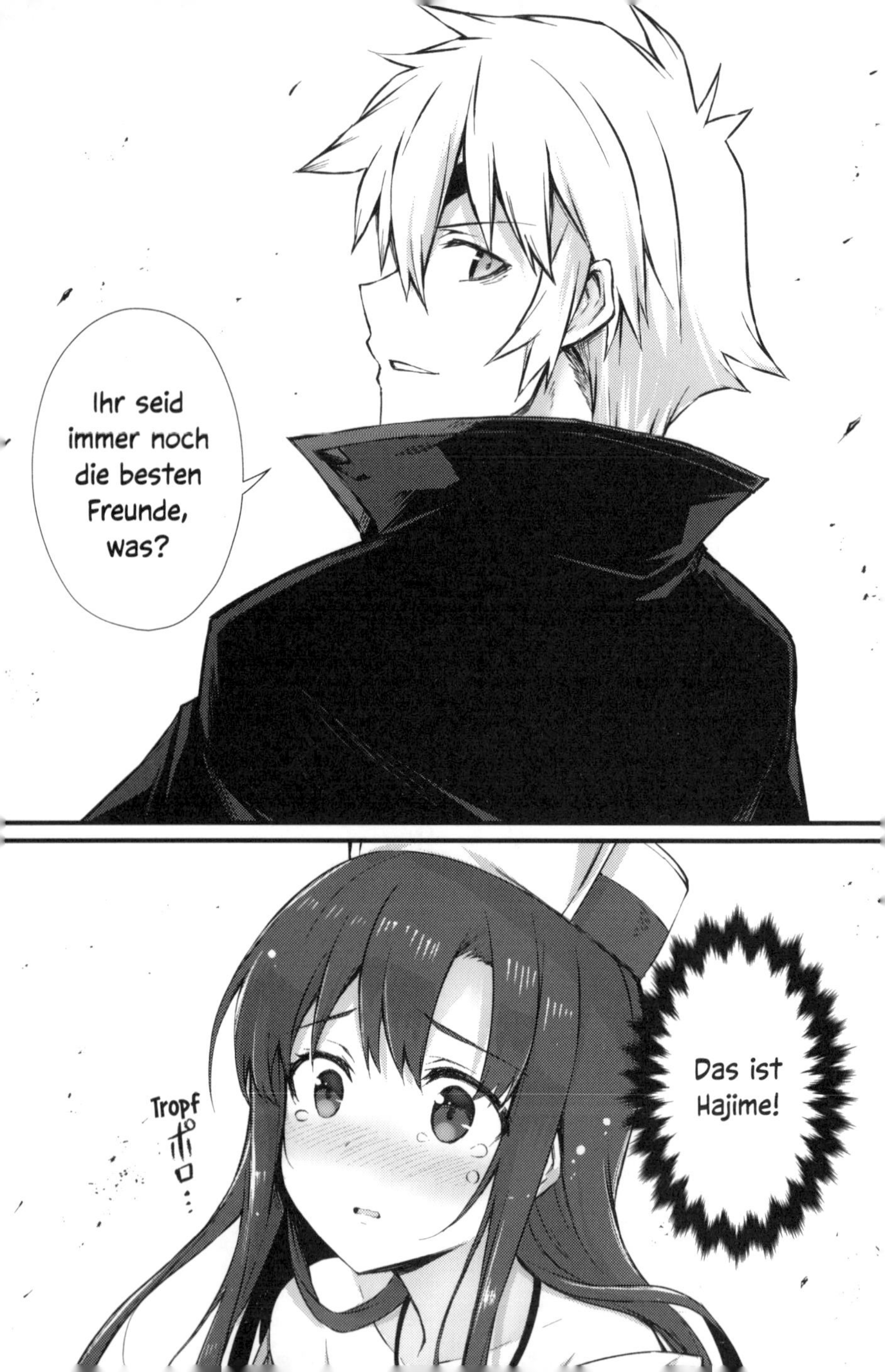

Ihr seid immer noch die besten Freunde, was?
Das ist Hajime!
Tropf

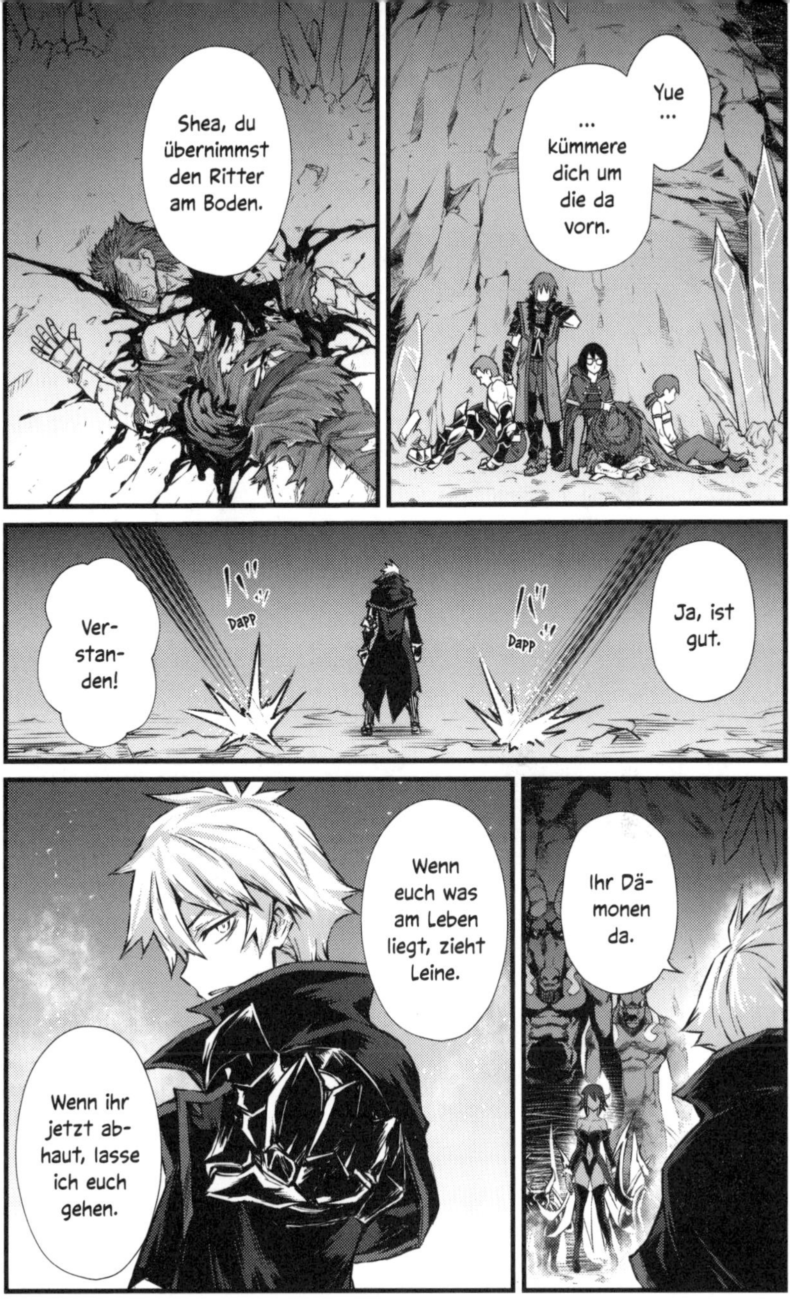
Yue ... kümmere dich um die da vorn.
Shea, du übernimmst den Ritter am Boden.
Ja, ist gut.
DAPP
DAPP
Verstanden!
Ihr Dämonen da.
Wenn euch was am Leben liegt, zieht Leine.
Wenn ihr jetzt abhaut, lasse ich euch gehen.

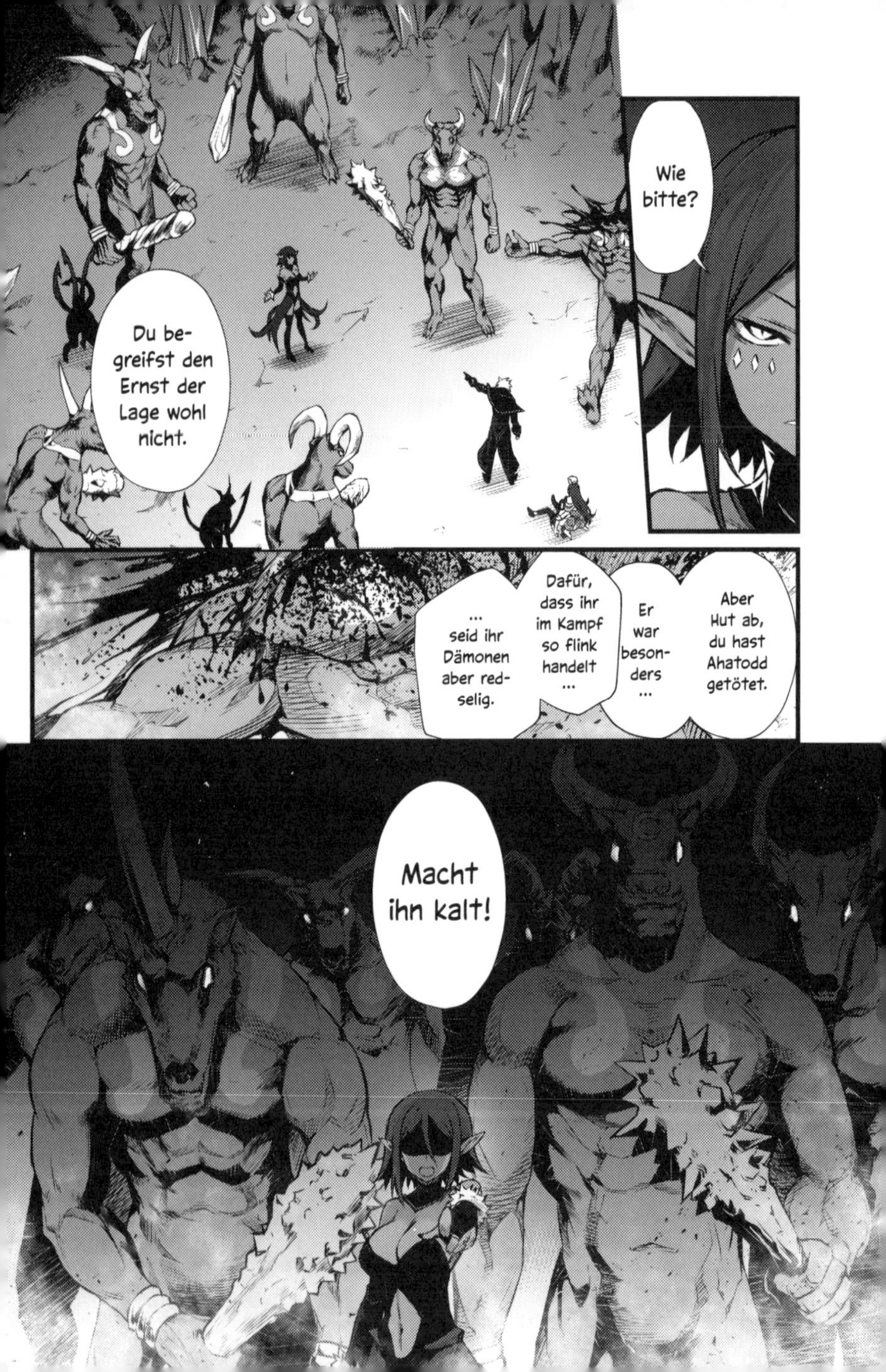
Du begreifst den Ernst der Lage wohl nicht.
Wie bitte?
Aber Hut ab, du hast Ahatodd getötet.
Er war besonders …
Dafür, dass ihr im Kampf so flink handelt …
… seid ihr Dämonen aber redselig.
Macht ihn kalt!

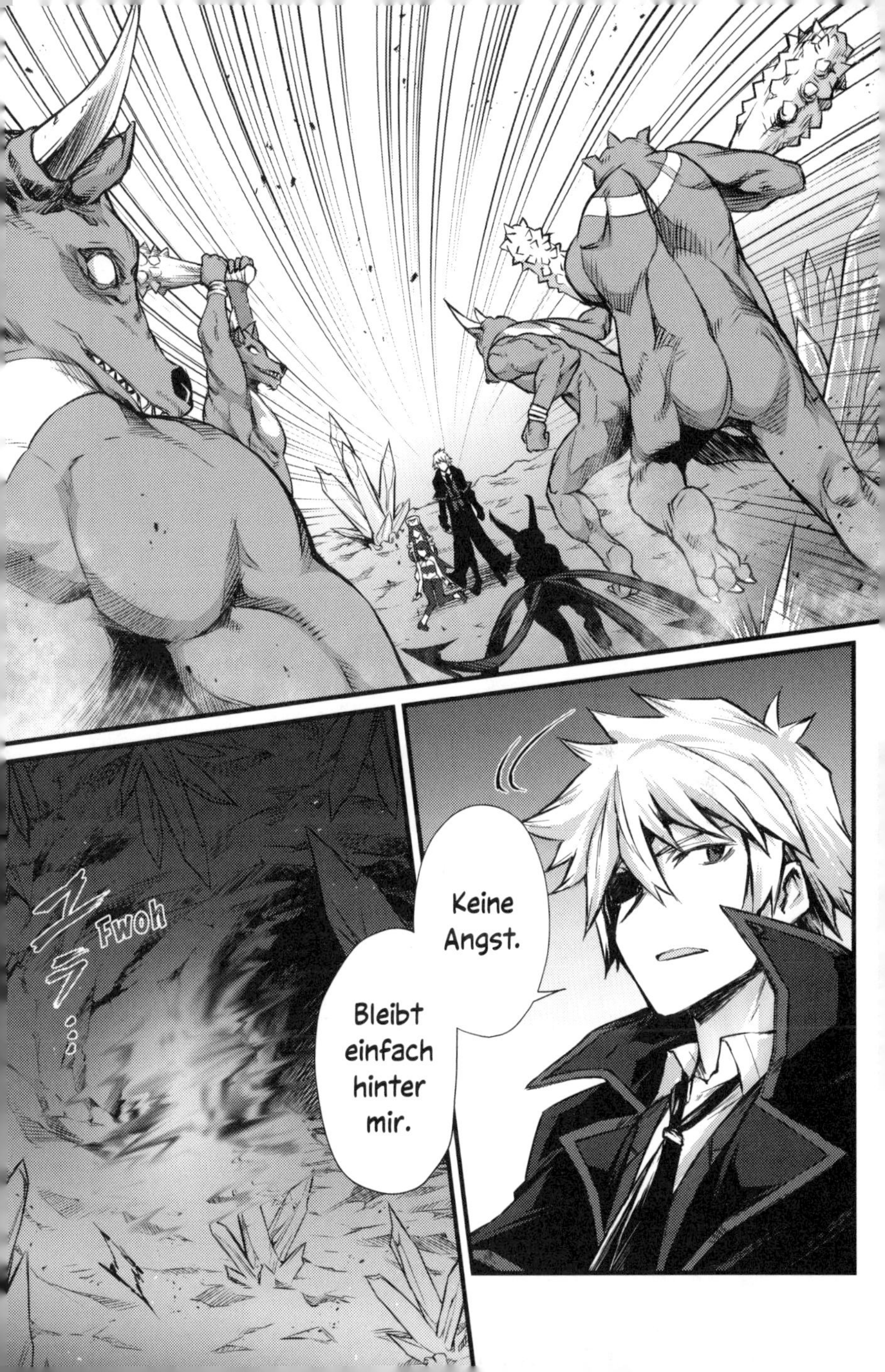
Fwoh
Keine Angst.
Bleibt einfach hinter mir.

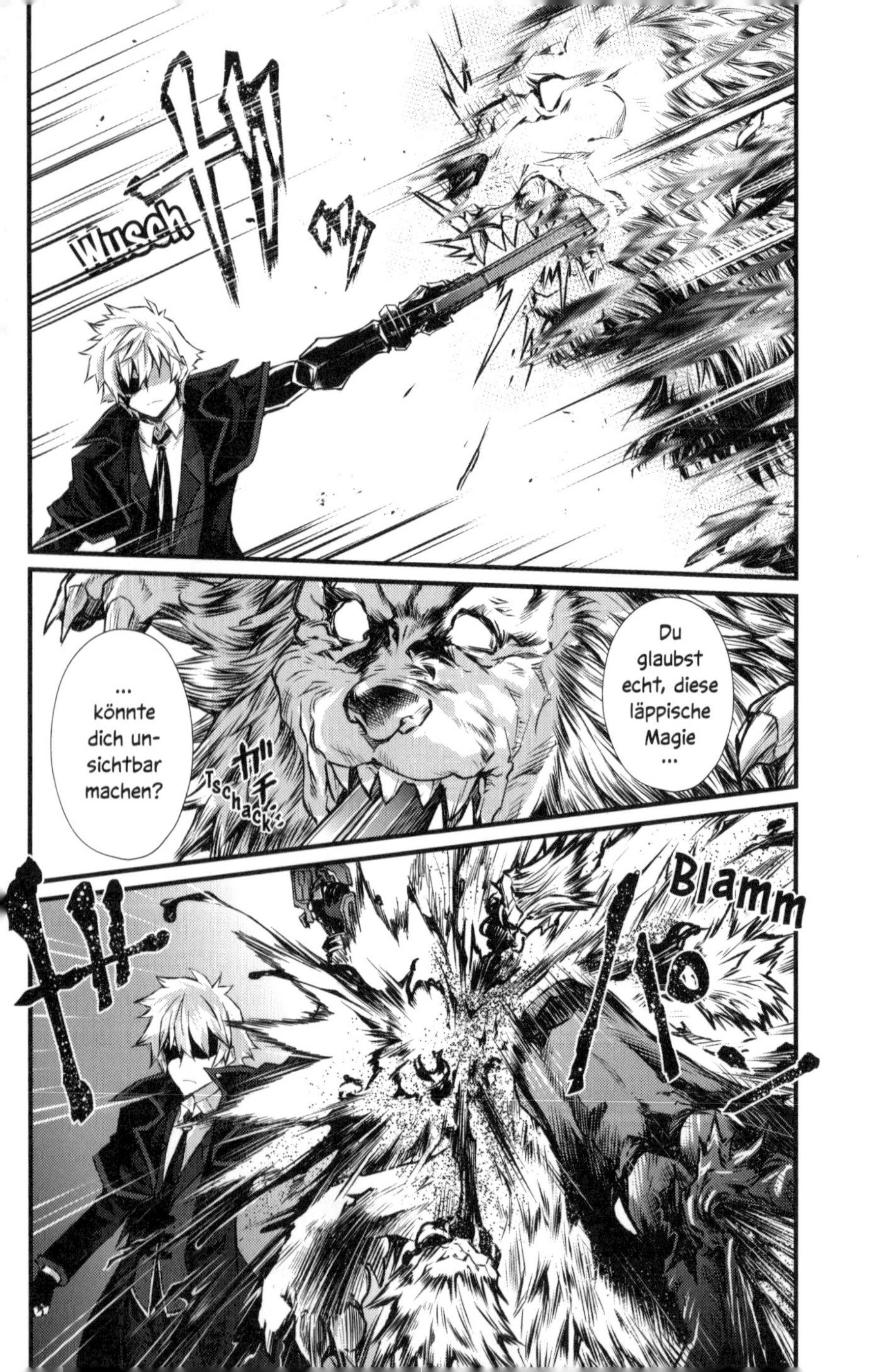
Wusch
Du glaubst echt, diese läppische Magie ...
... könnte dich unsichtbar machen?
Tschack
Blamm

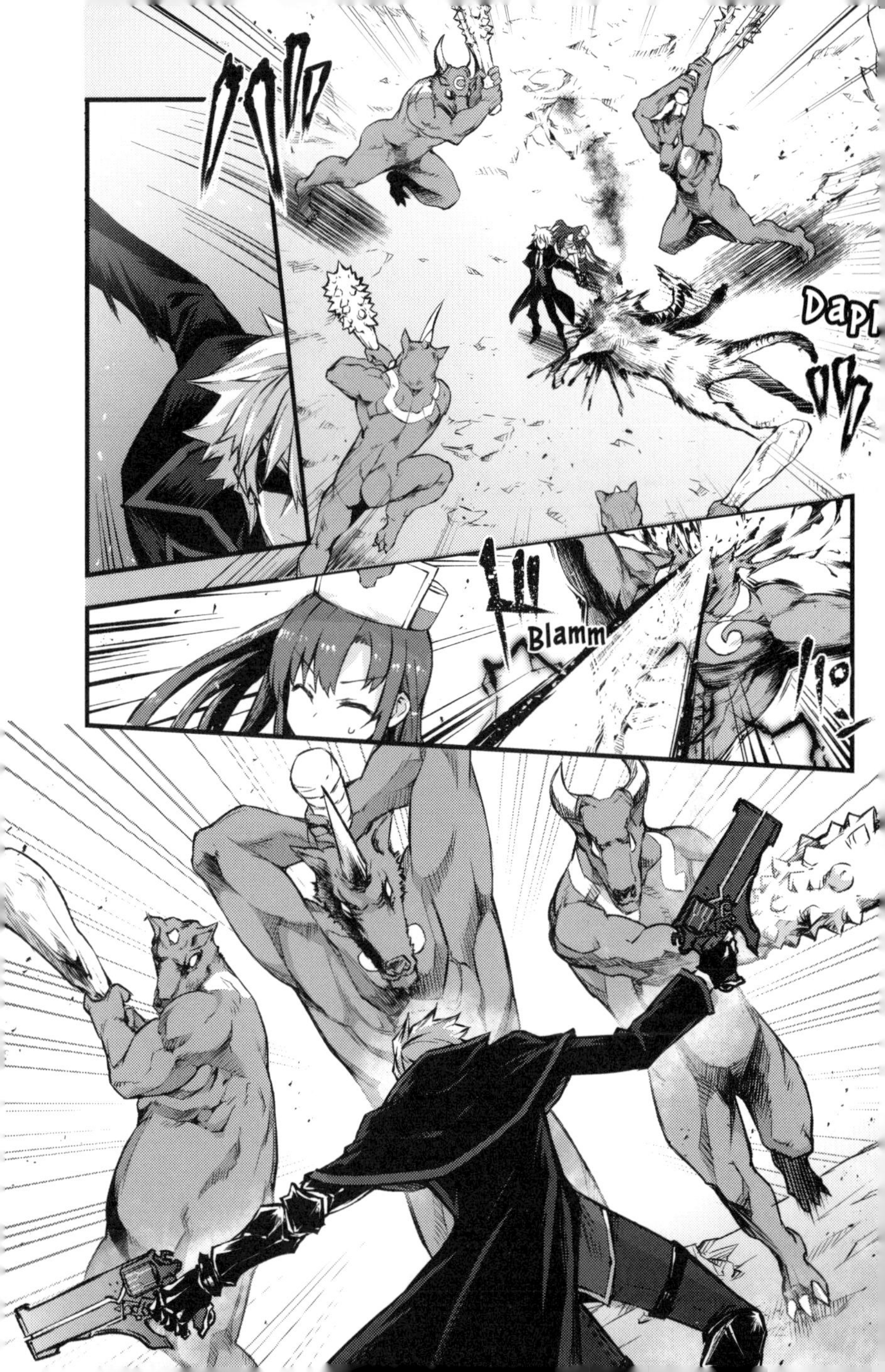
Dapi
Blamm

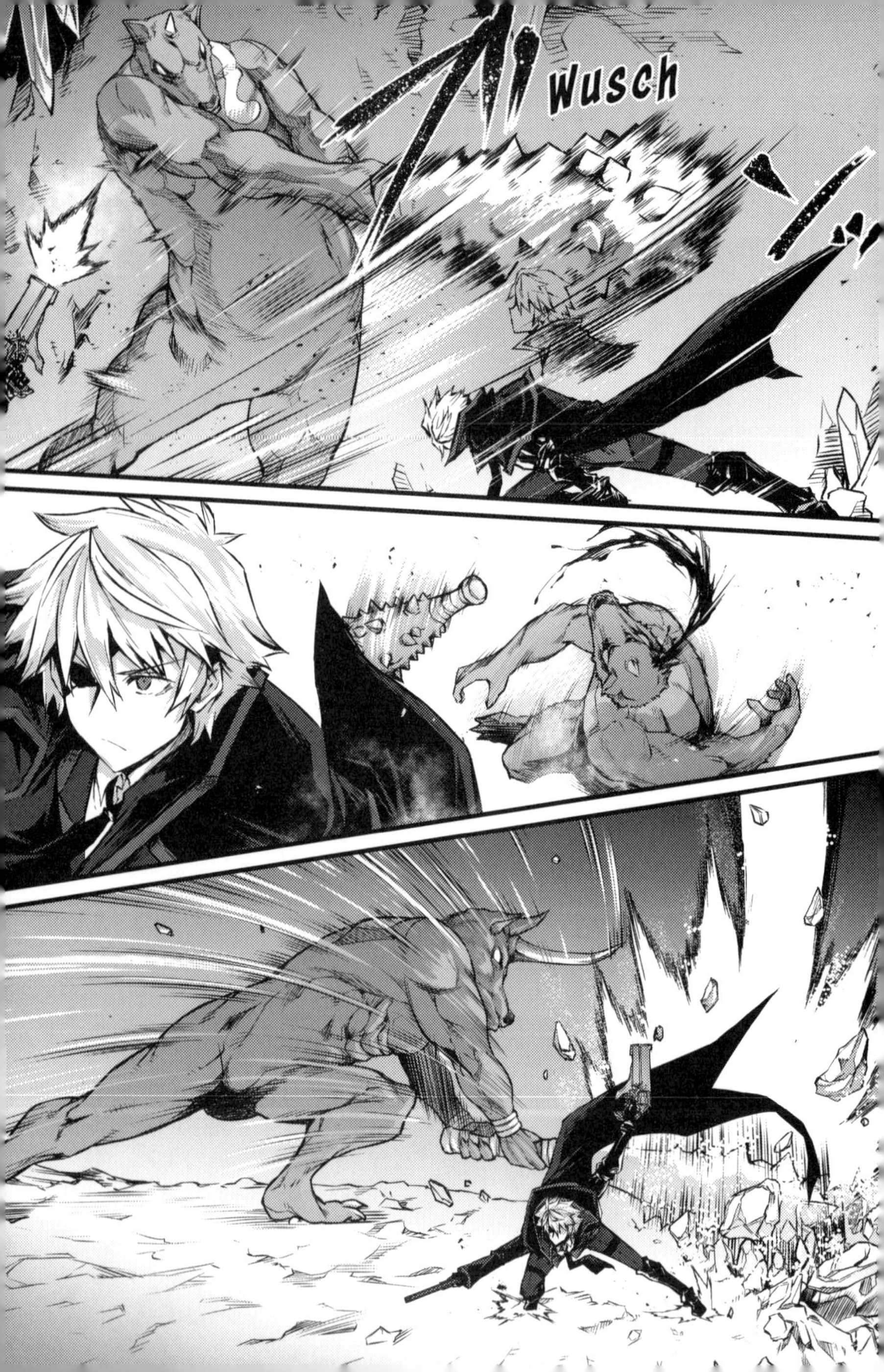
Wusch

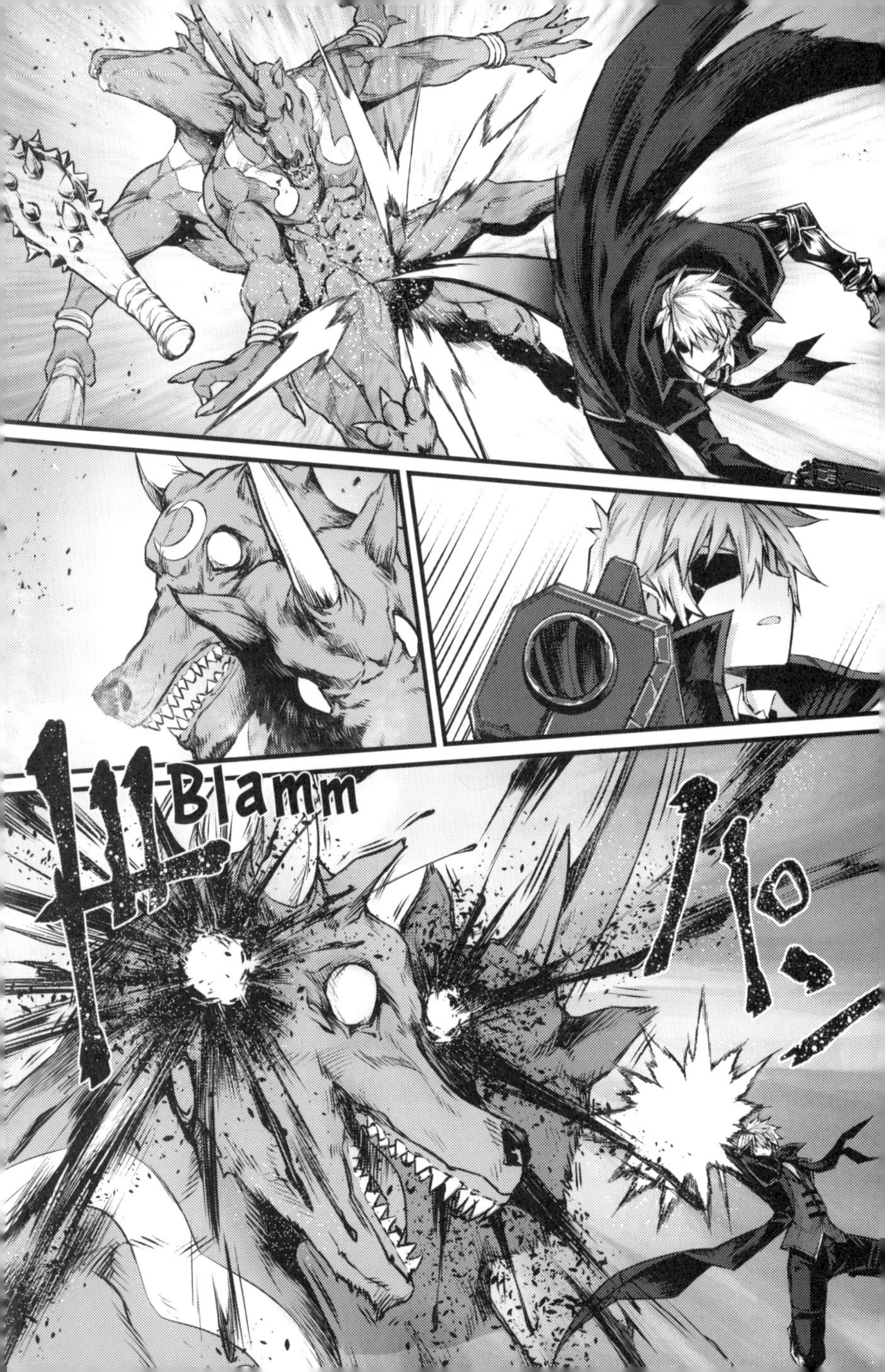
Blamm
ダダ
パ

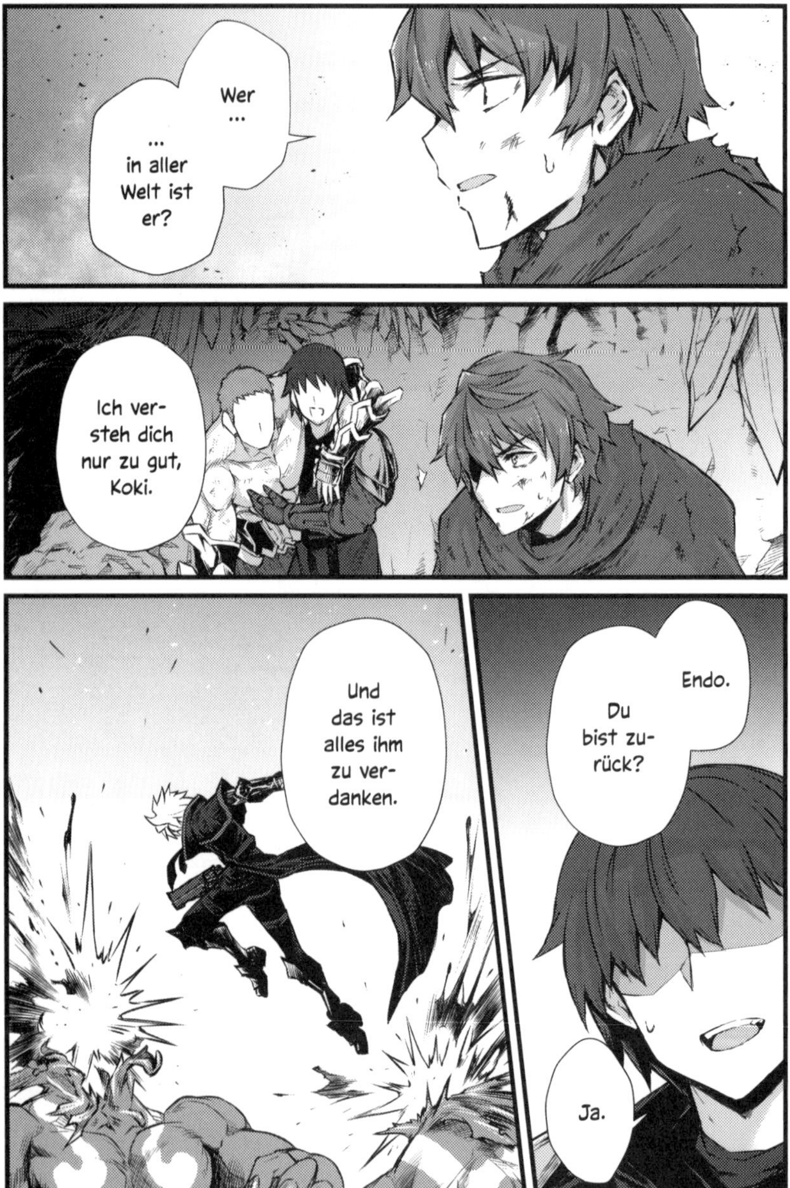

Wer ... ... in aller Welt ist er?
Ich versteh dich nur zu gut, Koki.
Endo. Du bist zurück?
Ja.
Und das ist alles ihm zu verdanken.

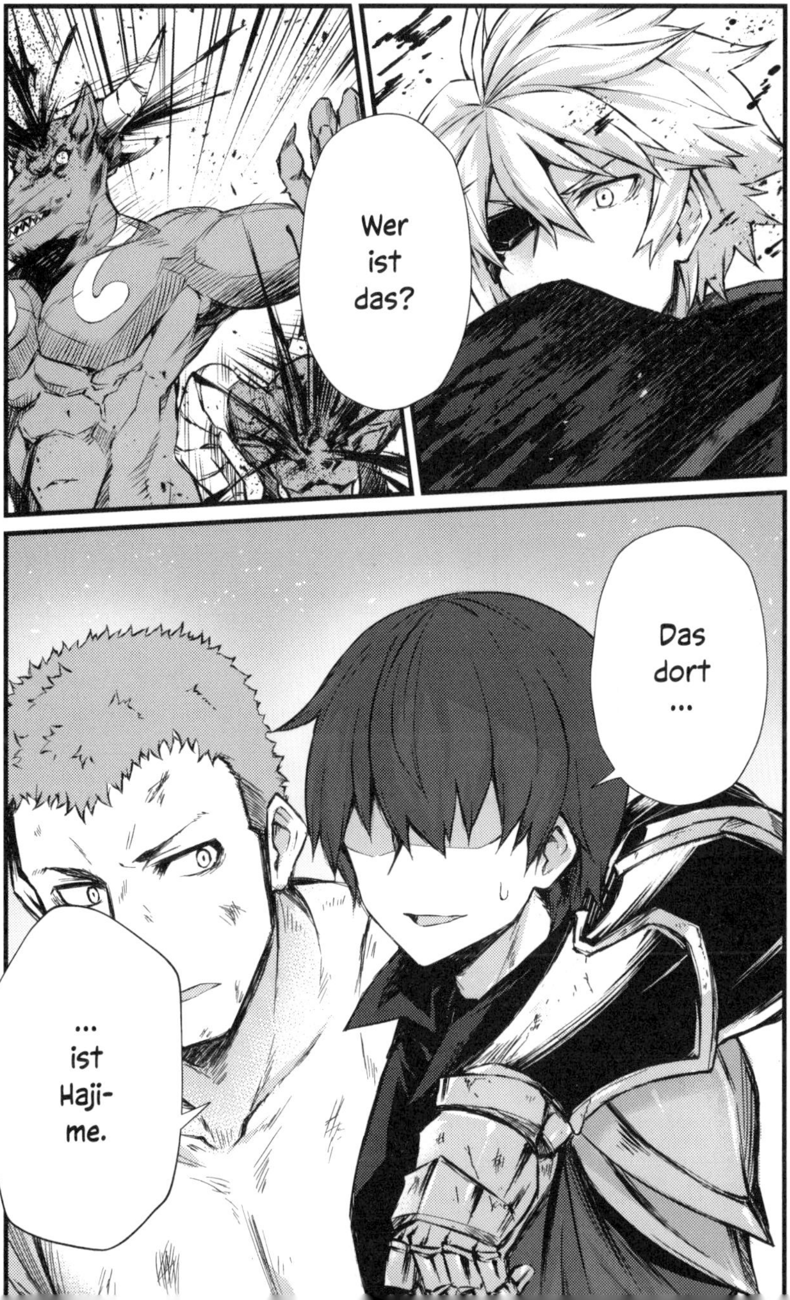
Wer ist das?
Das dort ...
... ist Haji-me.

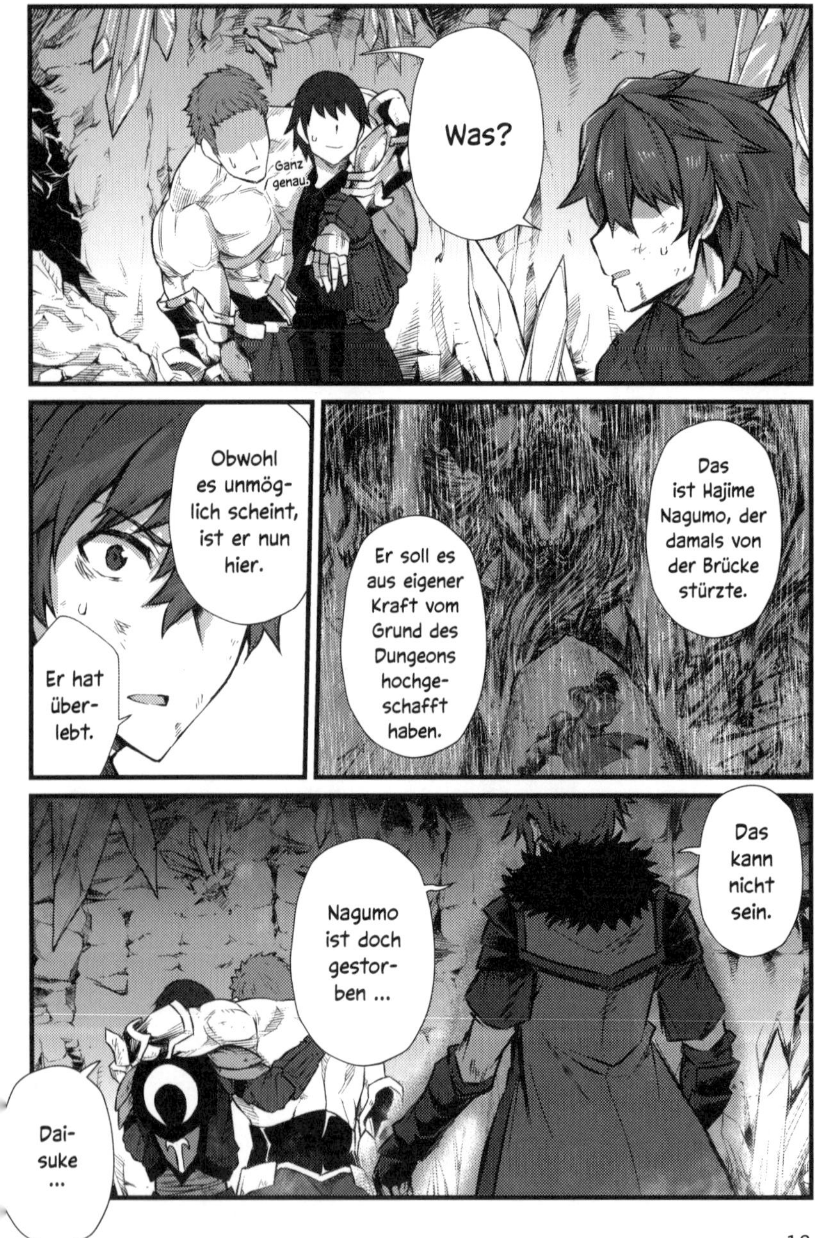

Was?
Ganz genau.
Das ist Hajime Nagumo, der damals von der Brücke stürzte.
Er soll es aus eigener Kraft vom Grund des Dungeons hochgeschafft haben.
Obwohl es unmöglich scheint, ist er nun hier.
Er hat überlebt.
Das kann nicht sein.
Nagumo ist doch gestorben ...
Daisuke ...

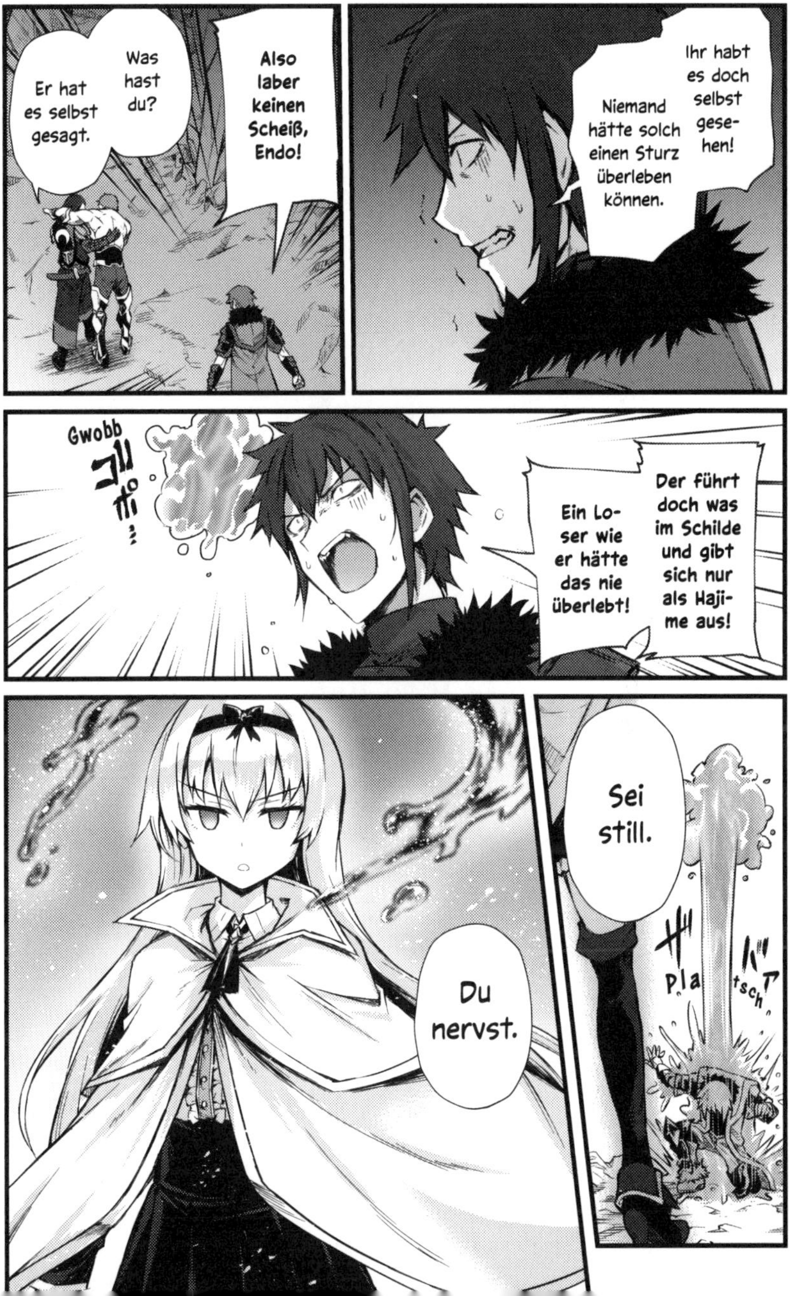
Ihr habt es doch selbst gesehen!
Niemand hätte solch einen Sturz überleben können.
Also laber keinen Scheiß, Endo!
Was hast du?
Er hat es selbst gesagt.
Der führt doch was im Schilde und gibt sich nur als Hajime aus!
Ein Loser wie er hätte das nie überlebt!
Gwobb
Sei still.
Platsch
Du nervst.

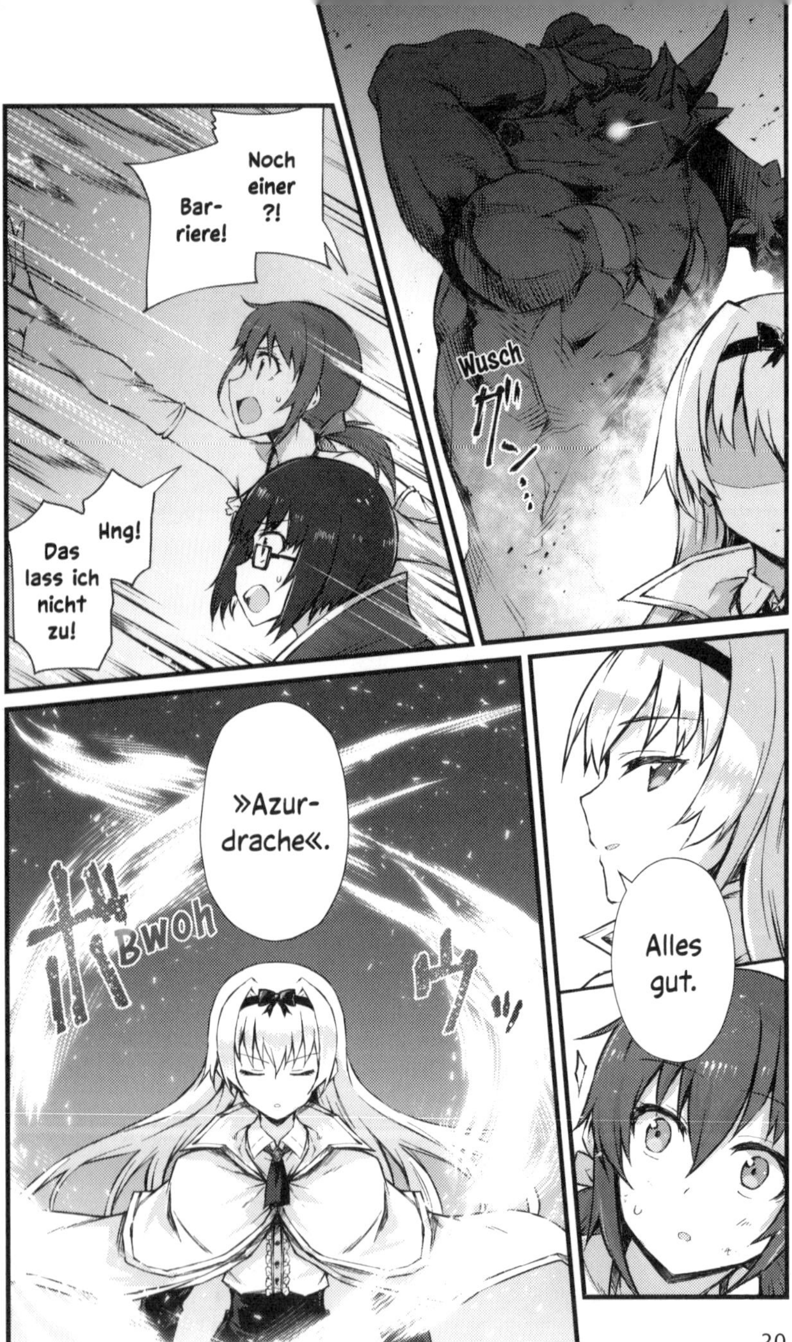
Wusch
Noch einer?!
Barriere!
Hng! Das lass ich nicht zu!
Alles gut.
»Azurdrache«.
Bwoh

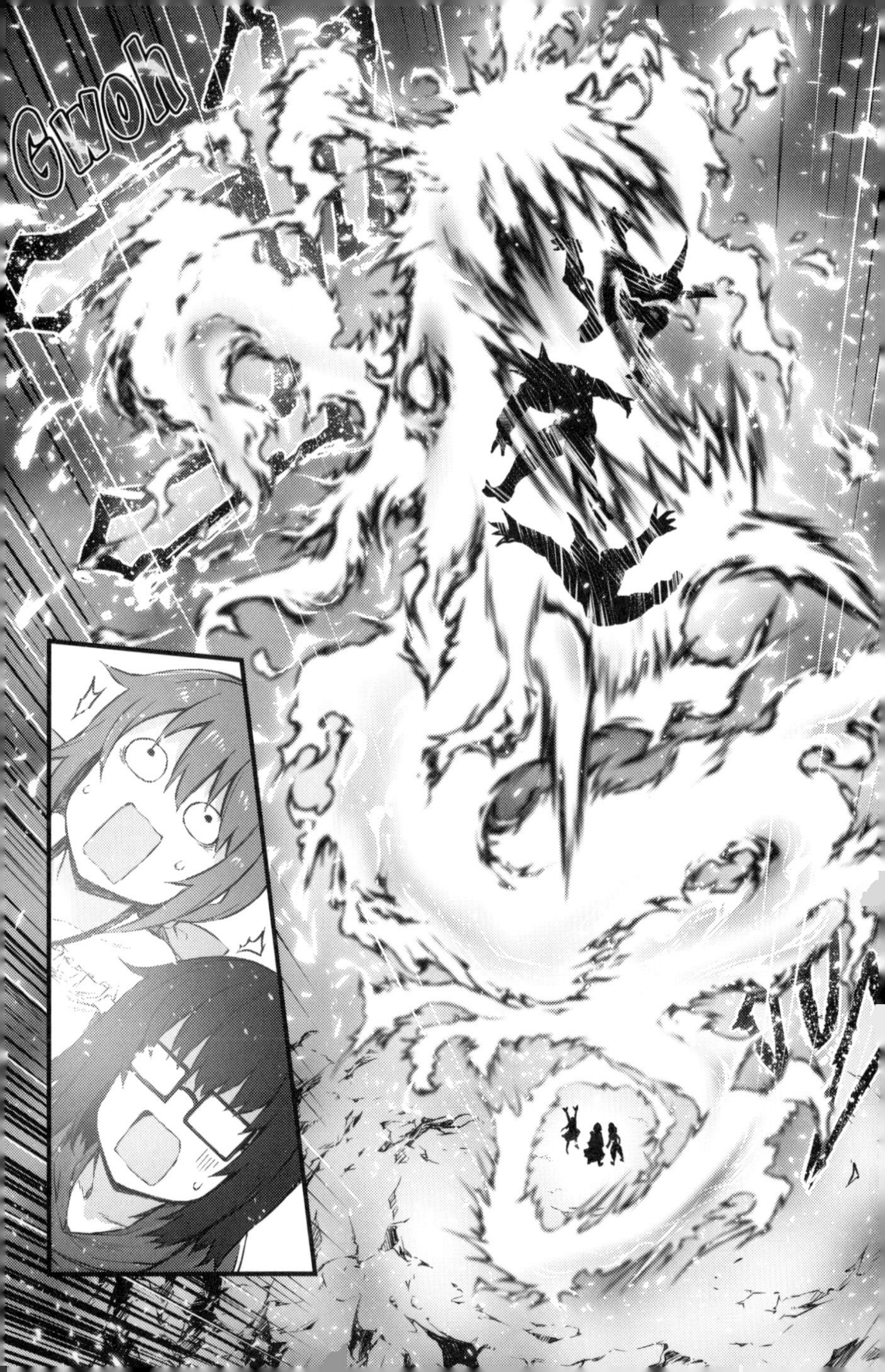
Gwoh

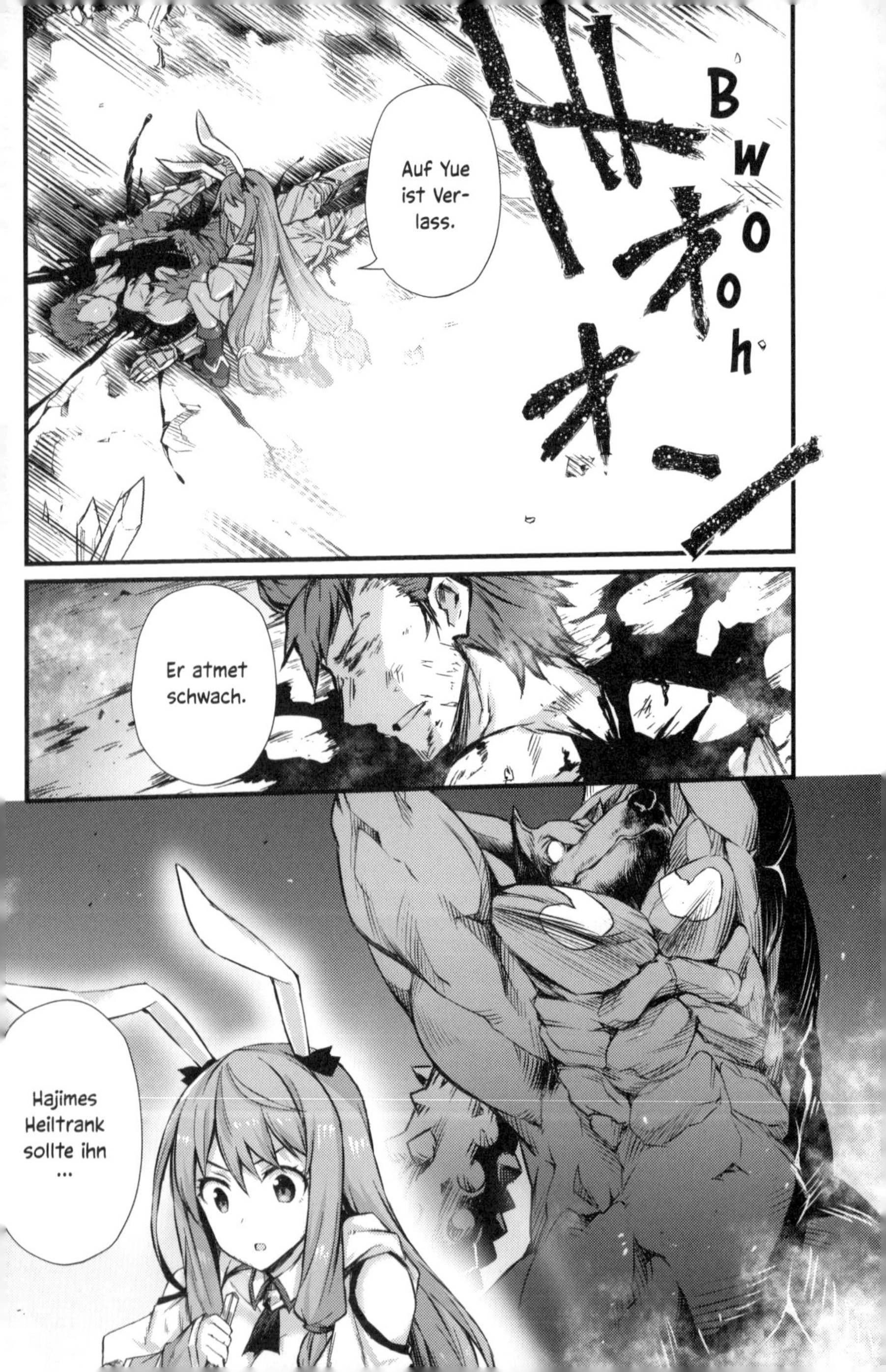
BWOOOh
オオー！
Auf Yue ist Ver-lass.
Er atmet schwach.
Hajimes Heiltrank sollte ihn ...

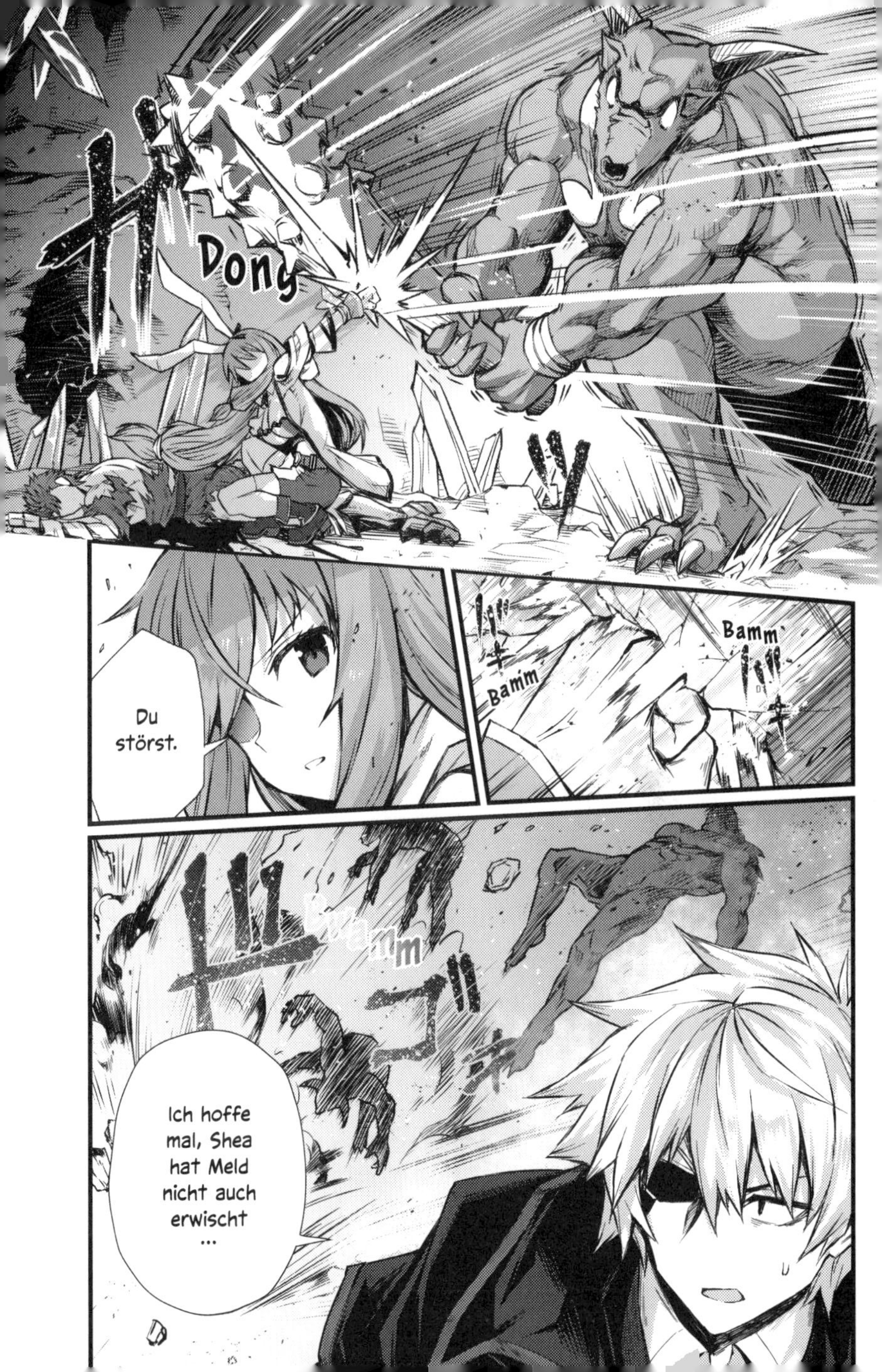
Dong
Bamm
Bamm
Du störst.
Ich hoffe mal, Shea hat Meld nicht auch erwischt ...

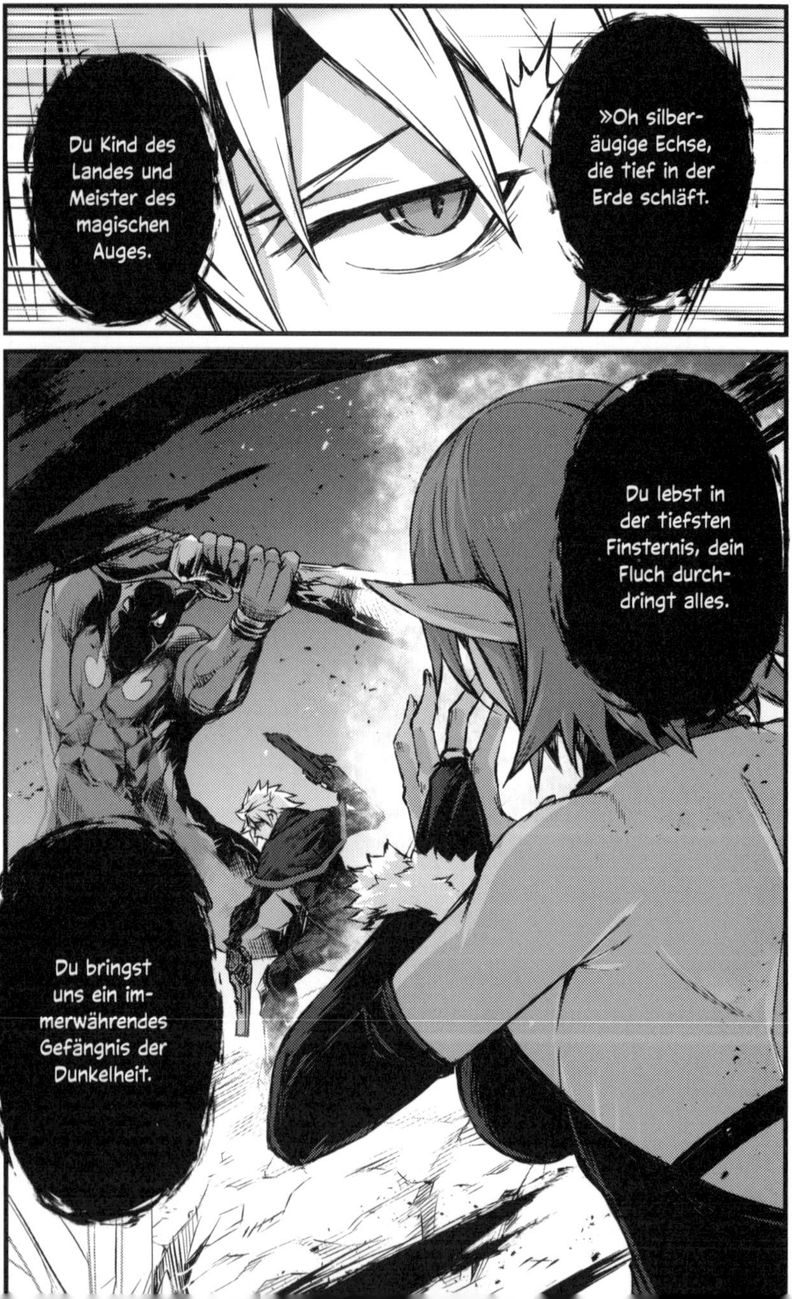
»Oh silberäugige Echse, die tief in der Erde schläft.
Du Kind des Landes und Meister des magischen Auges.
Du lebst in der tiefsten Finsternis, dein Fluch durchdringt alles.
Du bringst uns ein immerwährendes Gefängnis der Dunkelheit.

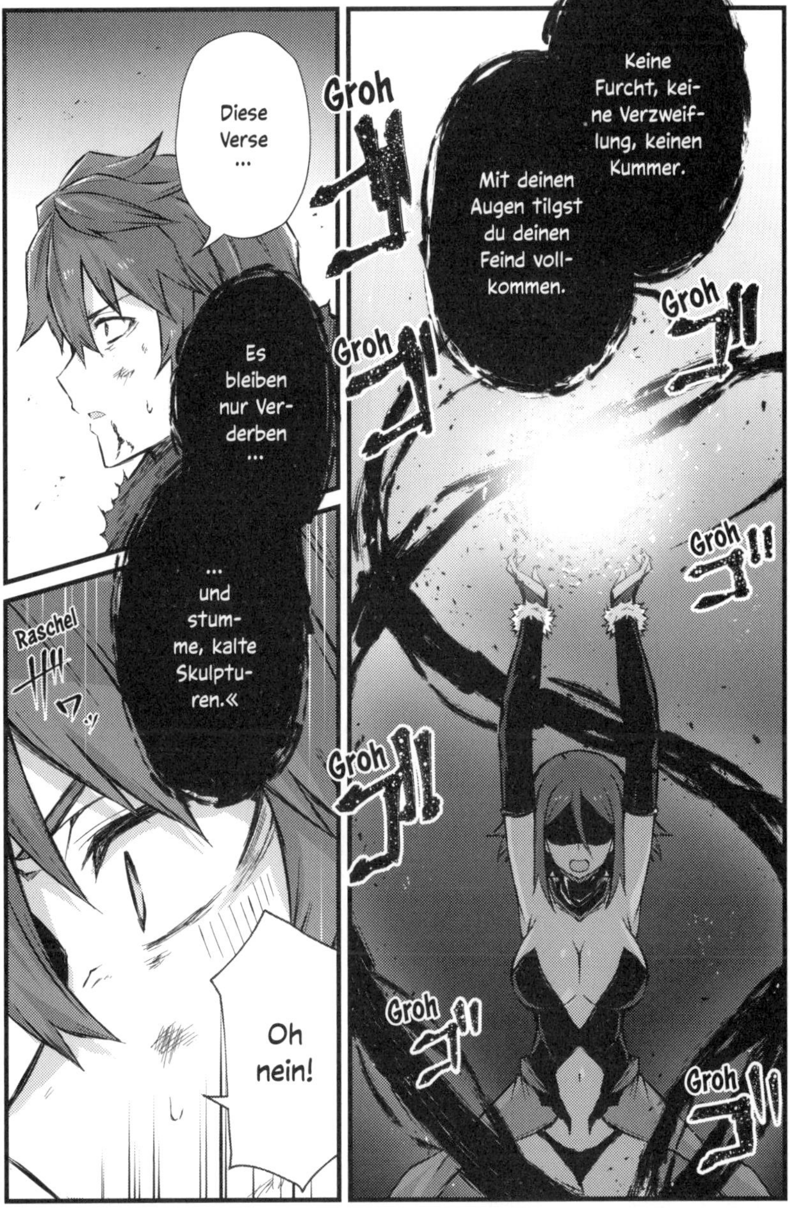
Groh
Keine Furcht, keine Verzweiflung, keinen Kummer.
Mit deinen Augen tilgst du deinen Feind vollkommen.
Groh
Groh
Groh!!
Groh
Groh
Groh
Diese Verse ...
Es bleiben nur Verderben ...
... und stumme, kalte Skulpturen.«
Raschel
Oh nein!

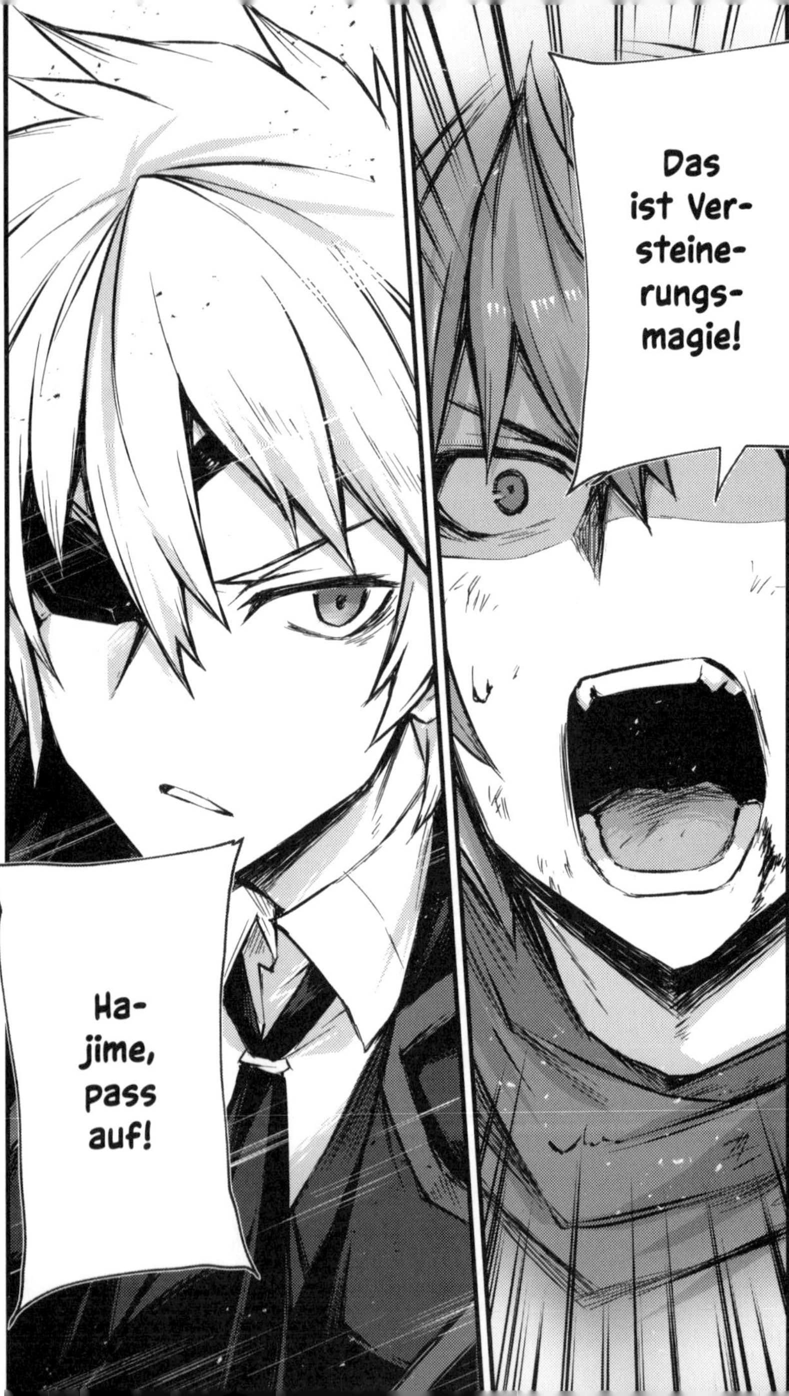
Das ist Ver-steine-rungs-magie!
Ha-jime, pass auf!

ARIFURETA

DER KAMPF ZURÜCK IN MEINE WELT

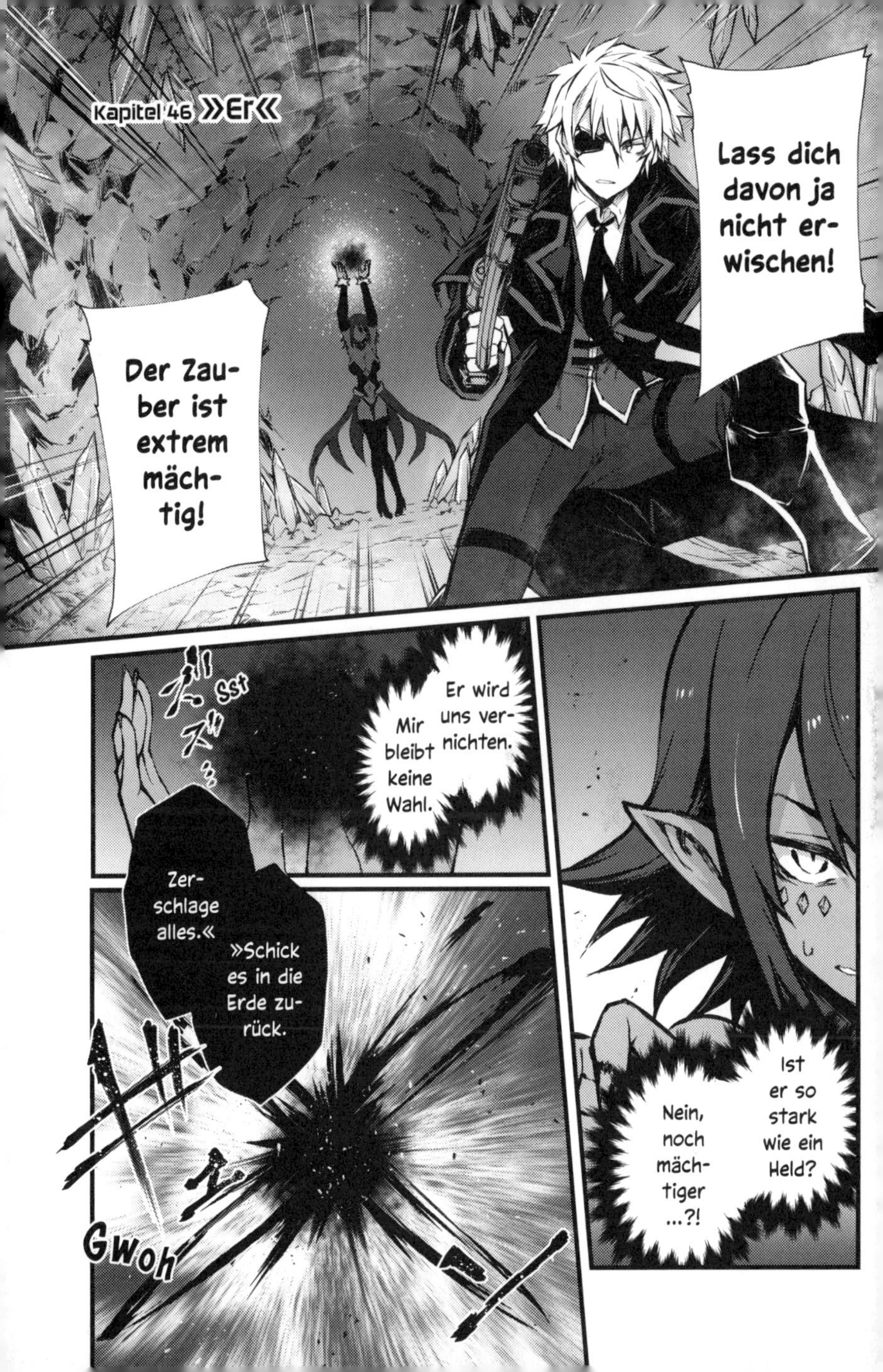
Kapitel 46 »Er«
Lass dich davon ja nicht erwischen!
Der Zauber ist extrem mächtig!
Ist er so stark wie ein Held?
Nein, noch mächtiger ...?!
Er wird uns vernichten.
Mir bleibt keine Wahl.
Sst
»Schick es in die Erde zurück.
Zerschlage alles.«
Gwoh

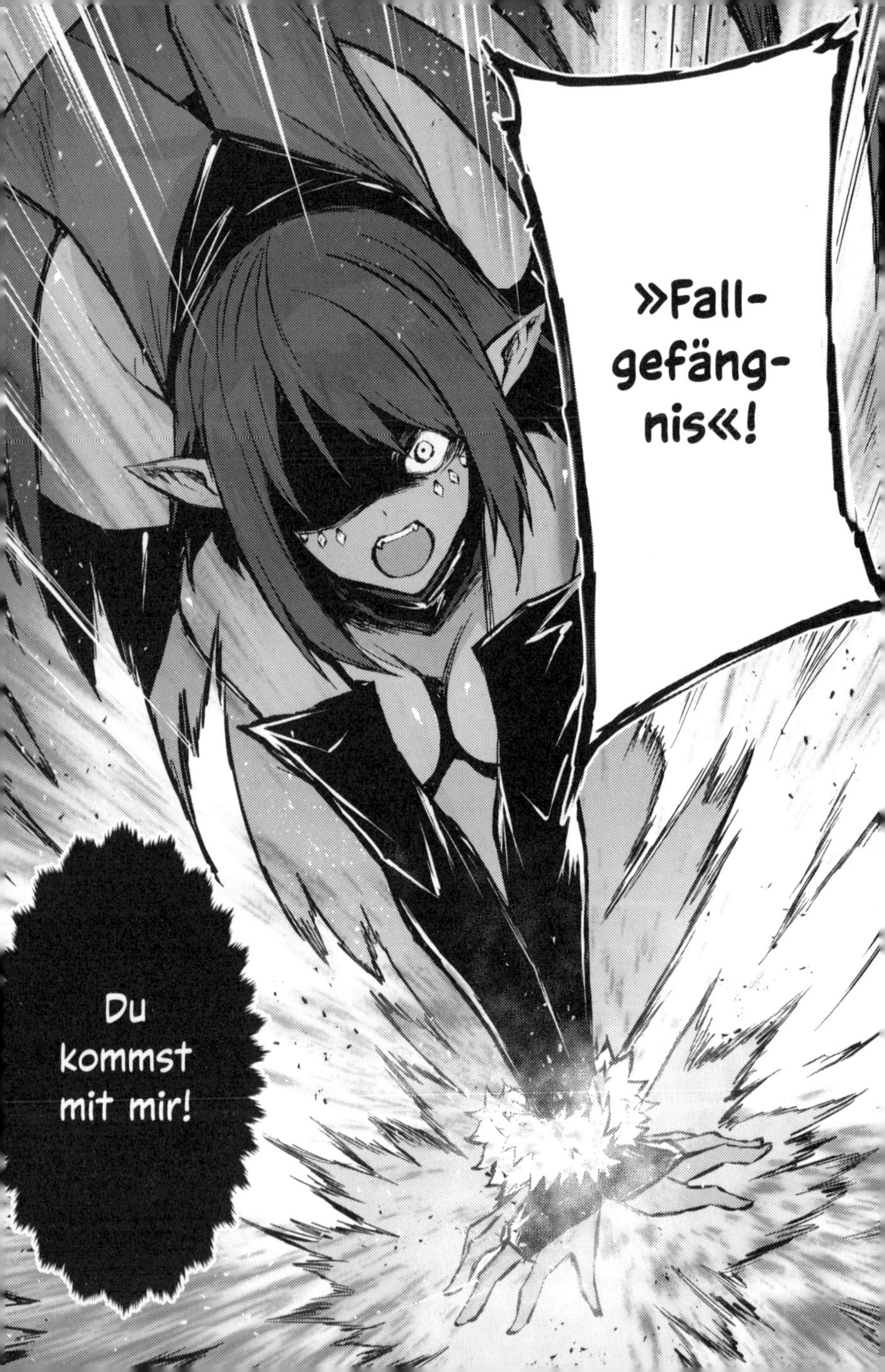
»Fall-gefängnis«!
Du kommst mit mir!

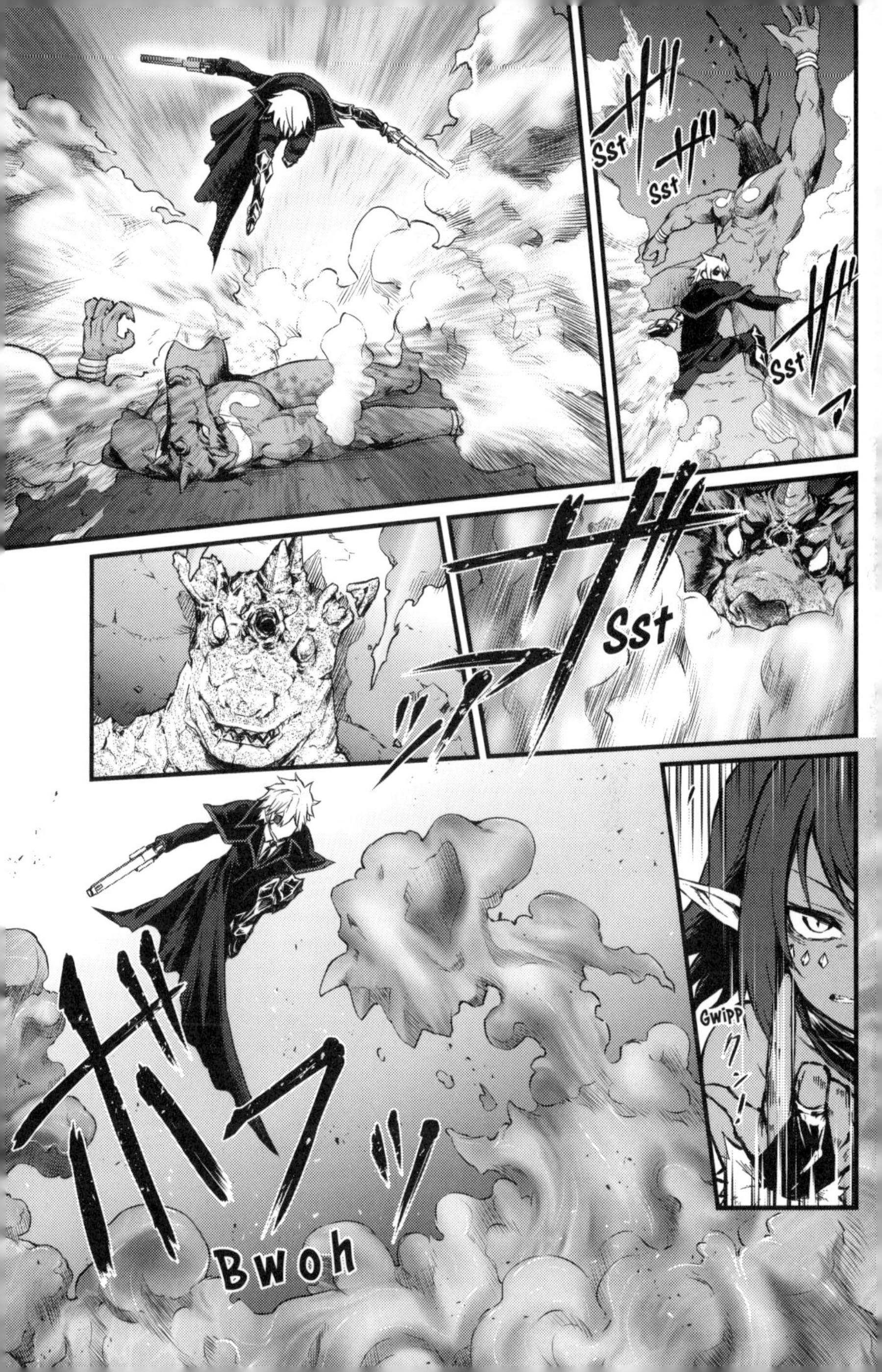
Sst
Sst
Sst
Sst
Gwipp
Bwoh

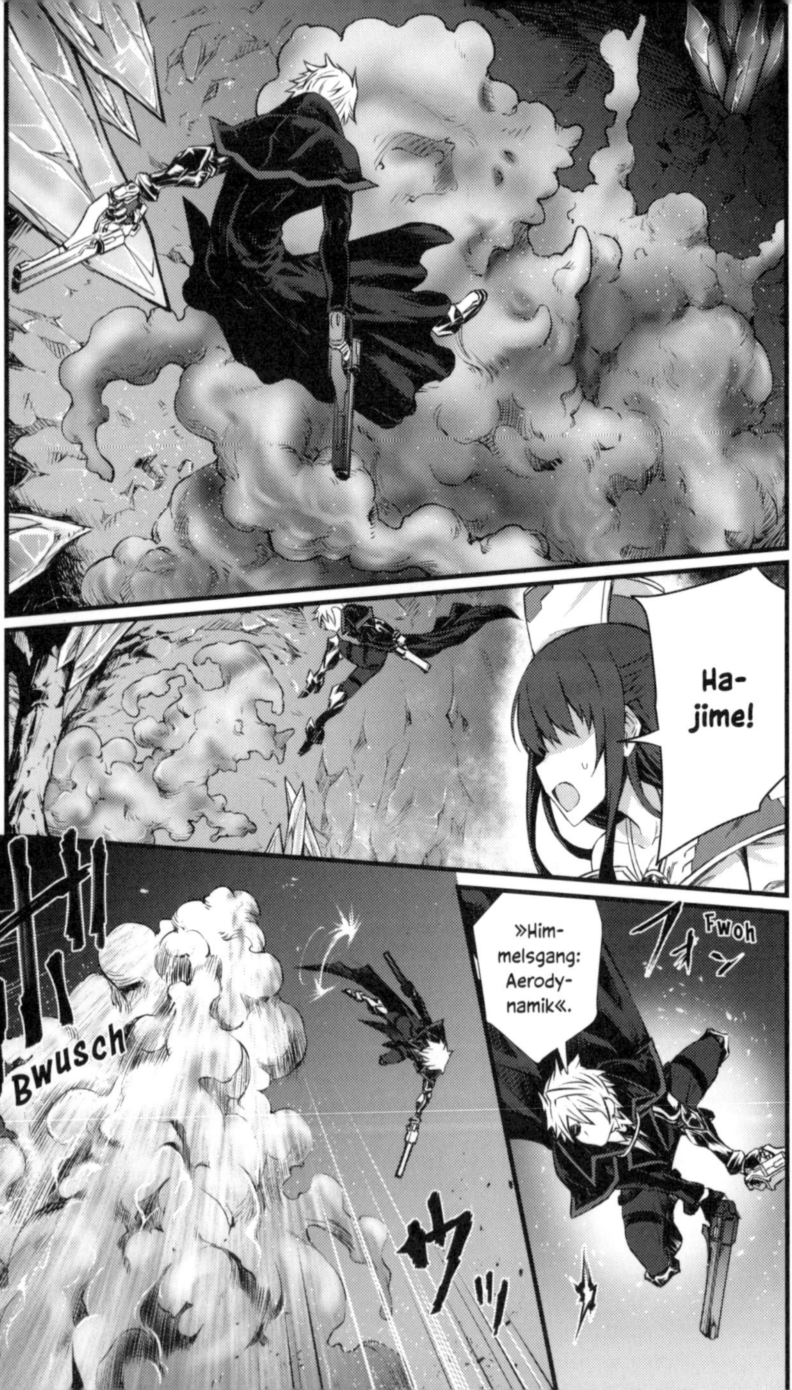
Ha-
jime!
Bwusch
»Him-
melsgang:
Aerody-
namik«.
Fwoh

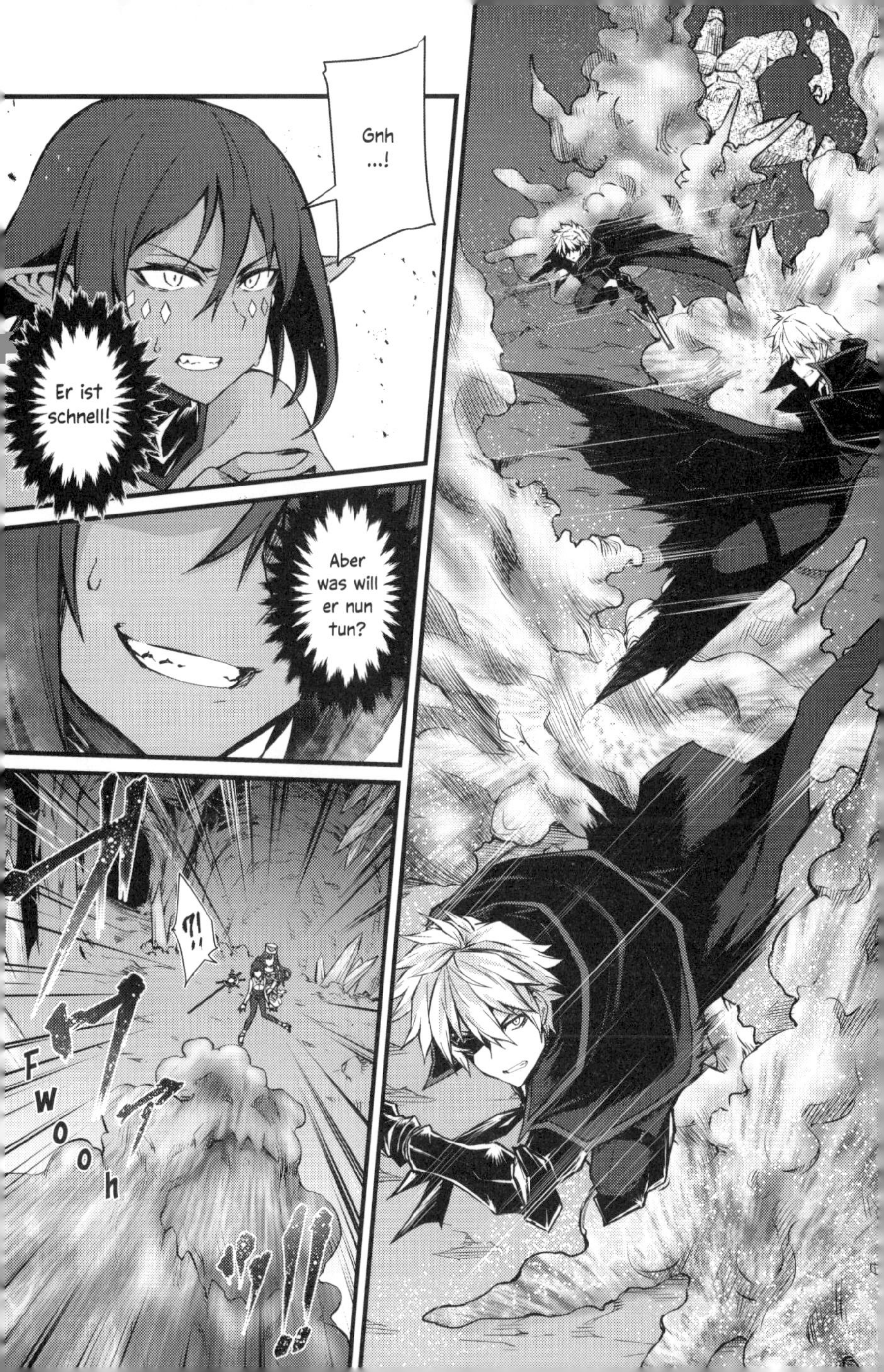
Gnh ...!
Er ist schnell!
Aber was will er nun tun?
?!
Fwooh

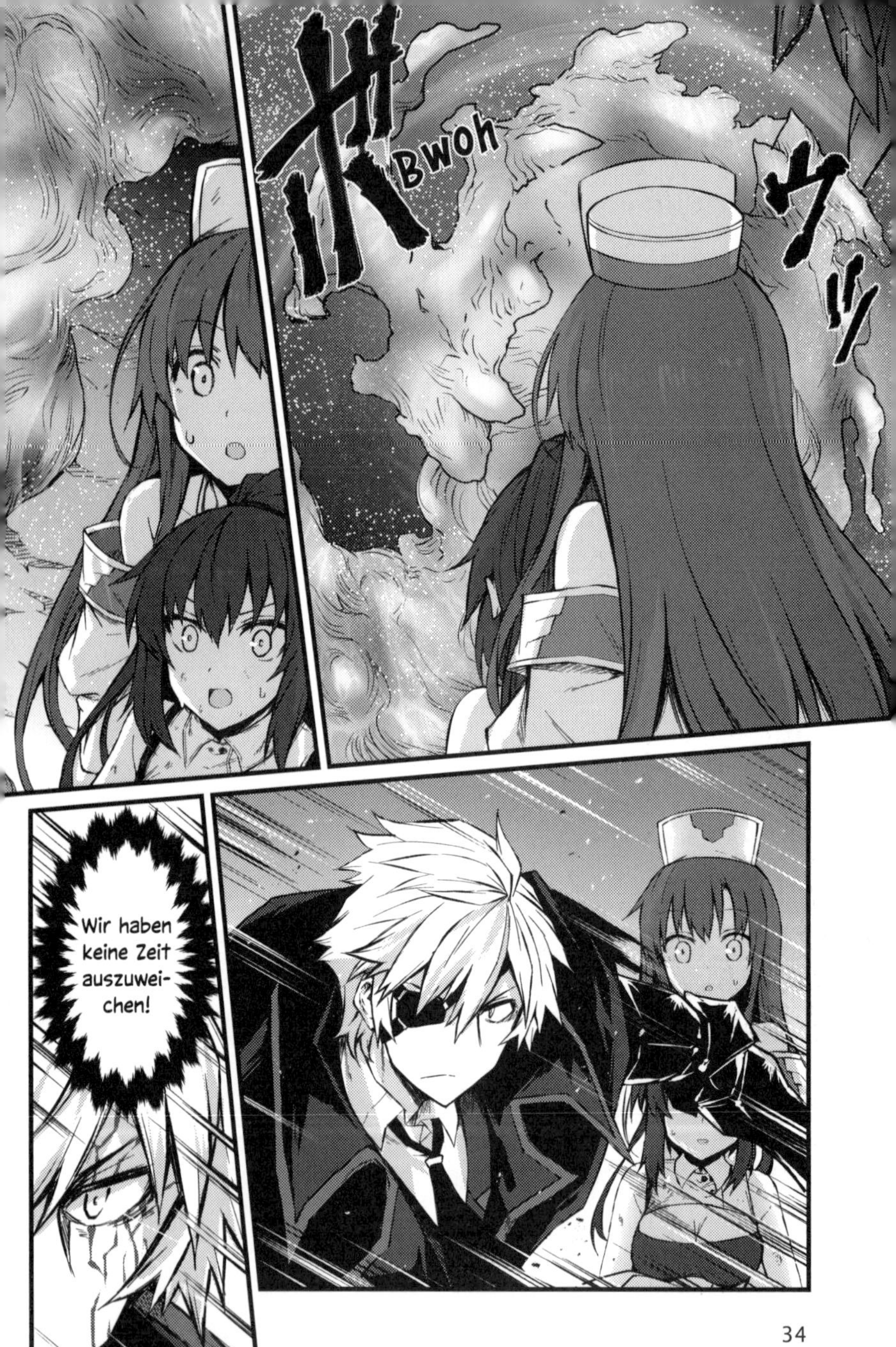
Bwoh
Wir haben keine Zeit auszuwei-chen!

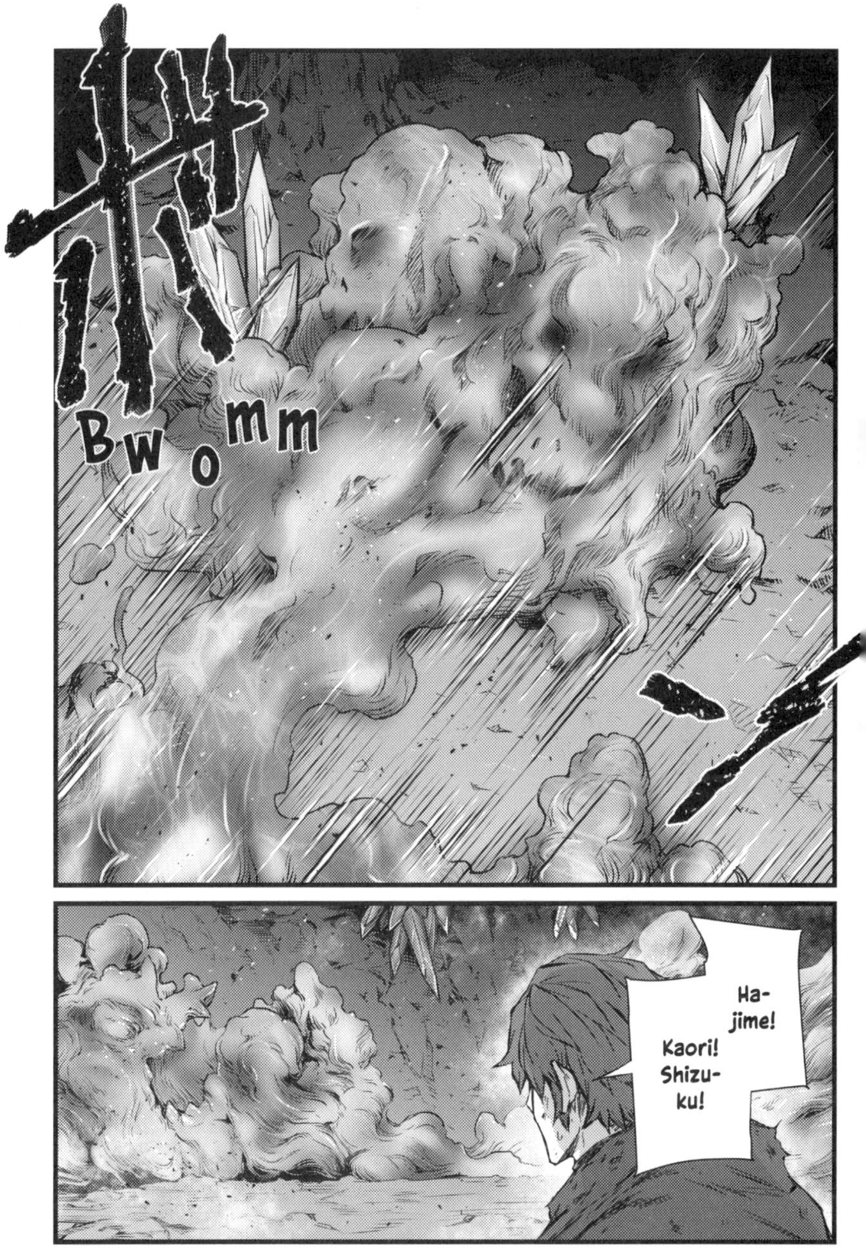
Bwomm
Ha-
jime!
Kaori!
Shizu-
ku!

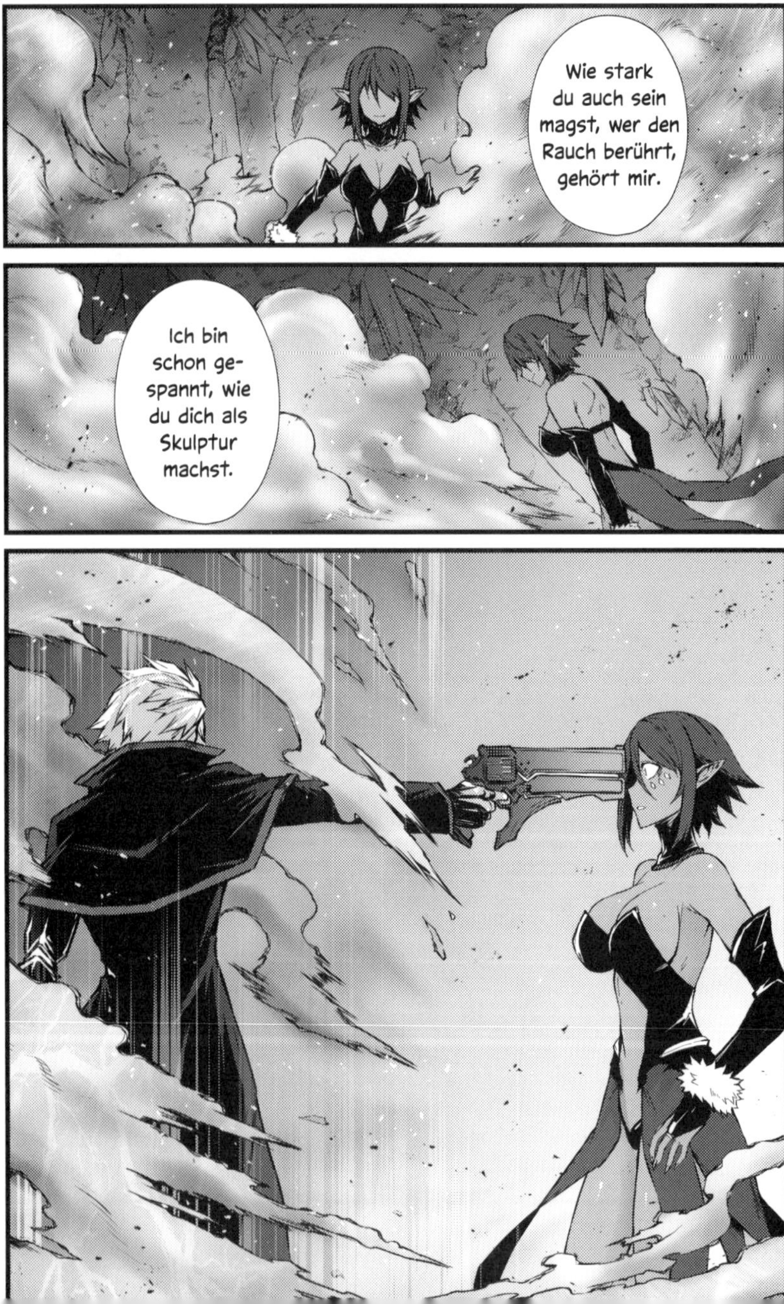
Wie stark du auch sein magst, wer den Rauch berührt, gehört mir.
Ich bin schon gespannt, wie du dich als Skulptur machst.

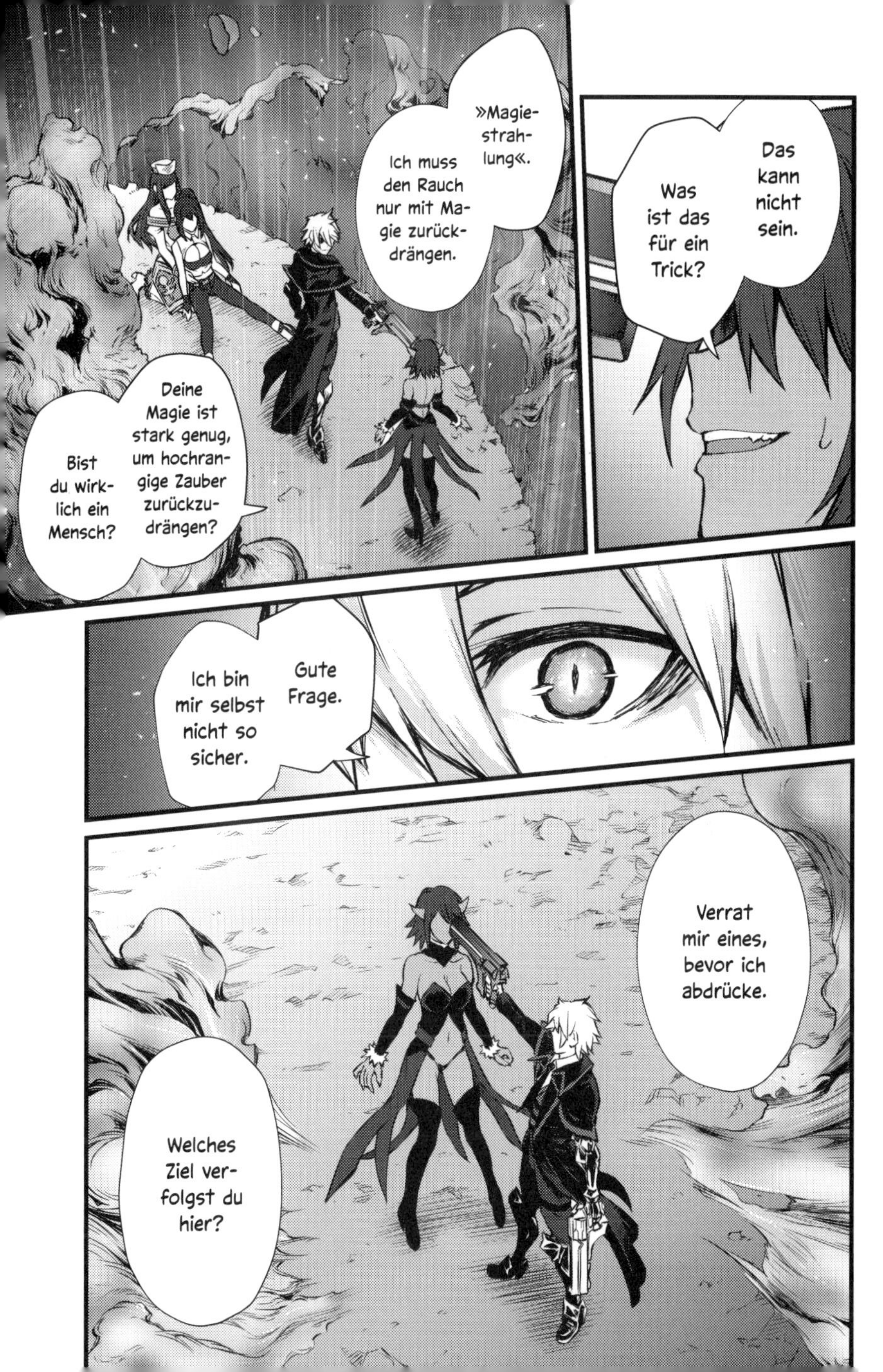

Das kann nicht sein.
Was ist das für ein Trick?
»Magiestrahlung«.
Ich muss den Rauch nur mit Magie zurückdrängen.
Deine Magie ist stark genug, um hochrangige Zauber zurückzudrängen?
Bist du wirklich ein Mensch?
Gute Frage.
Ich bin mir selbst nicht so sicher.
Verrat mir eines, bevor ich abdrücke.
Welches Ziel verfolgst du hier?

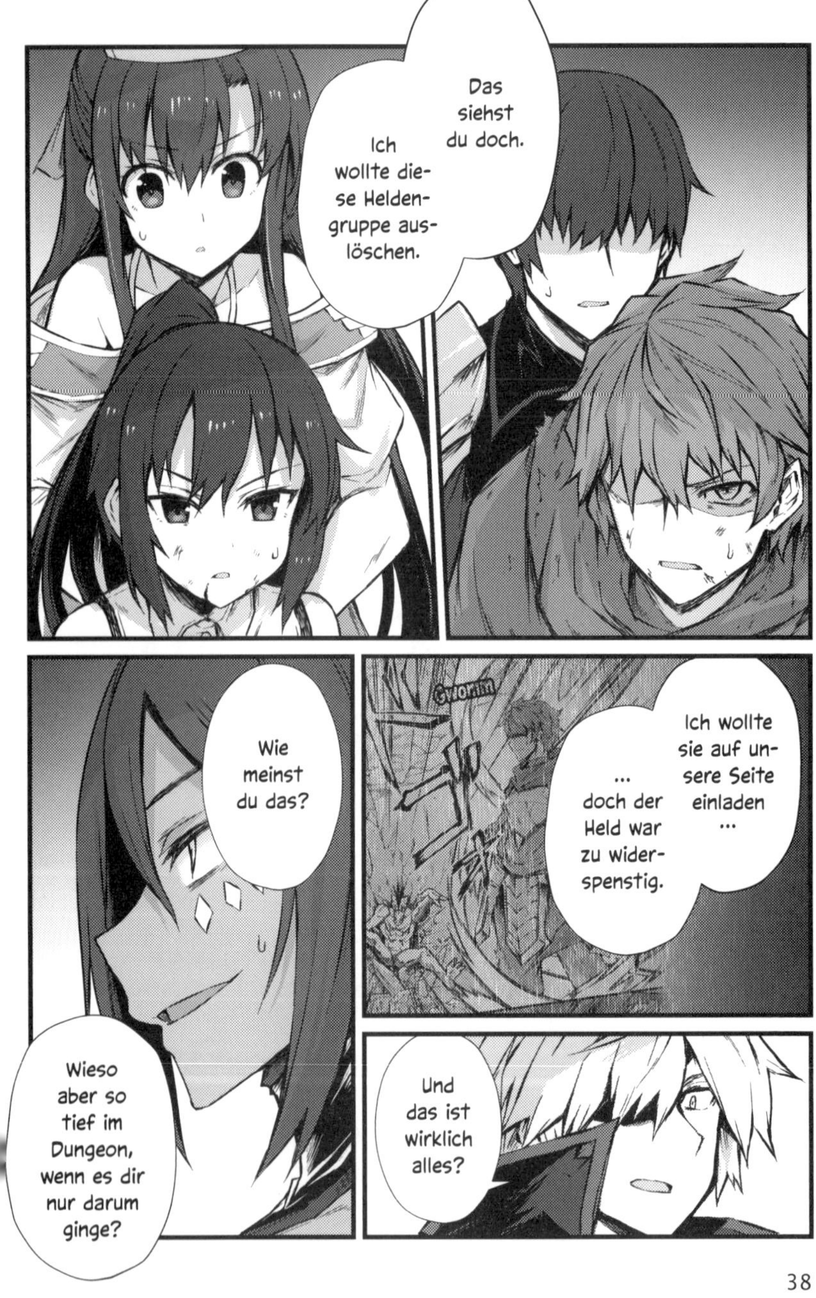
Das siehst du doch.
Ich wollte diese Heldengruppe auslöschen.
Ich wollte sie auf unsere Seite einladen ...
... doch der Held war zu widerspenstig.
Wie meinst du das?
Und das ist wirklich alles?
Wieso aber so tief im Dungeon, wenn es dir nur darum ginge?

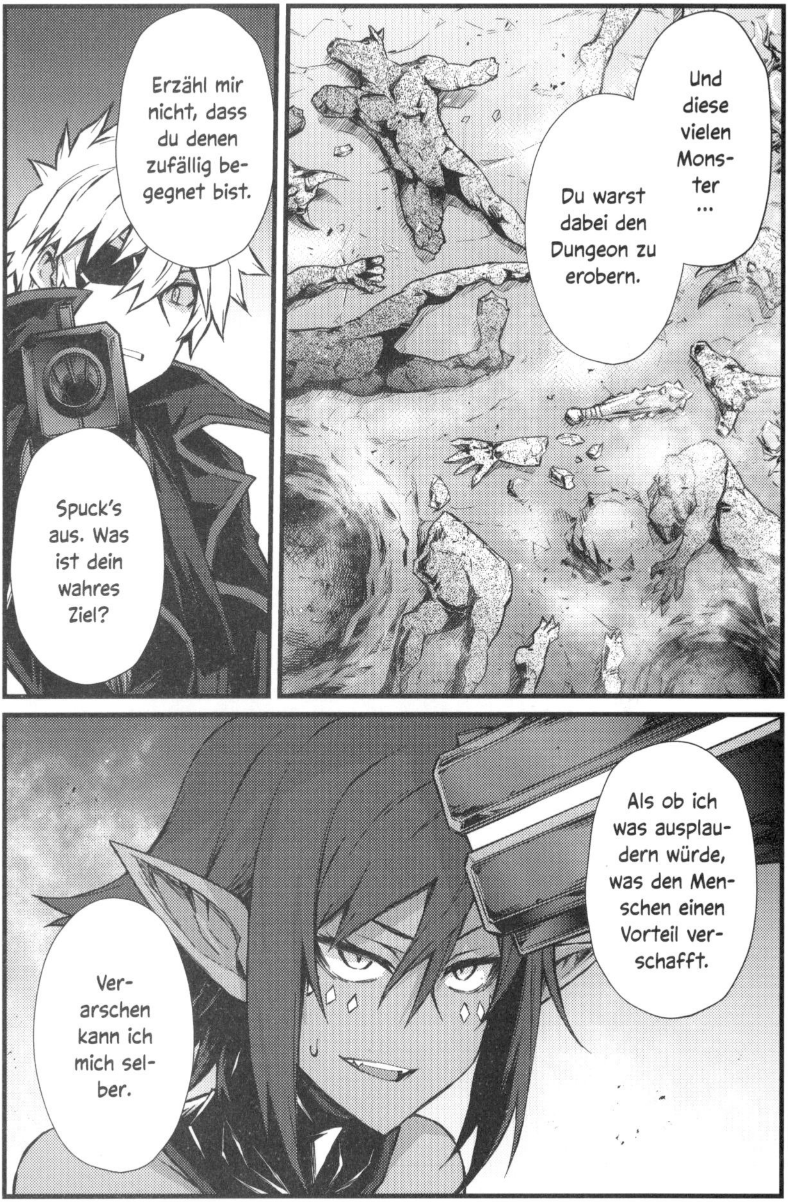
Und diese vielen Monster …
Du warst dabei den Dungeon zu erobern.
Erzähl mir nicht, dass du denen zufällig begegnet bist.
Spuck's aus. Was ist dein wahres Ziel?
Als ob ich was ausplaudern würde, was den Menschen einen Vorteil verschafft.
Verarschen kann ich mich selber.

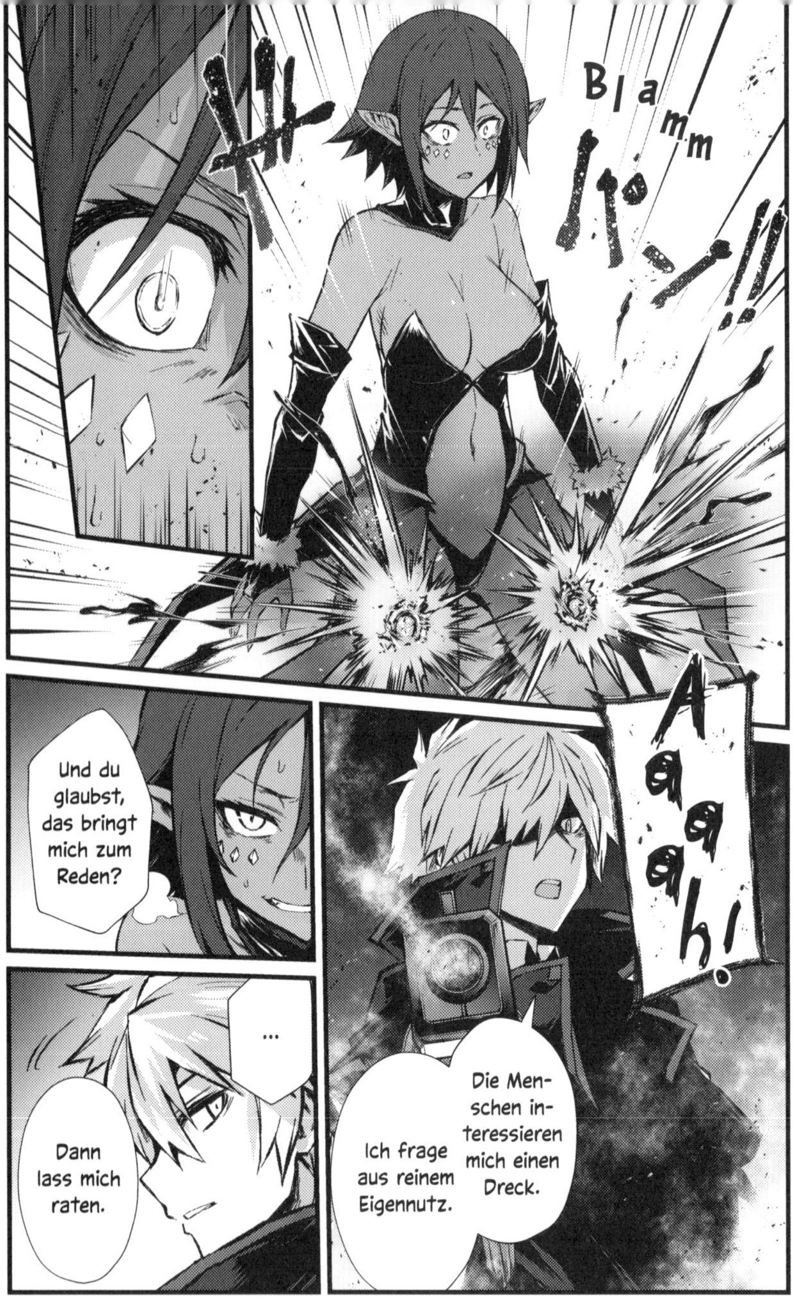
Blamm
Aaaaah!
Und du glaubst, das bringt mich zum Reden?
Die Menschen interessieren mich einen Dreck.
Ich frage aus reinem Eigennutz.
...
Dann lass mich raten.

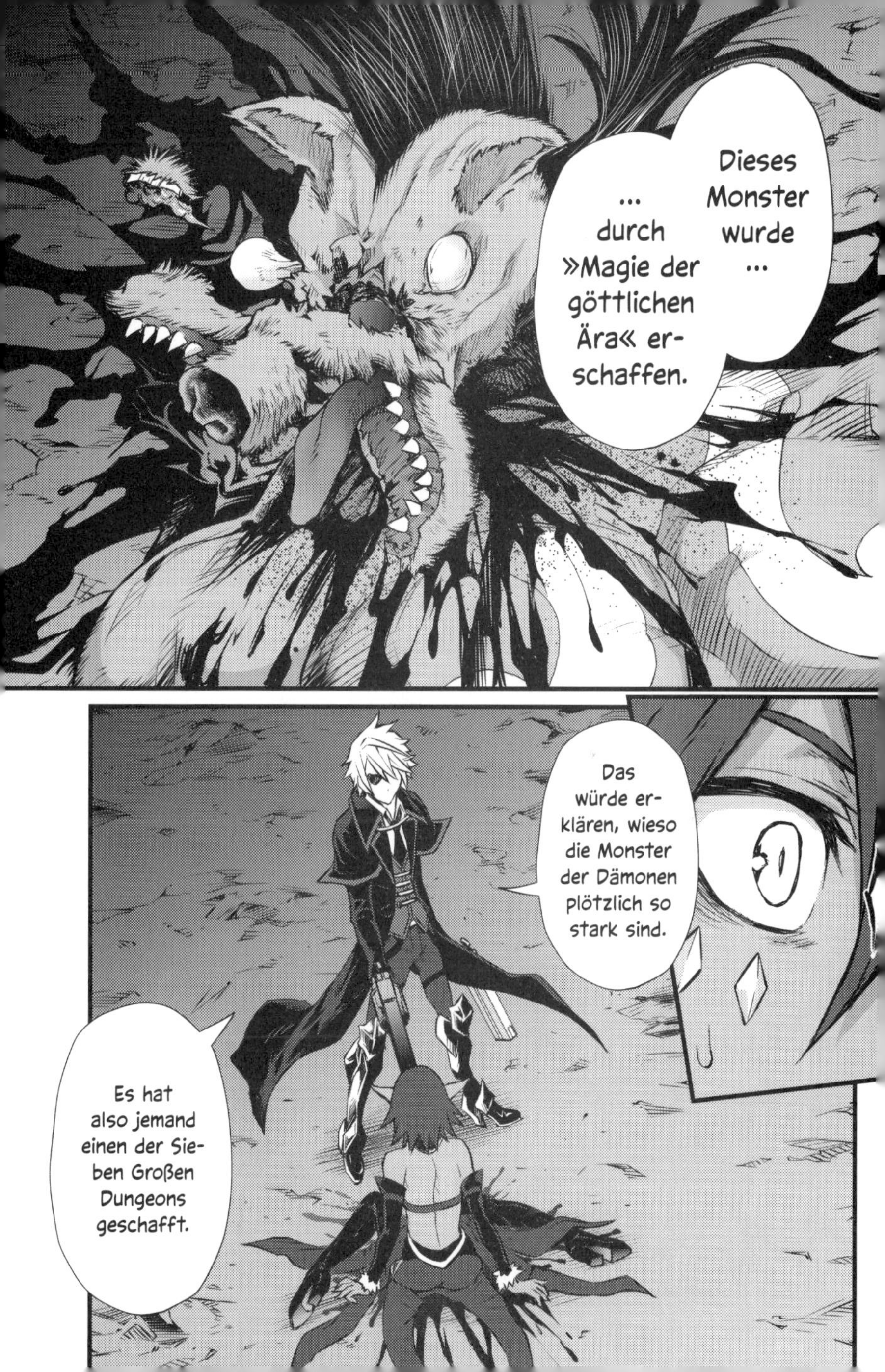
Dieses Monster wurde ...
... durch »Magie der göttlichen Ära« erschaffen.
Das würde erklären, wieso die Monster der Dämonen plötzlich so stark sind.
Es hat also jemand einen der Sieben Großen Dungeons geschafft.

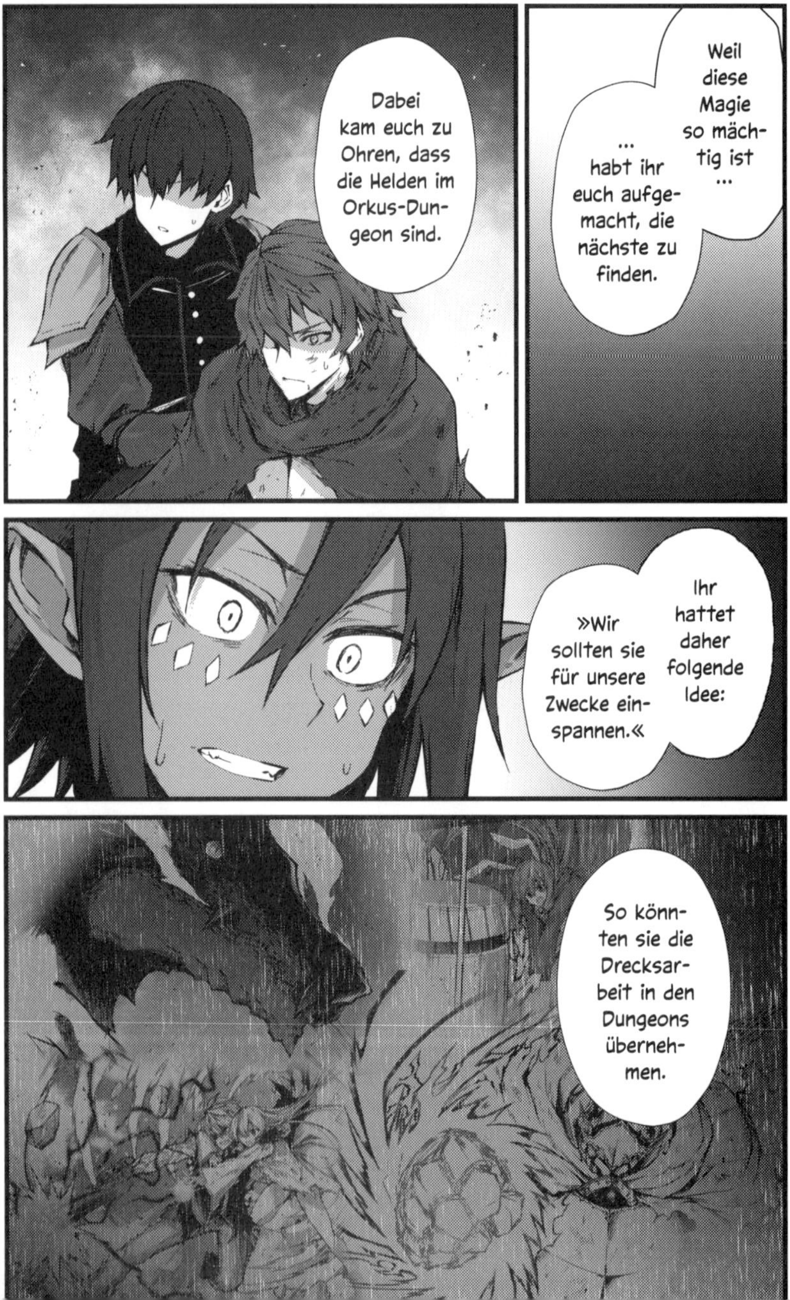
Weil diese Magie so mächtig ist ...
... habt ihr euch aufgemacht, die nächste zu finden.
Dabei kam euch zu Ohren, dass die Helden im Orkus-Dungeon sind.
Ihr hattet daher folgende Idee:
»Wir sollten sie für unsere Zwecke einspannen.«
So könnten sie die Drecksarbeit in den Dungeons übernehmen.

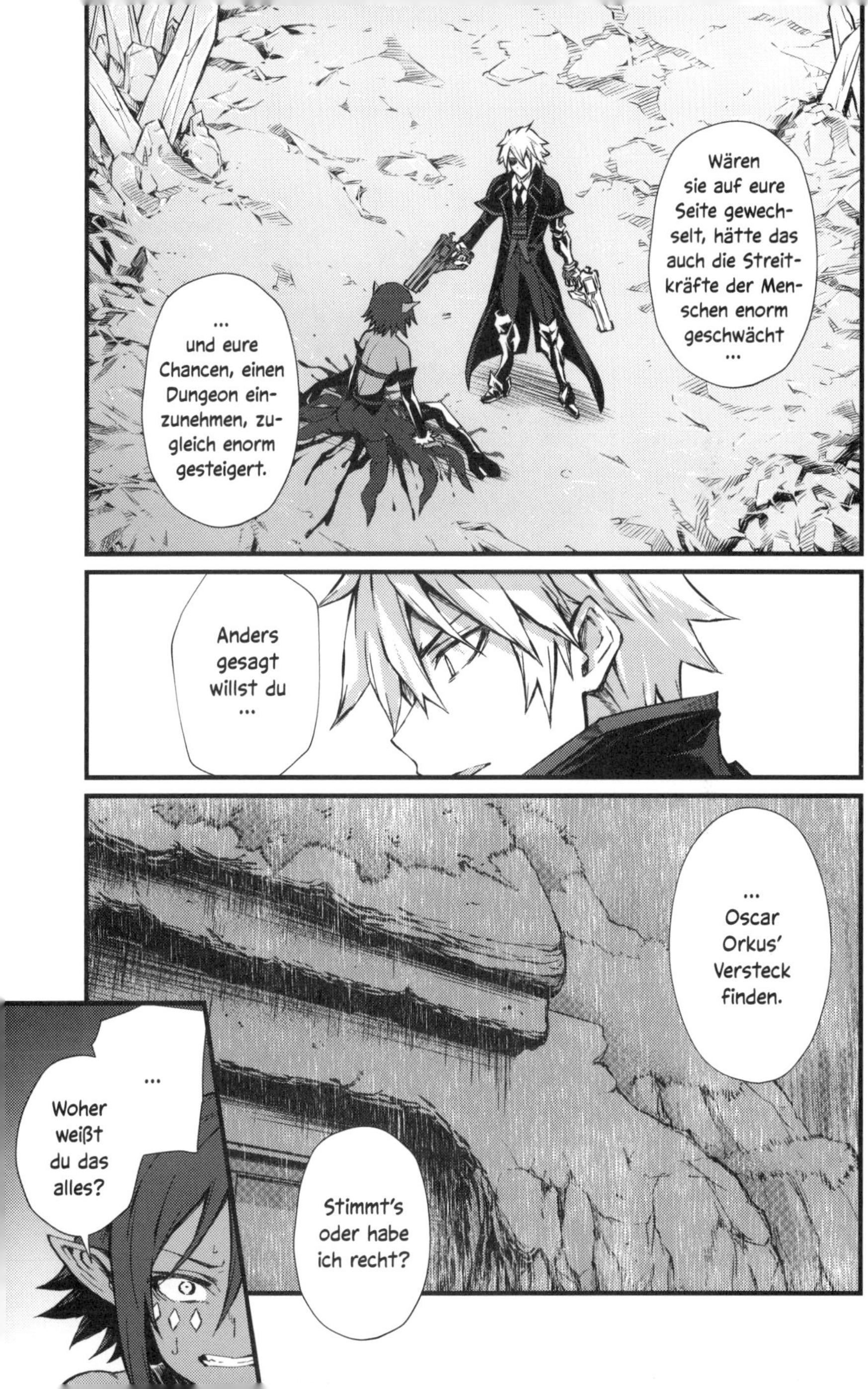
Wären sie auf eure Seite gewechselt, hätte das auch die Streitkräfte der Menschen enorm geschwächt …
… und eure Chancen, einen Dungeon einzunehmen, zugleich enorm gesteigert.
Anders gesagt willst du …
… Oscar Orkus' Versteck finden.
Stimmt's oder habe ich recht?
… Woher weißt du das alles?

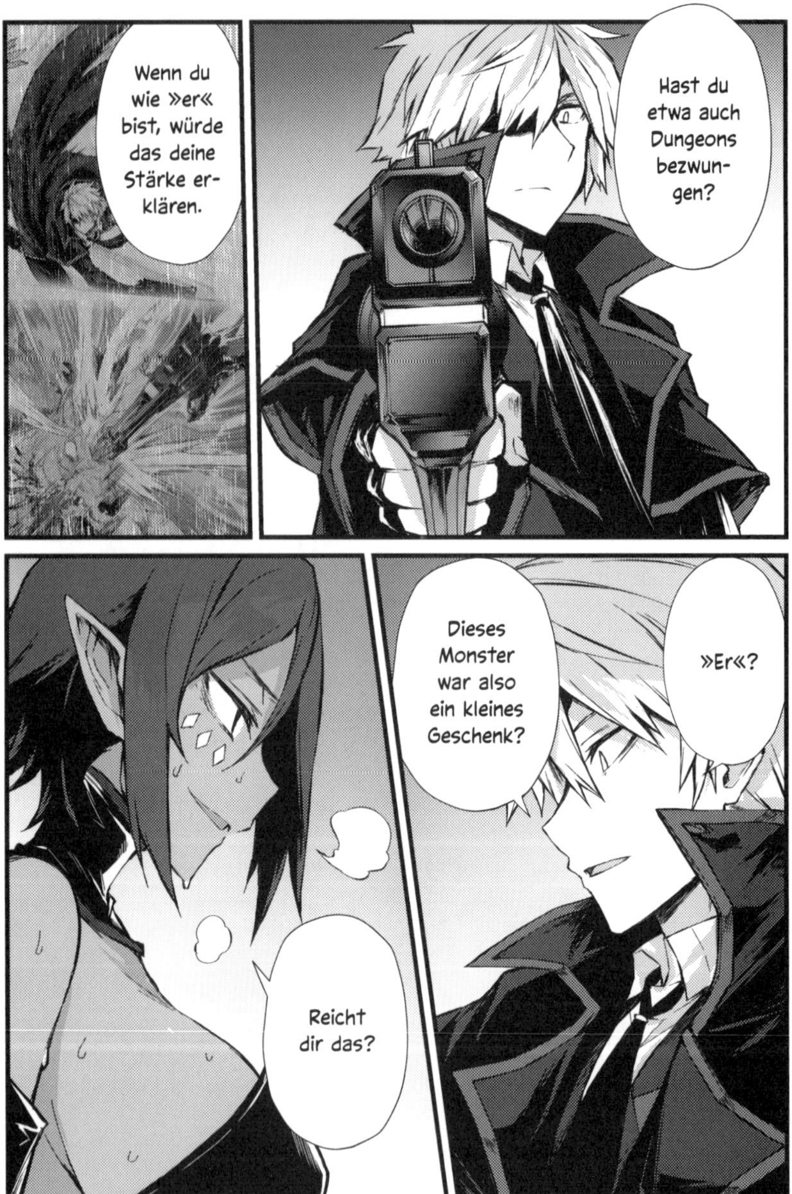
Hast du etwa auch Dungeons bezwungen?
Wenn du wie »er« bist, würde das deine Stärke erklären.
»Er«?
Dieses Monster war also ein kleines Geschenk?
Reicht dir das?

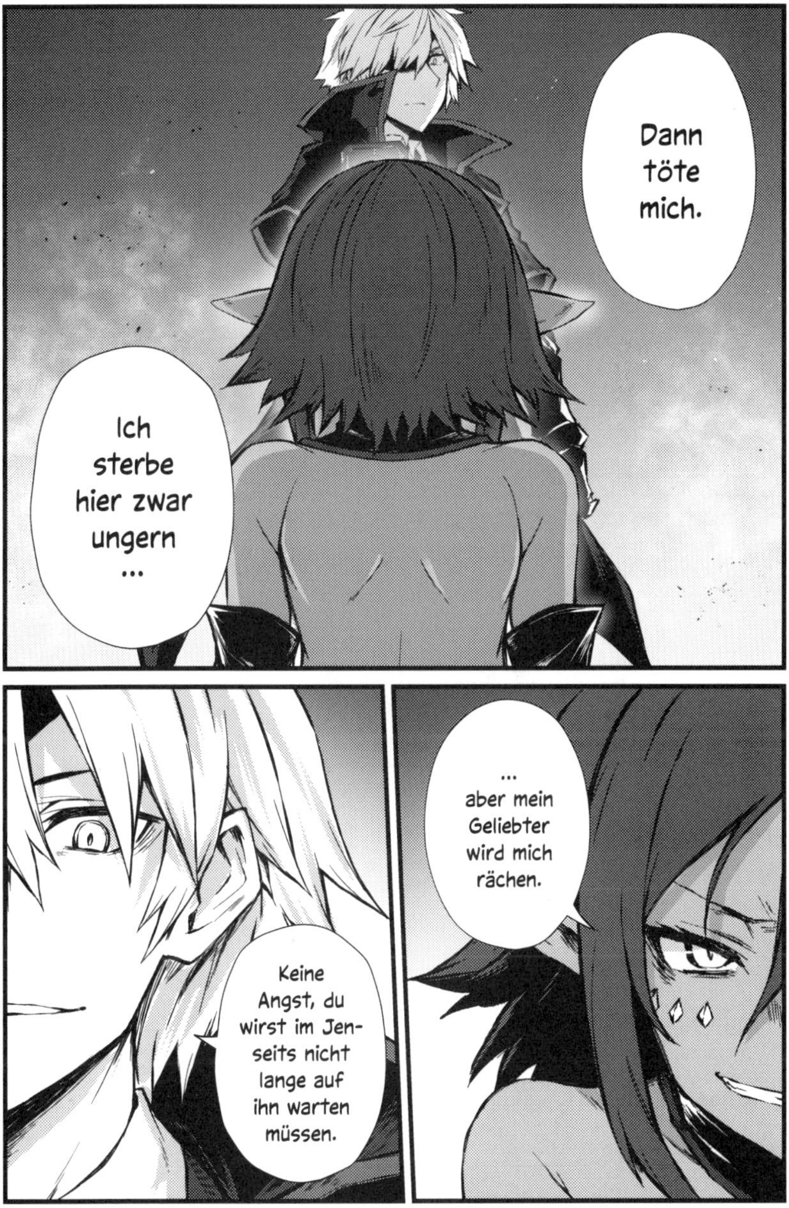
Dann töte mich.
Ich sterbe hier zwar ungern ...
... aber mein Geliebter wird mich rächen.
Keine Angst, du wirst im Jenseits nicht lange auf ihn warten müssen.

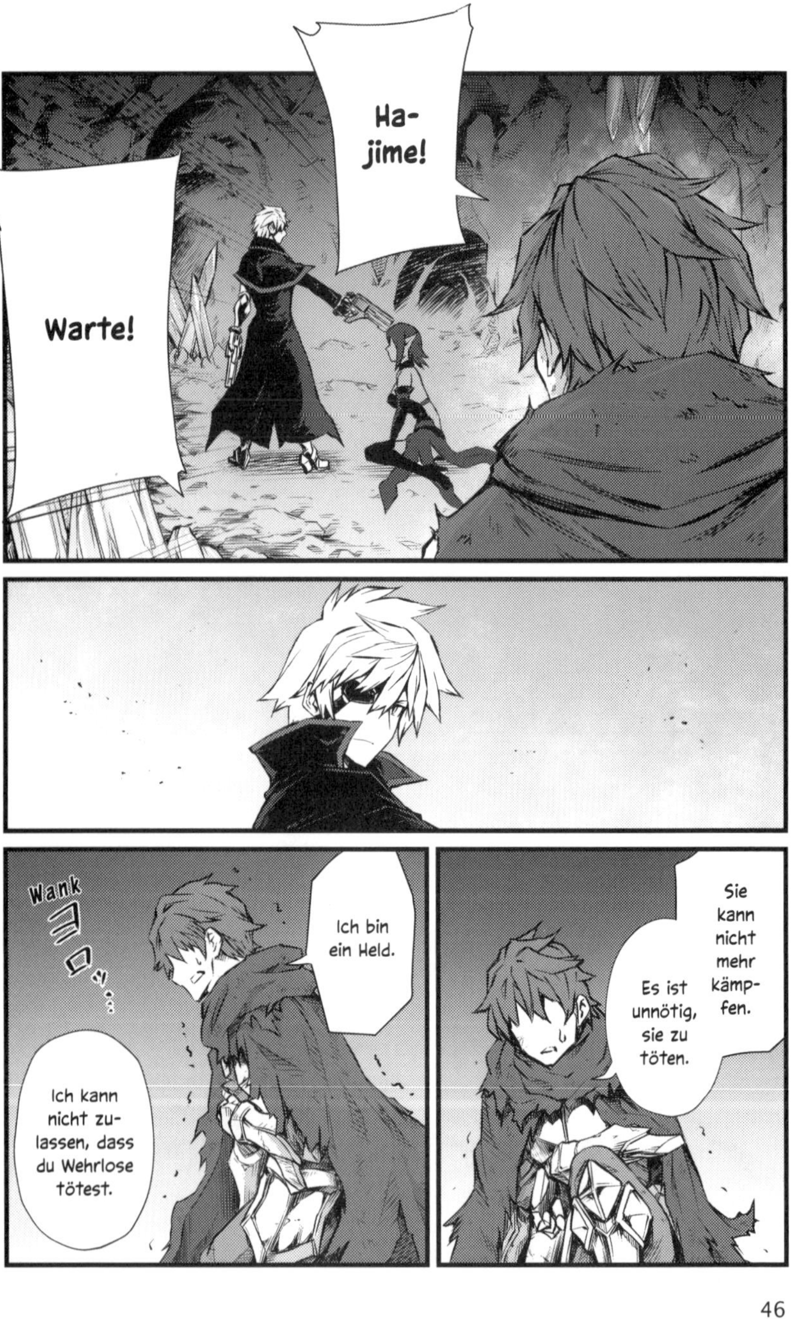
Ha-
jime!
Warte!
Sie kann nicht mehr kämp-fen.
Es ist unnötig, sie zu töten.
Wank
ヨロッ…
Ich bin ein Held.
Ich kann nicht zu-lassen, dass du Wehrlose tötest.

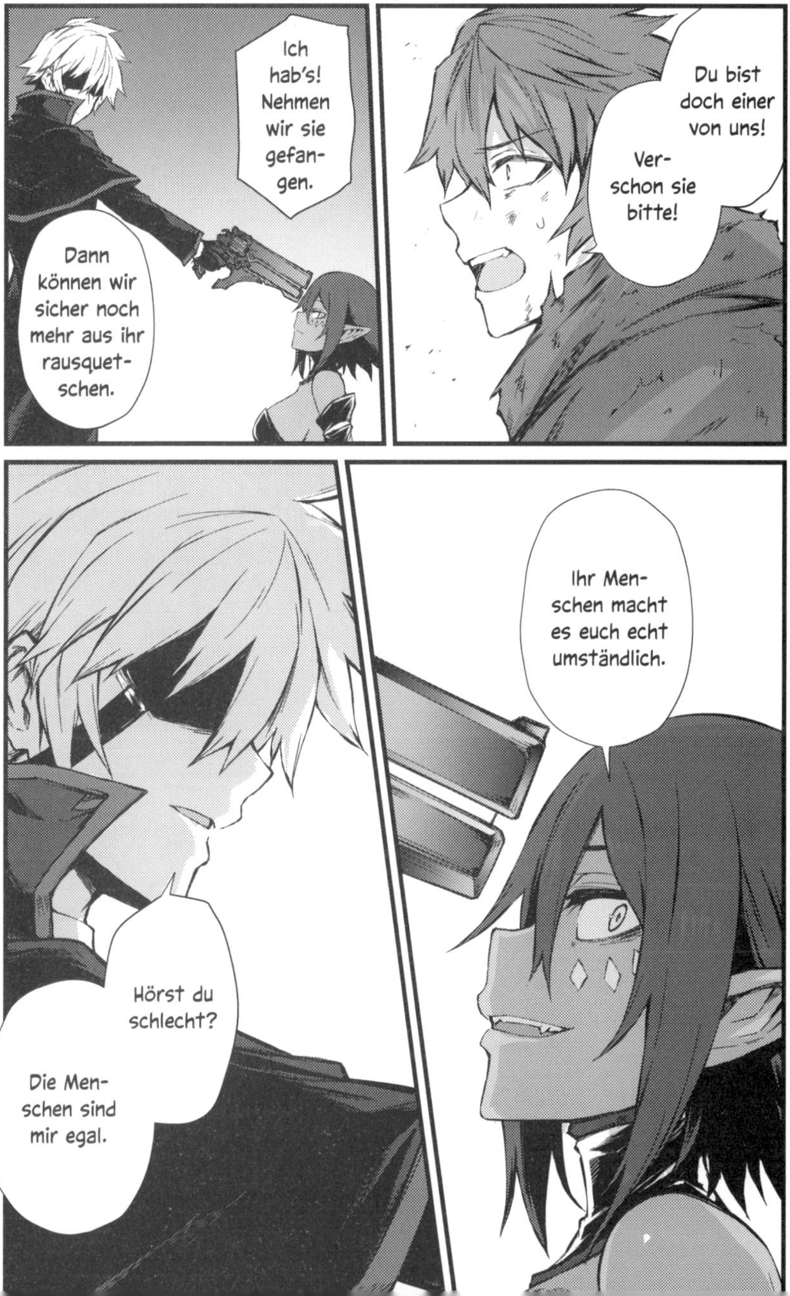

Du bist doch einer von uns!
Verschon sie bitte!
Ich hab's! Nehmen wir sie gefangen.
Dann können wir sicher noch mehr aus ihr rausquetschen.
Ihr Menschen macht es euch echt umständlich.
Hörst du schlecht?
Die Menschen sind mir egal.

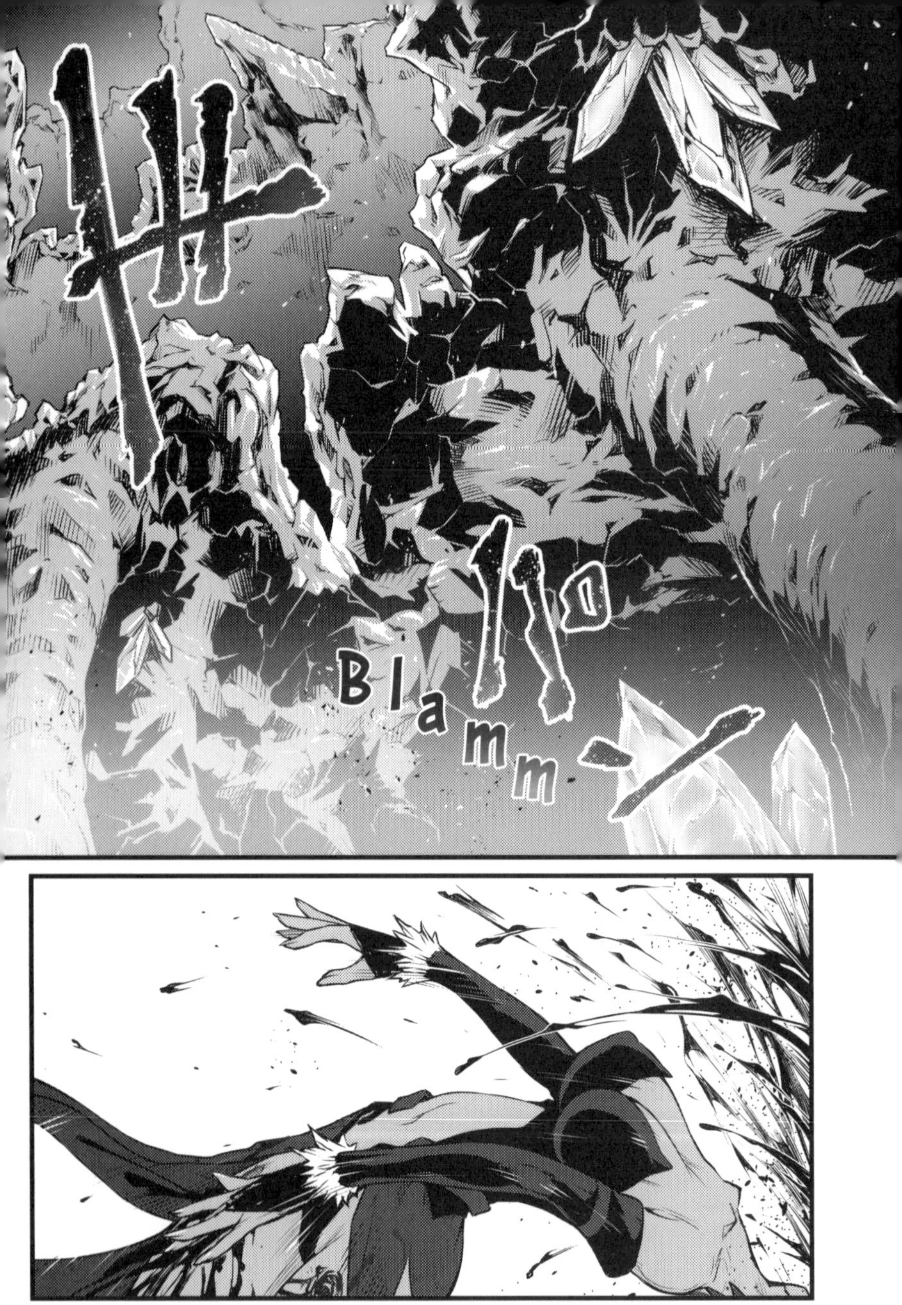
Blamm

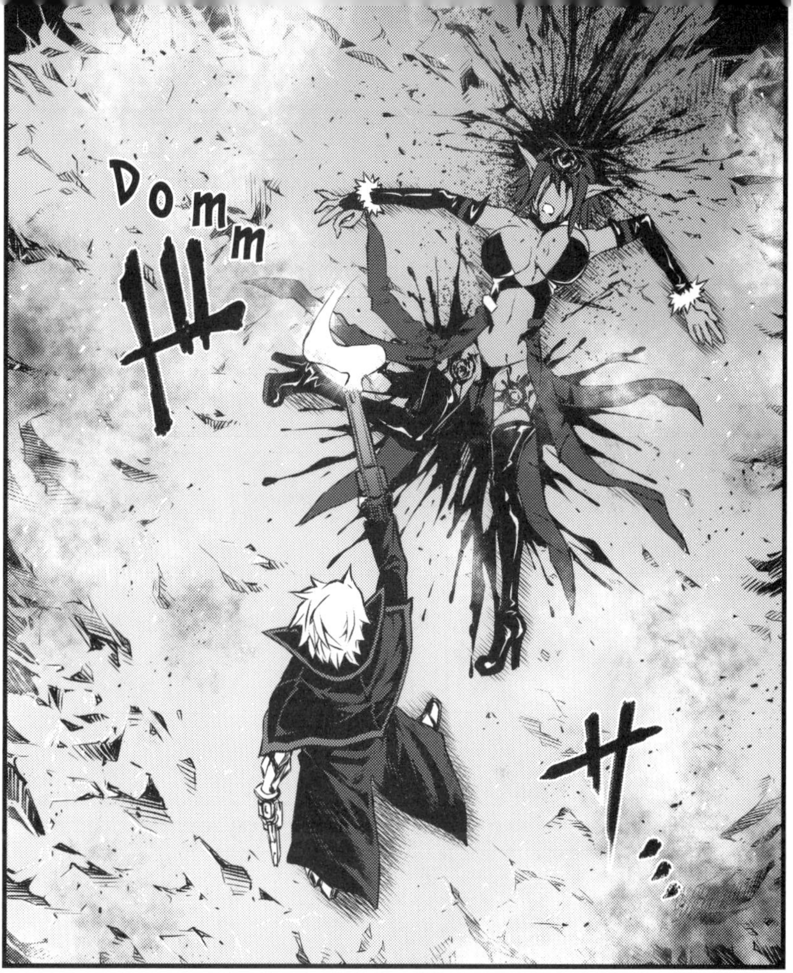
Domm

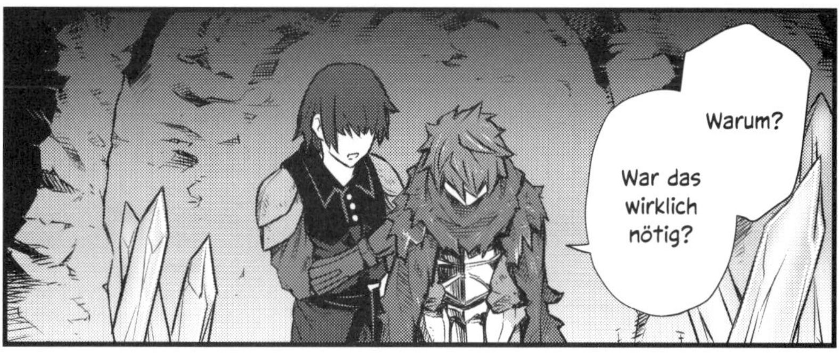
Warum?
War das wirklich nötig?

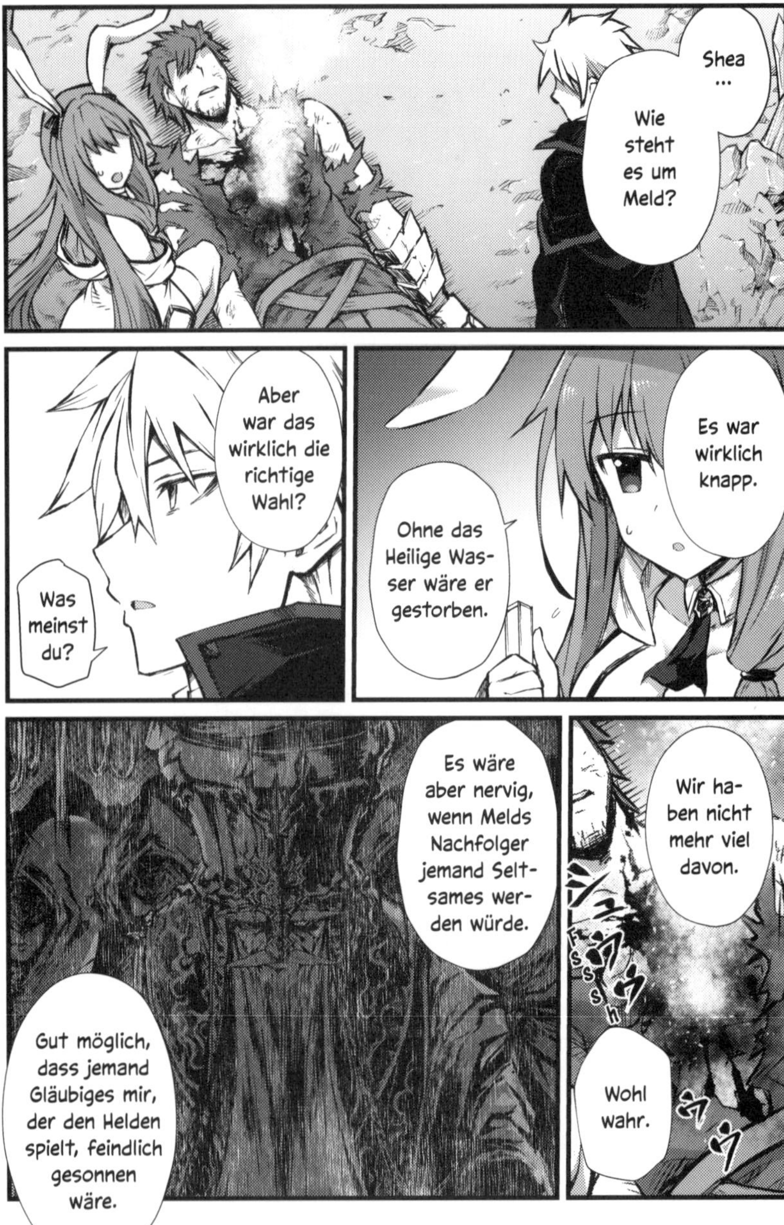

Shea ...
Wie steht es um Meld?
Es war wirklich knapp.
Ohne das Heilige Wasser wäre er gestorben.
Aber war das wirklich die richtige Wahl?
Was meinst du?
Wir haben nicht mehr viel davon.
Fsssh
Wohl wahr.
Es wäre aber nervig, wenn Melds Nachfolger jemand Seltsames werden würde.
Gut möglich, dass jemand Gläubiges mir, der den Helden spielt, feindlich gesonnen wäre.

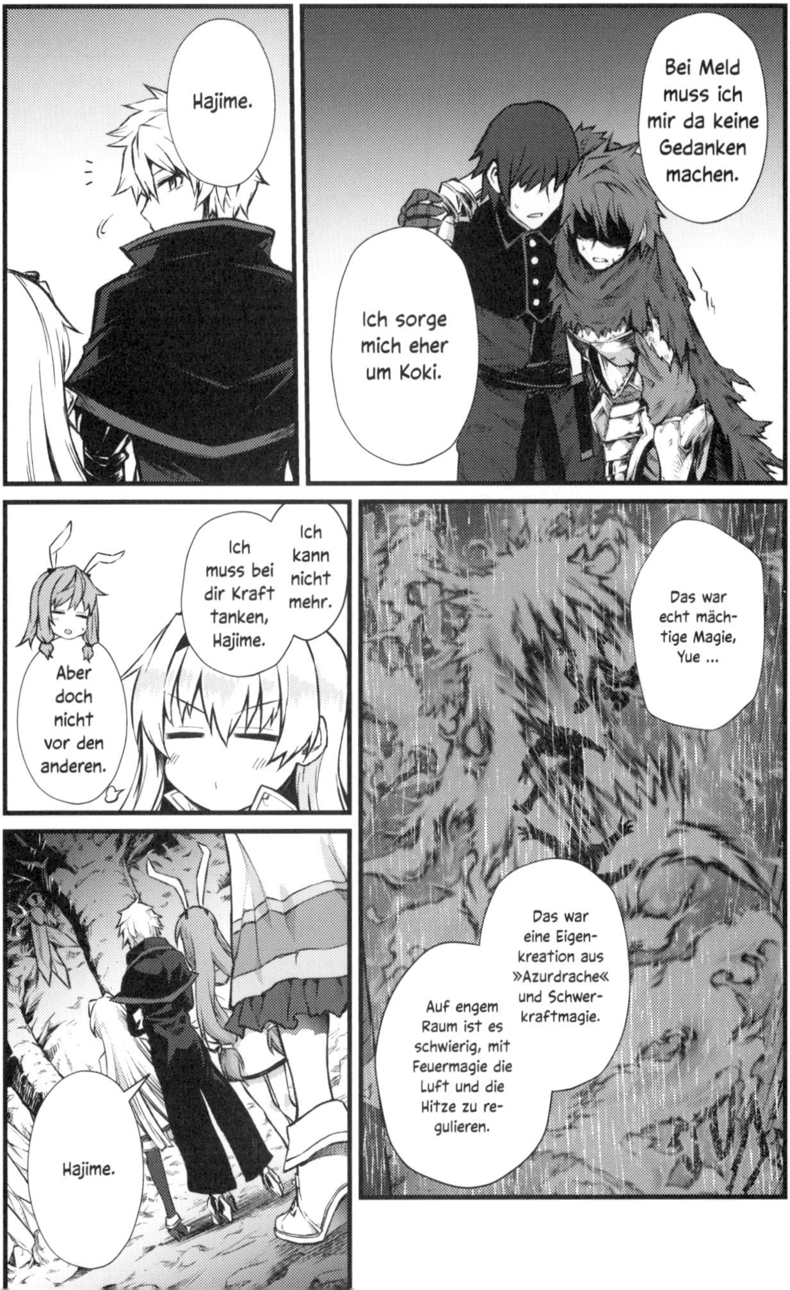
Bei Meld muss ich mir da keine Gedanken machen.
Ich sorge mich eher um Koki.
Hajime.
Das war echt mächtige Magie, Yue ...
Das war eine Eigenkreation aus »Azurdrache« und Schwerkraftmagie.
Auf engem Raum ist es schwierig, mit Feuermagie die Luft und die Hitze zu regulieren.
Ich kann nicht mehr.
Ich muss bei dir Kraft tanken, Hajime.
Aber doch nicht vor den anderen.
Hajime.

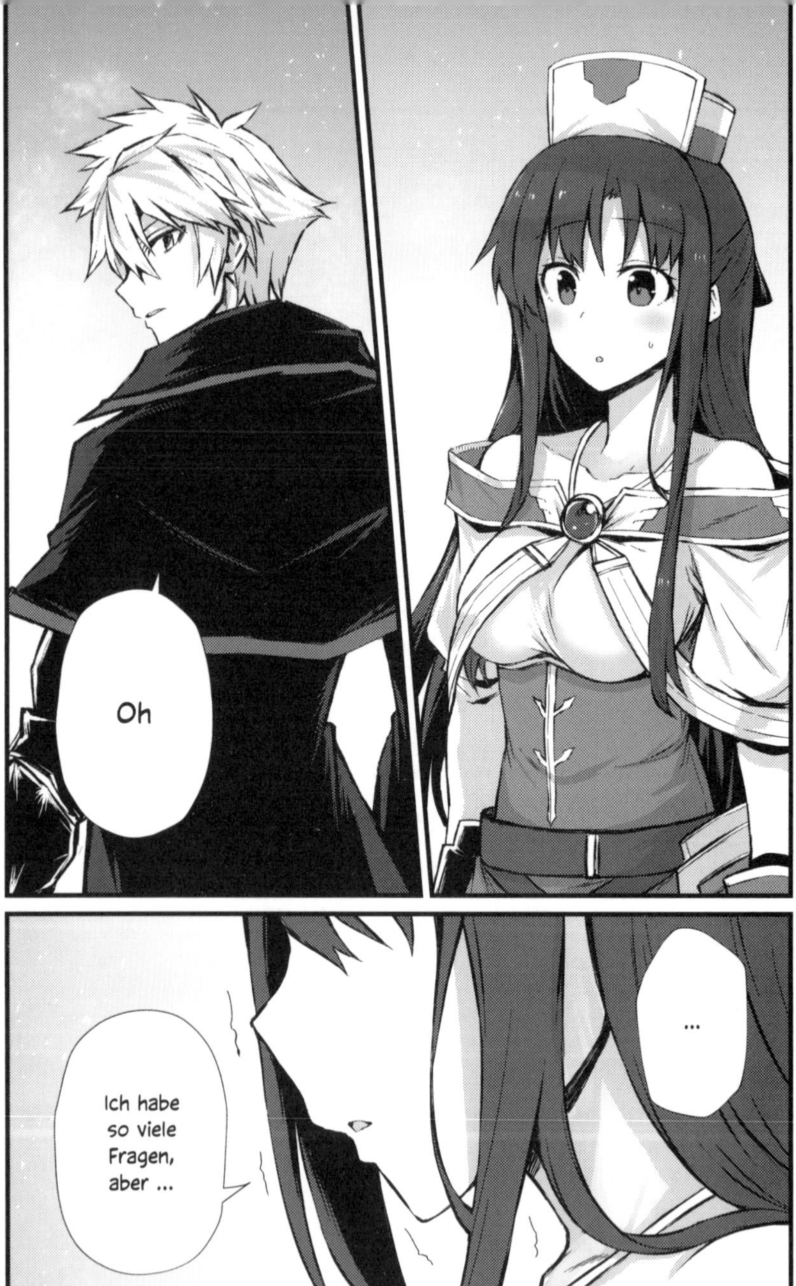
Oh
...
Ich habe so viele Fragen, aber ...

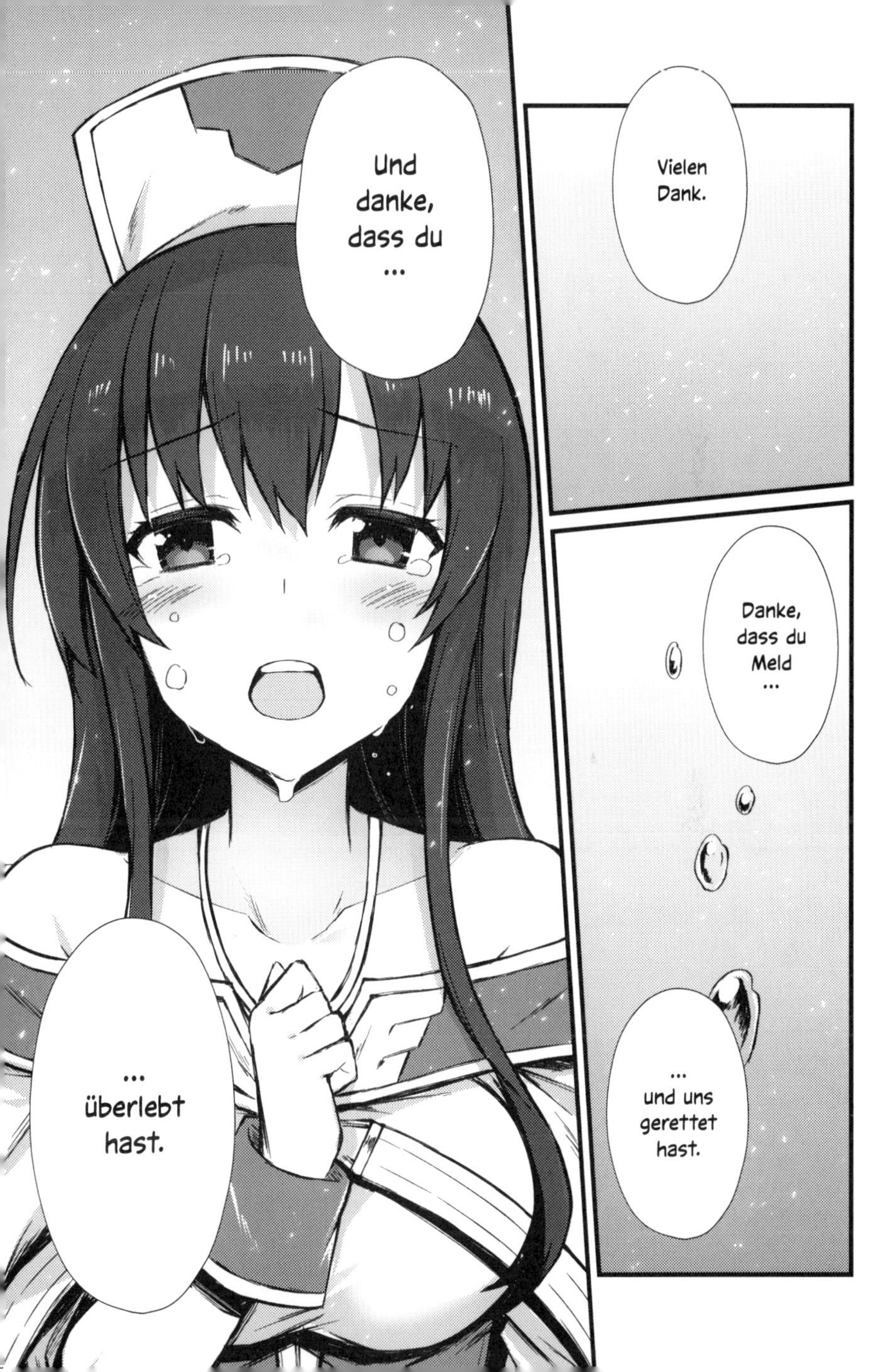
Vielen Dank.
Danke, dass du Meld ...
... und uns gerettet hast.
Und danke, dass du ...
... überlebt hast.

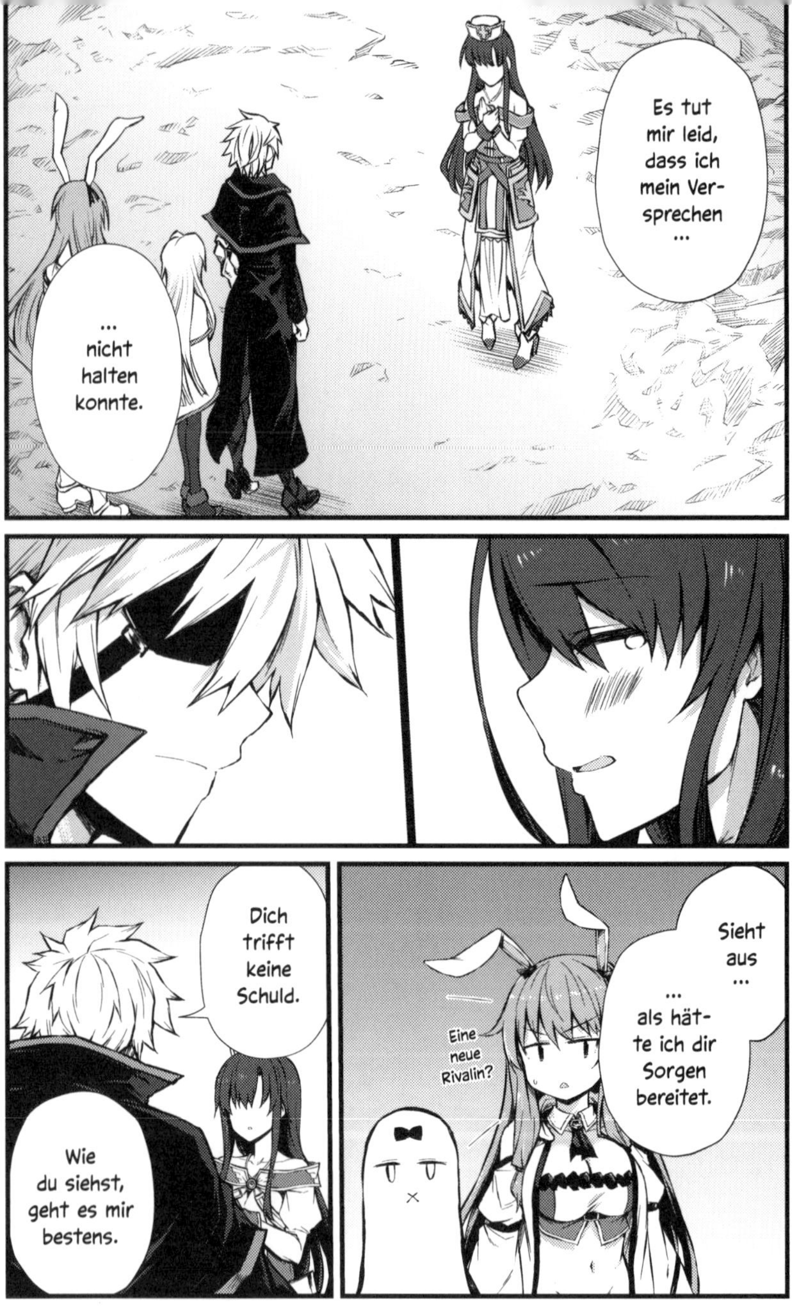

Es tut mir leid, dass ich mein Versprechen ...
... nicht halten konnte.
Sieht aus ...
... als hätte ich dir Sorgen bereitet.
Eine neue Rivalin?
Dich trifft keine Schuld.
Wie du siehst, geht es mir bestens.

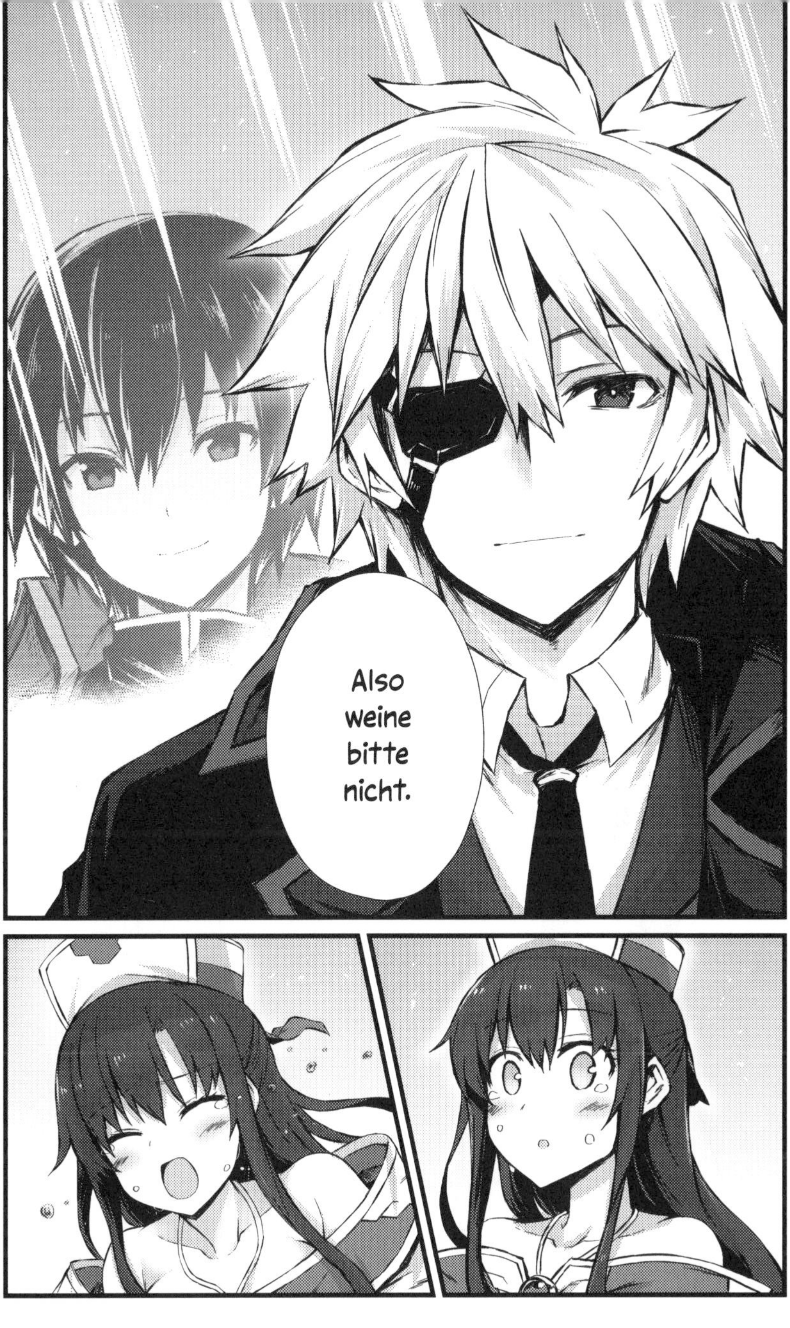
Also weine bitte nicht.

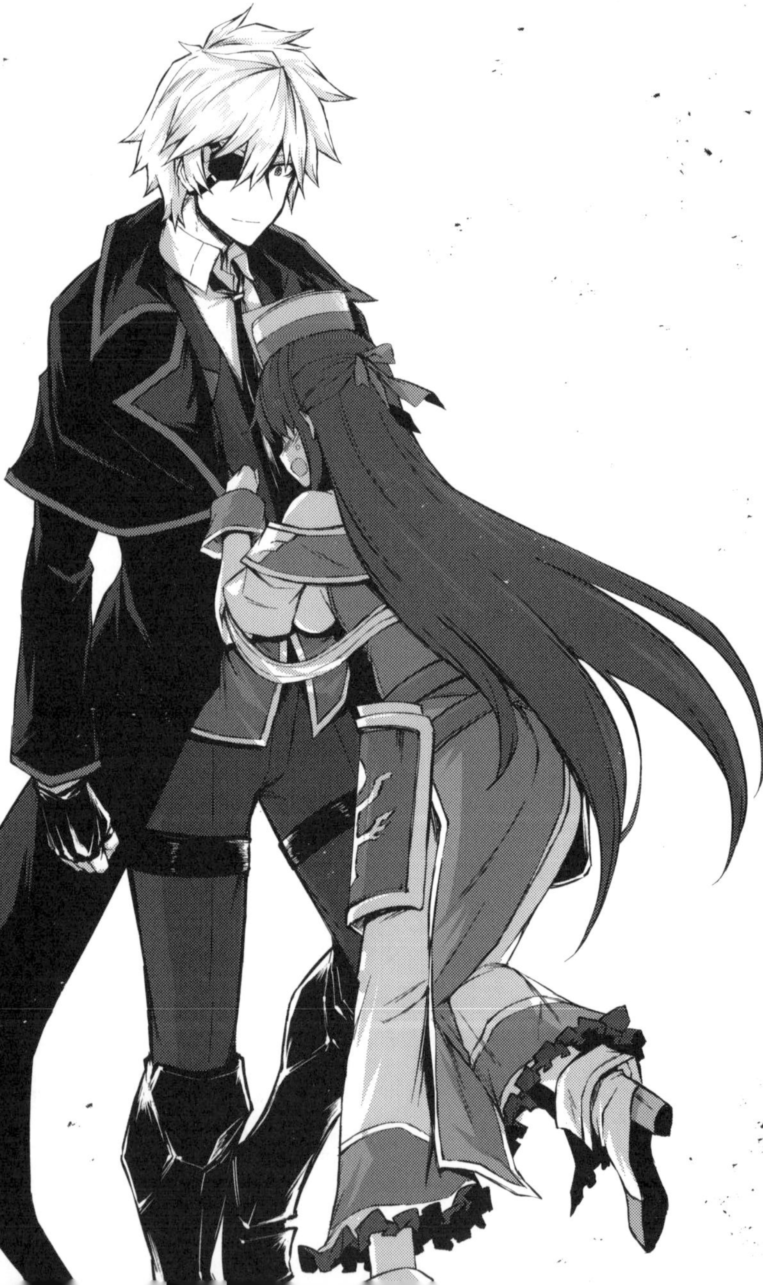

ARIFURETA

DER KAMPF ZURÜCK IN MEINE WELT

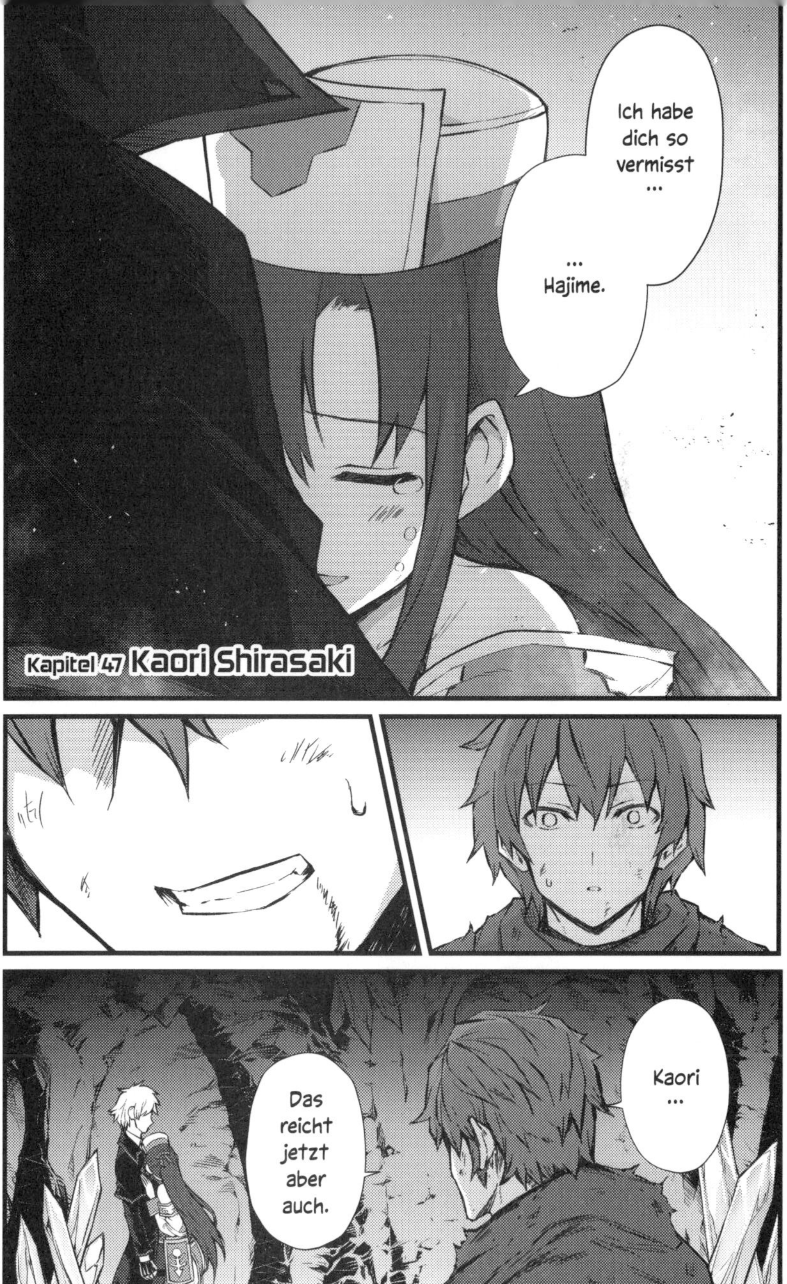

Ich habe dich so vermisst …
… Hajime.
Kapitel 47 Kaori Shirasaki
Kaori …
Das reicht jetzt aber auch.

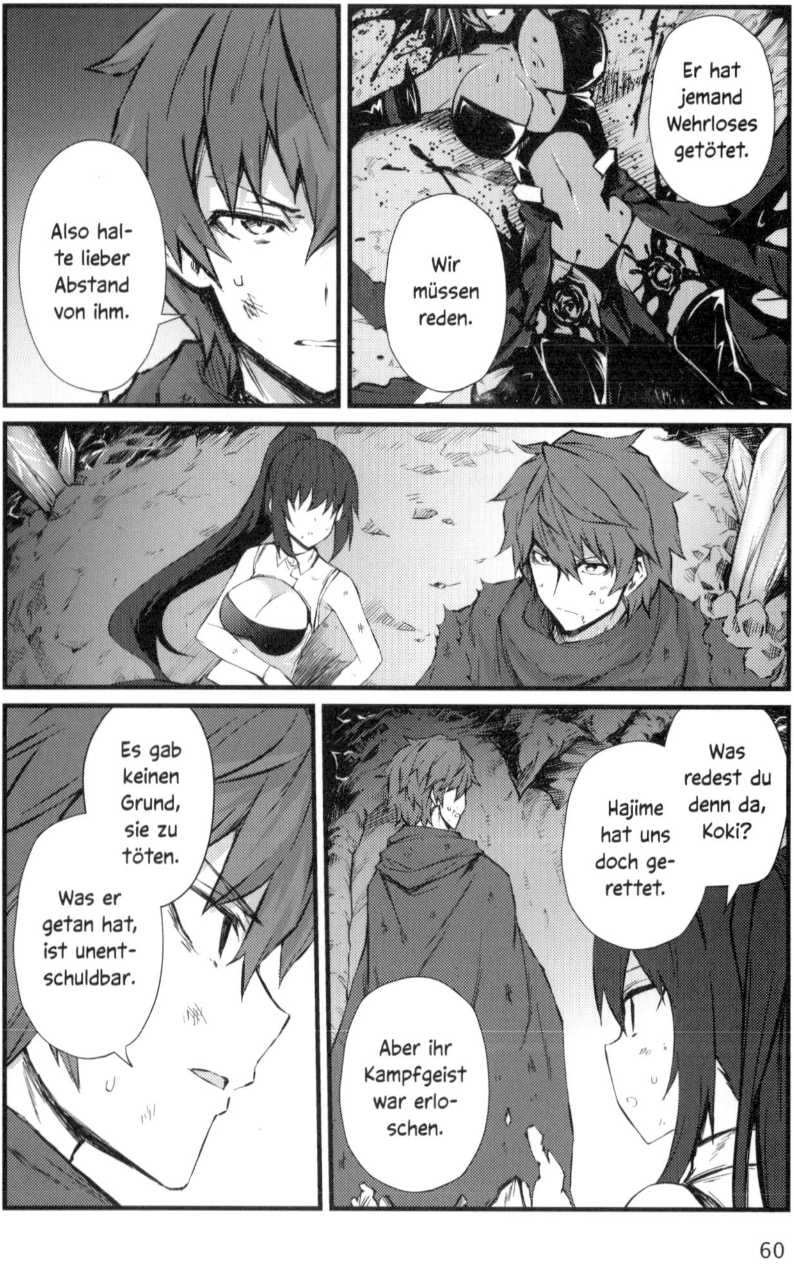

Er hat jemand Wehrloses getötet.
Wir müssen reden.
Also halte lieber Abstand von ihm.
Was redest du denn da, Koki?
Hajime hat uns doch gerettet.
Es gab keinen Grund, sie zu töten.
Was er getan hat, ist unentschuldbar.
Aber ihr Kampfgeist war erloschen.

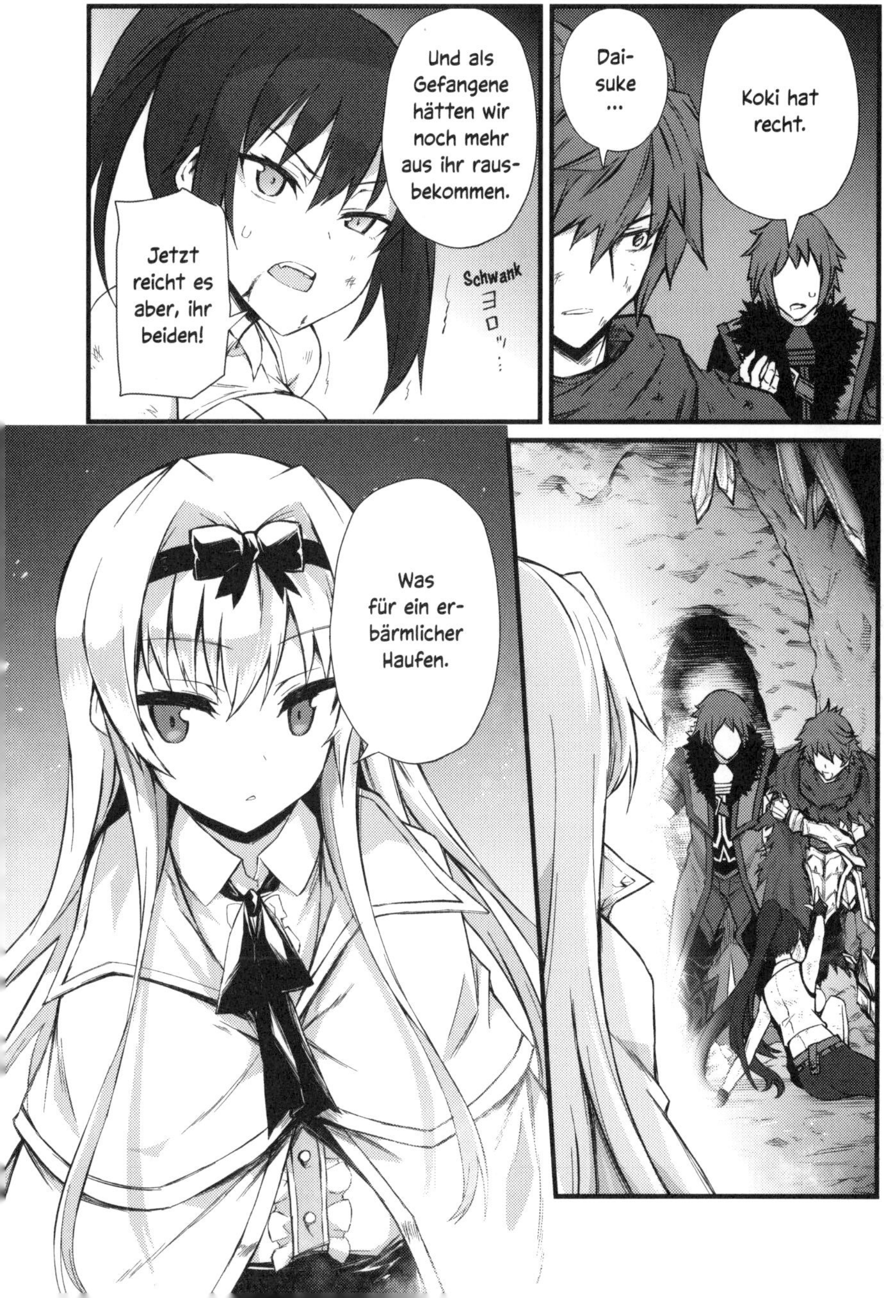
Koki hat recht.
Dai- suke ...
Und als Gefangene hätten wir noch mehr aus ihr raus- bekommen.
Jetzt reicht es aber, ihr beiden!
Schwank
Was für ein er- bärmlicher Haufen.

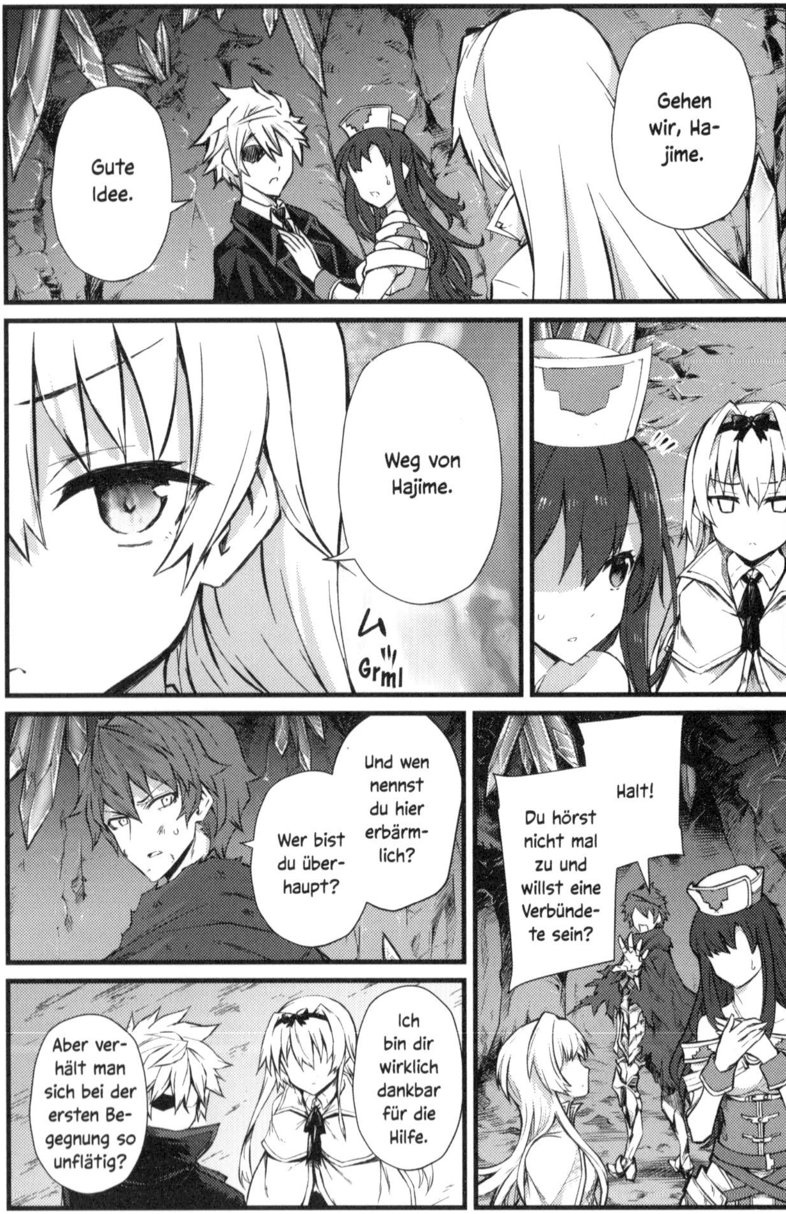
Gehen wir, Hajime.
Gute Idee.
Weg von Hajime.
Grml
Halt!
Du hörst nicht mal zu und willst eine Verbündete sein?
Und wen nennst du hier erbärmlich?
Wer bist du überhaupt?
Ich bin dir wirklich dankbar für die Hilfe.
Aber verhält man sich bei der ersten Begegnung so unflätig?

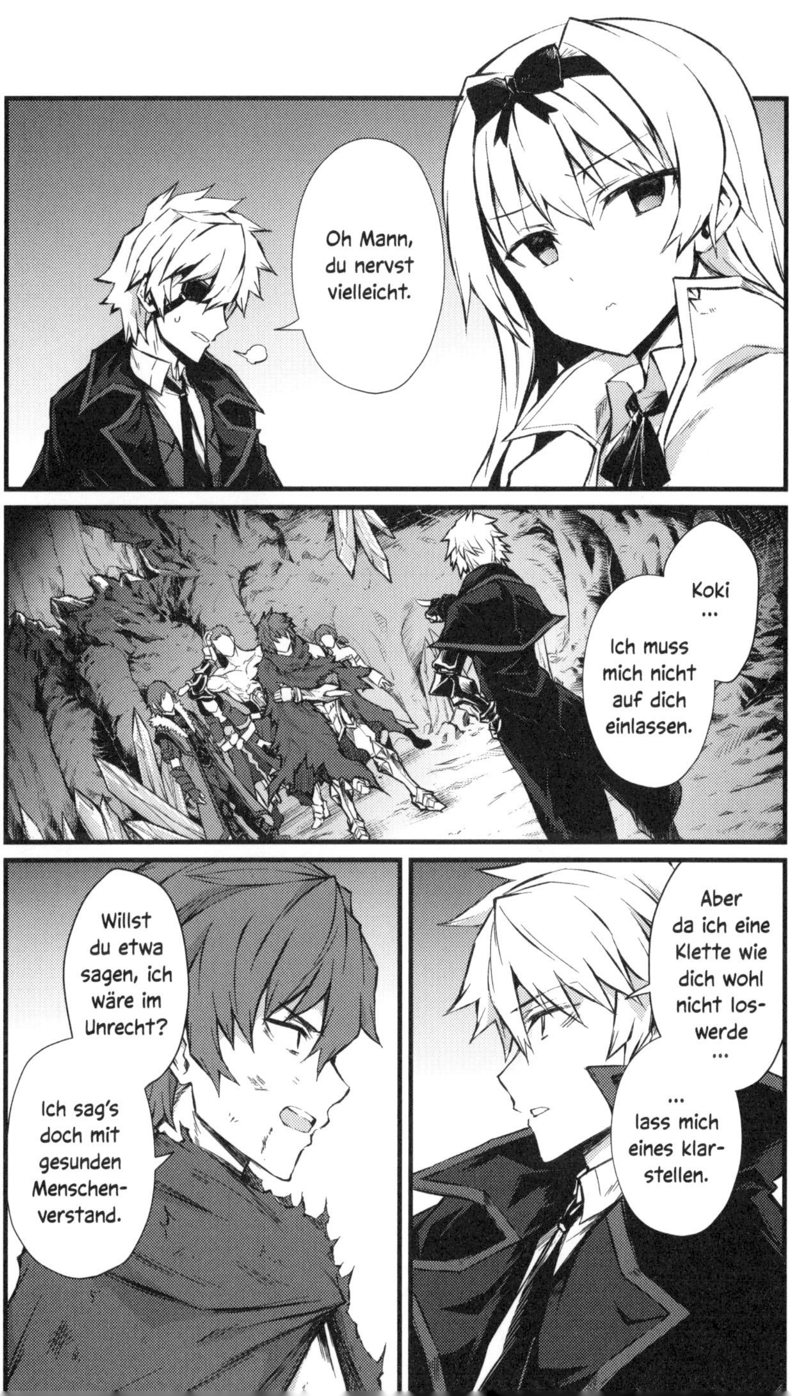

Oh Mann, du nervst vielleicht.
Koki ... Ich muss mich nicht auf dich einlassen.
Willst du etwa sagen, ich wäre im Unrecht?
Ich sag's doch mit gesunden Menschenverstand.
Aber da ich eine Klette wie dich wohl nicht loswerde ...
... lass mich eines klarstellen.

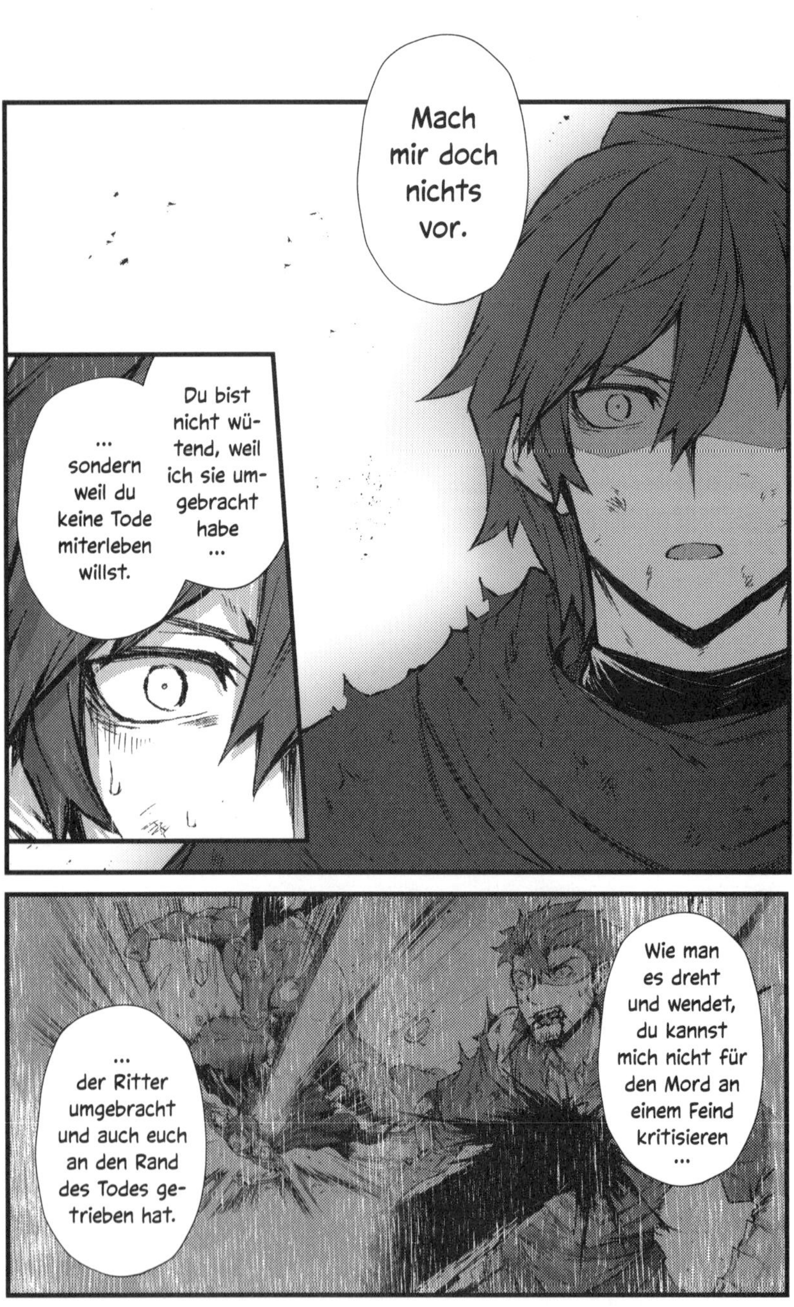
Mach mir doch nichts vor.
Du bist nicht wütend, weil ich sie umgebracht habe ...
... sondern weil du keine Tode miterleben willst.
Wie man es dreht und wendet, du kannst mich nicht für den Mord an einem Feind kritisieren ...
... der Ritter umgebracht und auch euch an den Rand des Todes getrieben hat.

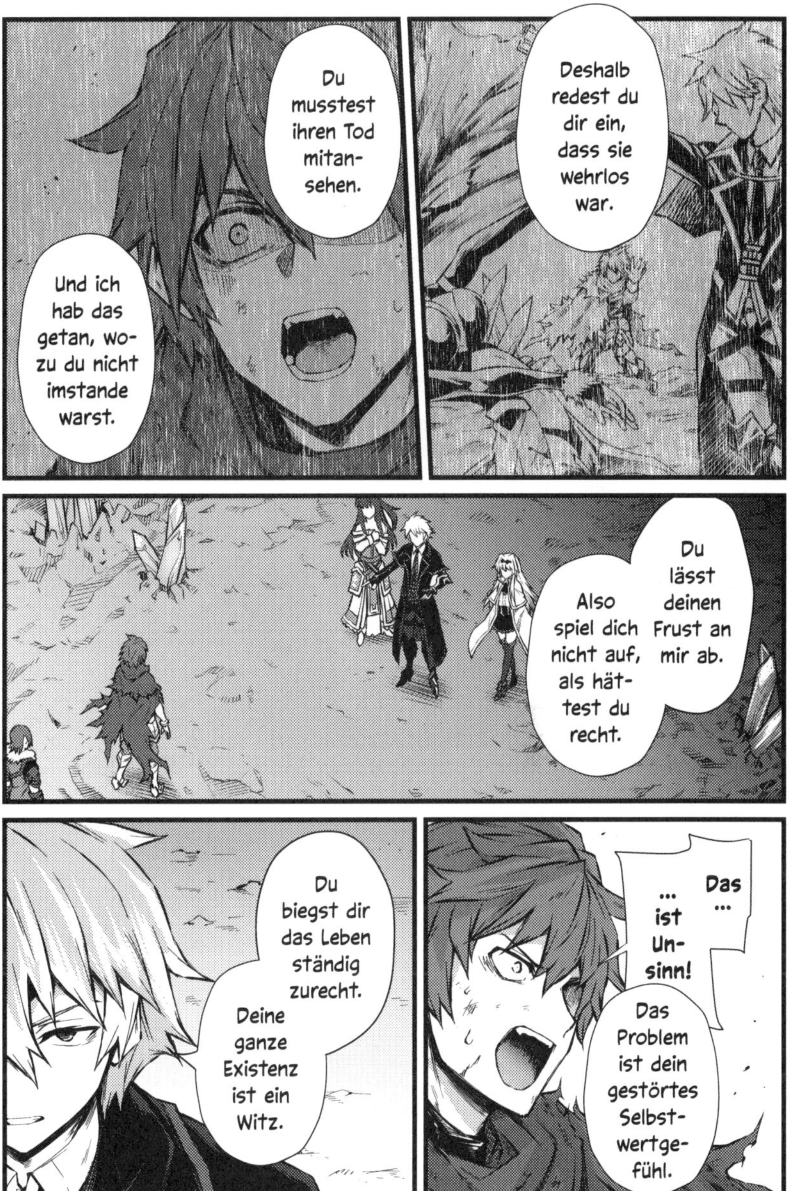
Du musstest ihren Tod mitansehen.
Und ich hab das getan, wozu du nicht imstande warst.
Deshalb redest du dir ein, dass sie wehrlos war.
Also spiel dich nicht auf, als hättest du recht.
Du lässt deinen Frust an mir ab.
Du biegst dir das Leben ständig zurecht.
Deine ganze Existenz ist ein Witz.
Das …
… ist Unsinn!
Das Problem ist dein gestörtes Selbstwertgefühl.

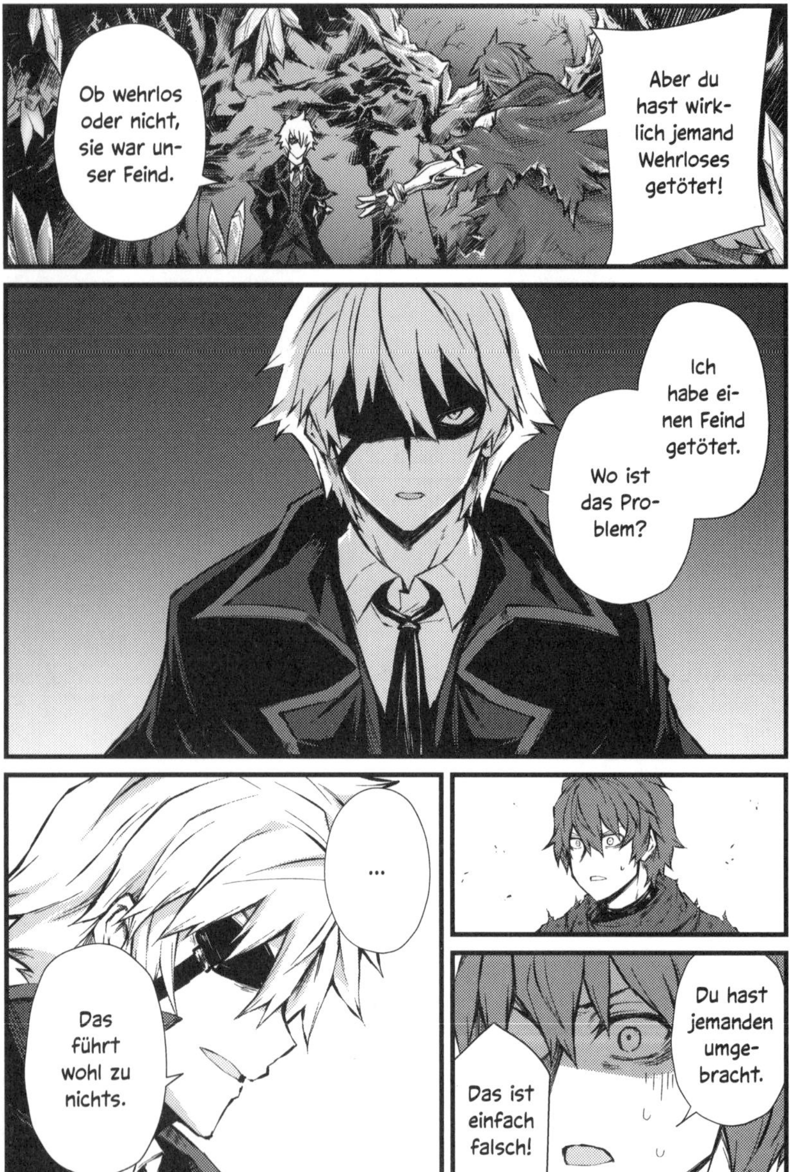
Aber du hast wirk-lich jemand Wehrloses getötet!
Ob wehrlos oder nicht, sie war un-ser Feind.
Ich habe ei-nen Feind getötet.
Wo ist das Pro-blem?
Du hast jemanden umge-bracht.
Das ist einfach falsch!
...
Das führt wohl zu nichts.

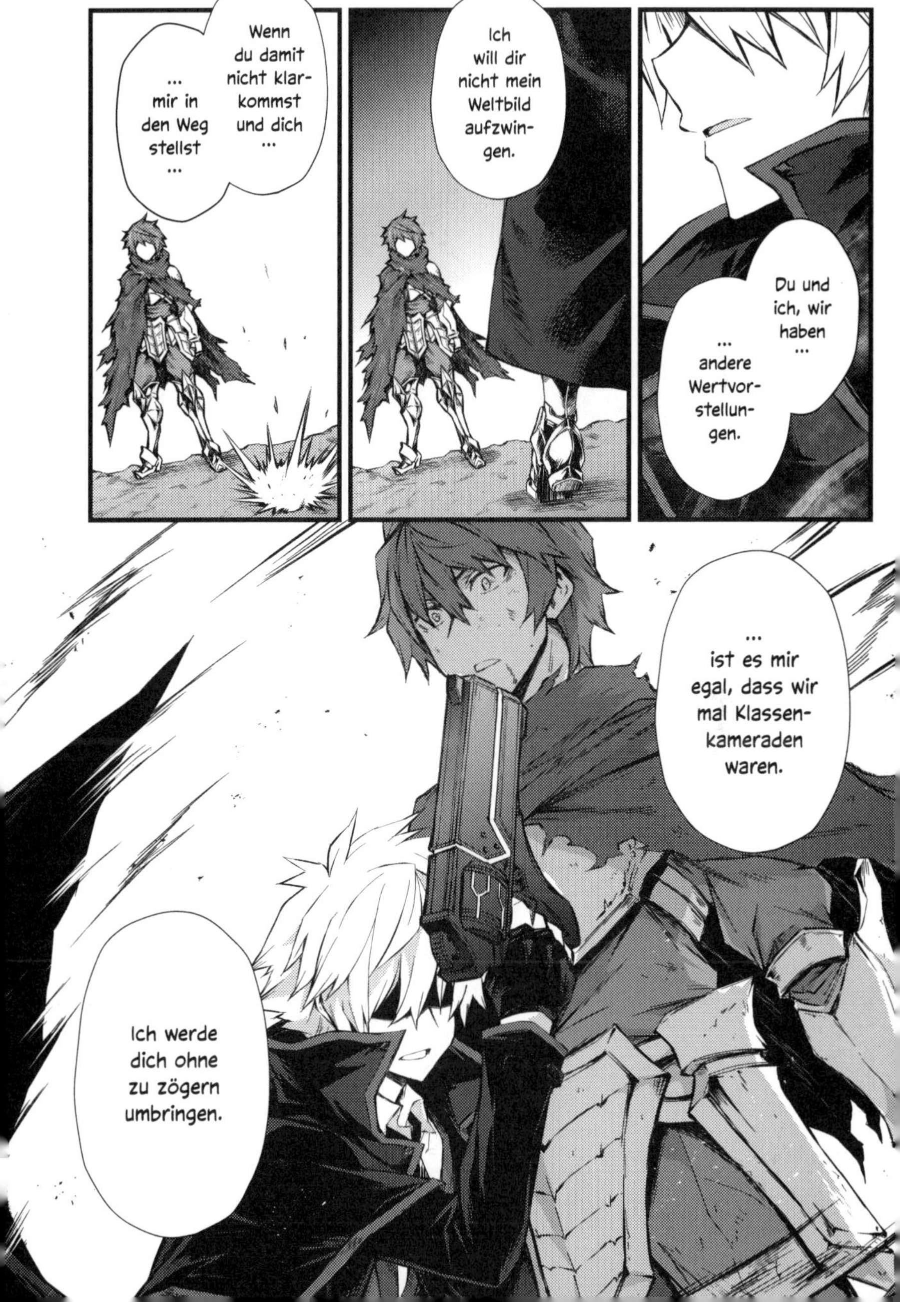
Du und ich, wir haben ...
... andere Wertvorstellungen.
Ich will dir nicht mein Weltbild aufzwingen.
Wenn du damit nicht klarkommst und dich ...
... mir in den Weg stellst ...
... ist es mir egal, dass wir mal Klassenkameraden waren.
Ich werde dich ohne zu zögern umbringen.

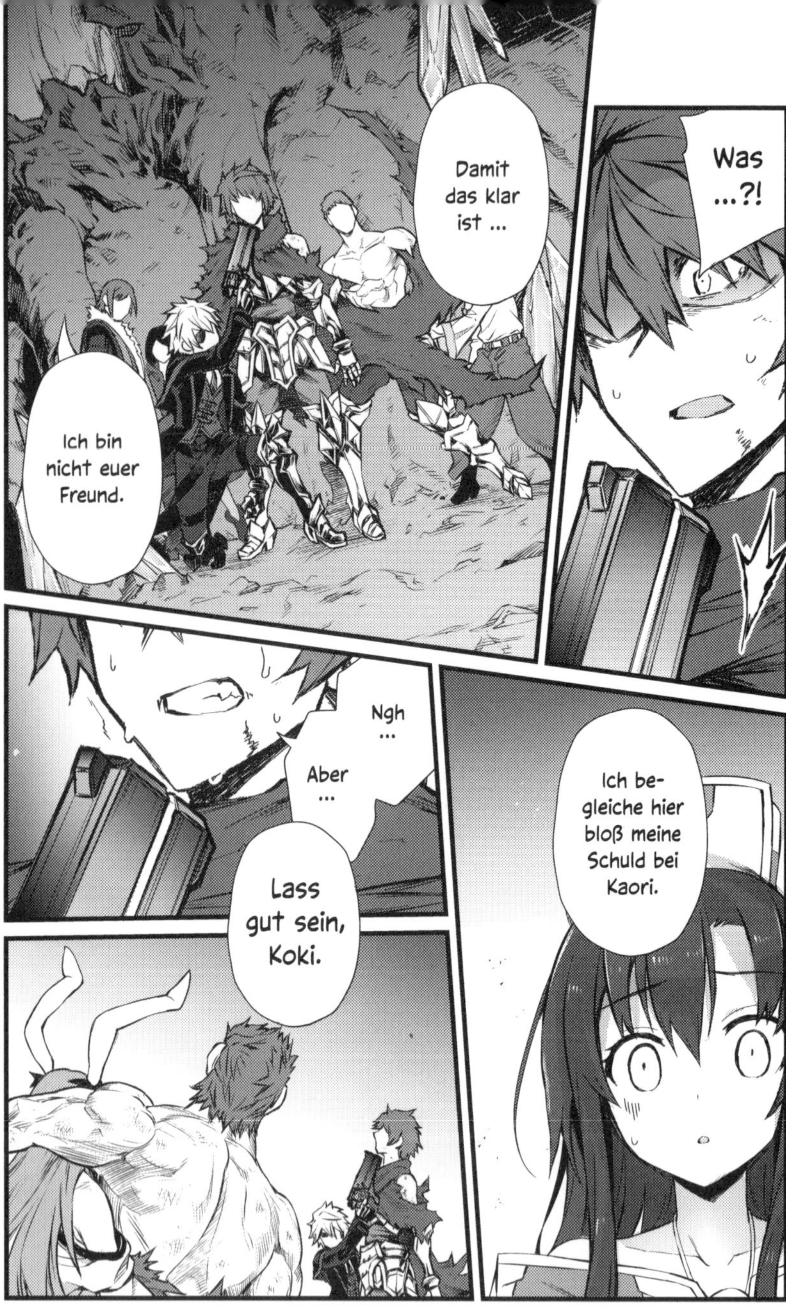
Was ...?!
Damit das klar ist ...
Ich bin nicht euer Freund.
Ich begleiche hier bloß meine Schuld bei Kaori.
Ngh ...
Aber ...
Lass gut sein, Koki.

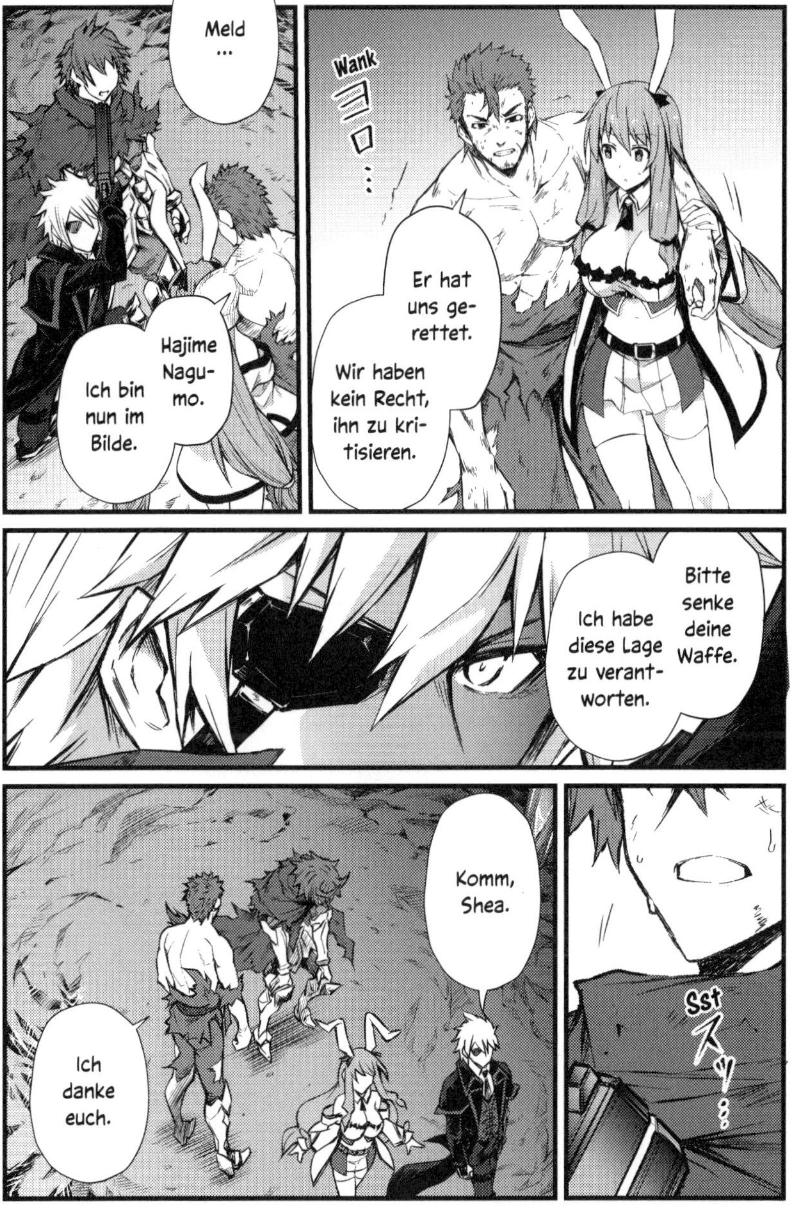
Wank ヨロ…
Er hat uns gerettet.
Wir haben kein Recht, ihn zu kritisieren.
Meld …
Hajime Nagumo.
Ich bin nun im Bilde.
Bitte senke deine Waffe.
Ich habe diese Lage zu verantworten.
Sst スッ…
Komm, Shea.
Ich danke euch.

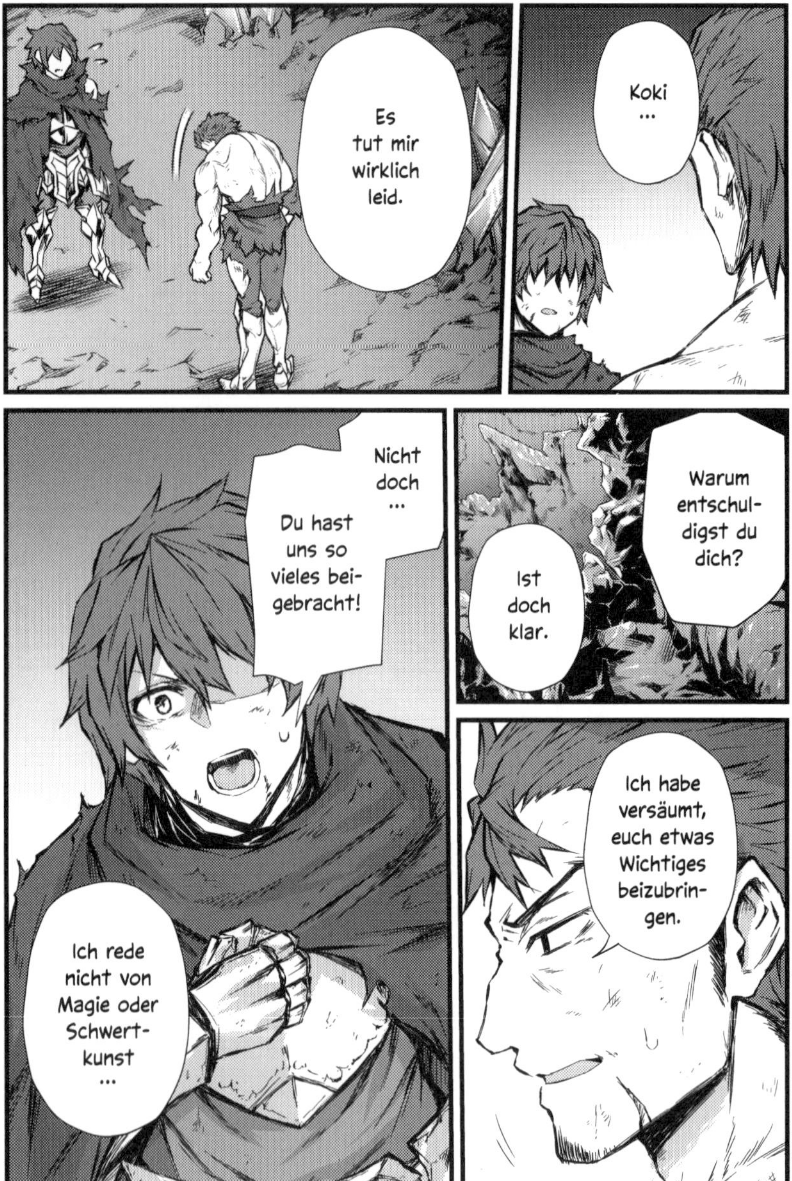
Koki ...
Es tut mir wirklich leid.
Warum entschuldigst du dich?
Ist doch klar.
Ich habe versäumt, euch etwas Wichtiges beizubringen.
Nicht doch ...
Du hast uns so vieles beigebracht!
Ich rede nicht von Magie oder Schwertkunst ...

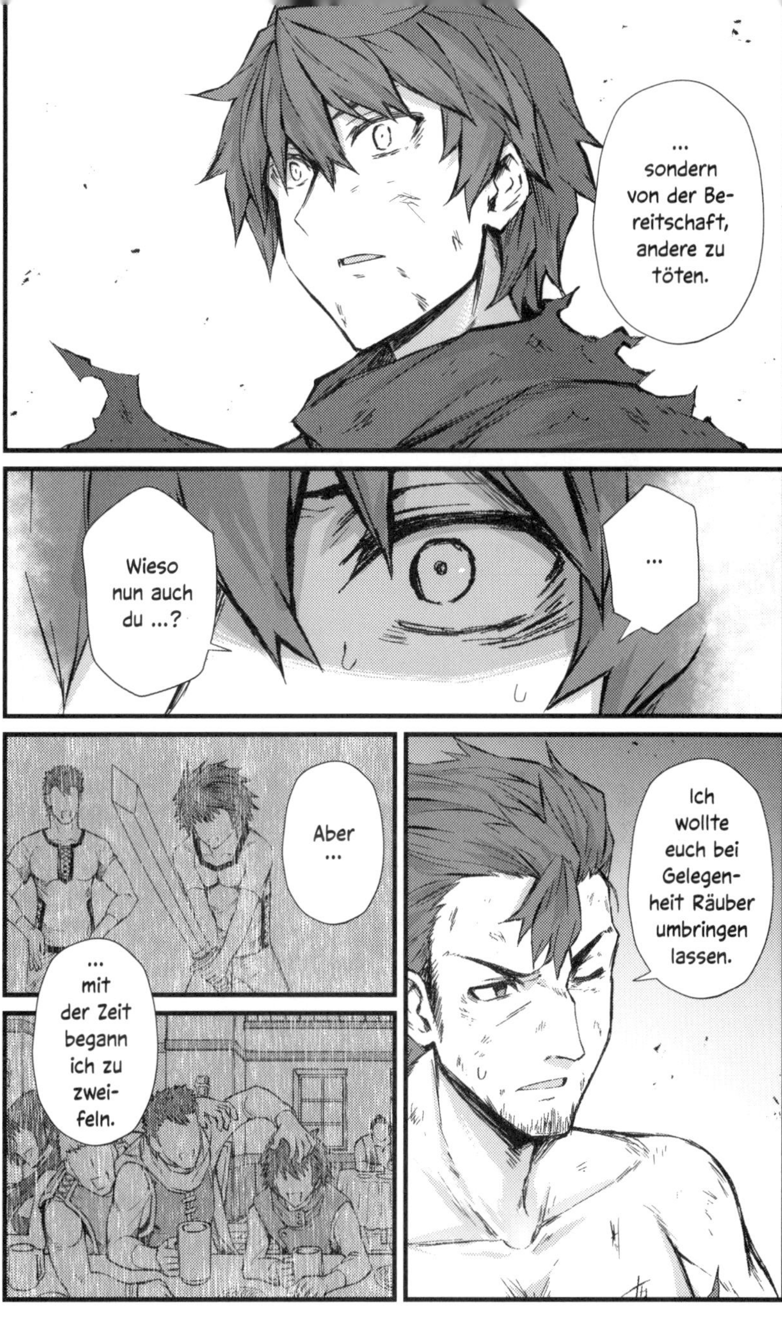
... sondern von der Bereitschaft, andere zu töten.
...
Wieso nun auch du ...?
Ich wollte euch bei Gelegenheit Räuber umbringen lassen.
Aber ...
... mit der Zeit begann ich zu zweifeln.

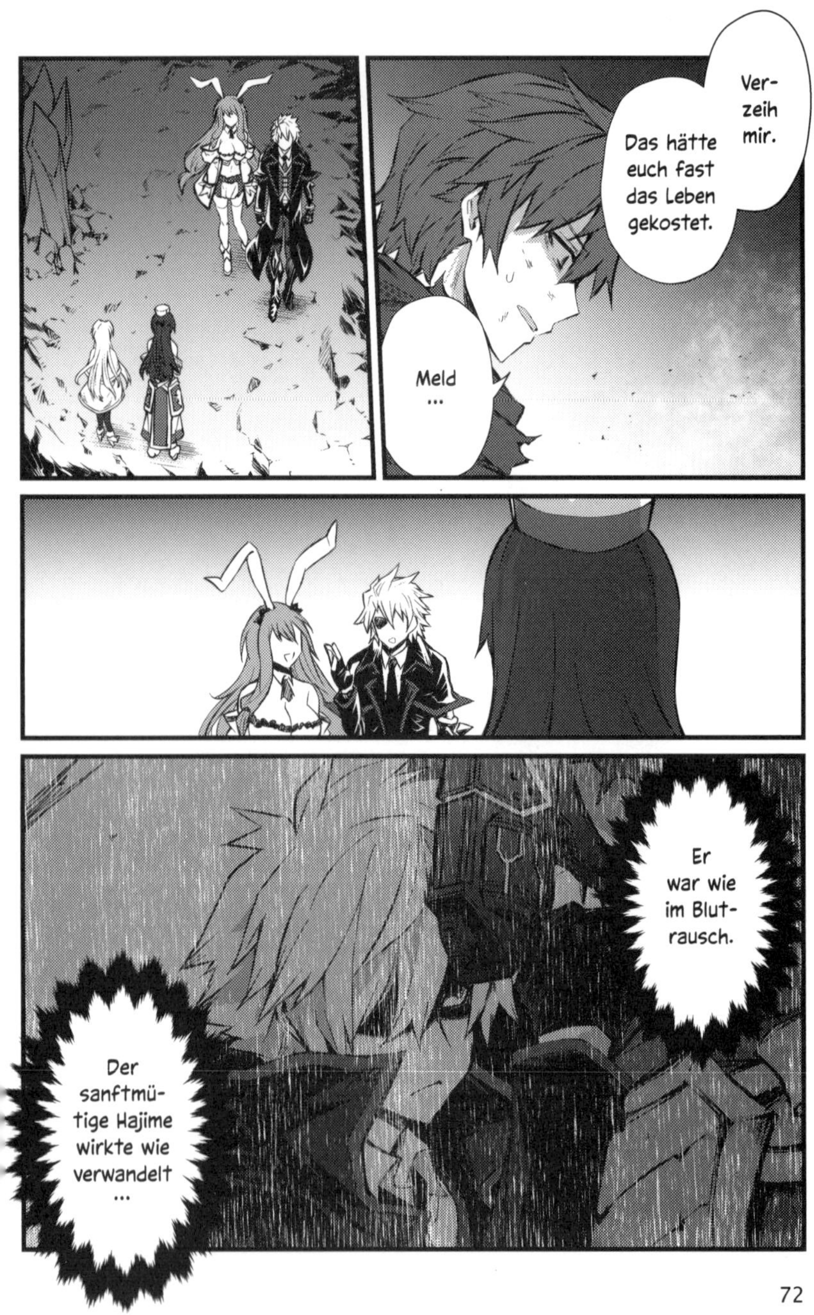
Ver-zeih mir.
Das hätte euch fast das Leben gekostet.
Meld ...
Er war wie im Blut-rausch.
Der sanftmü-tige Hajime wirkte wie verwandelt ...

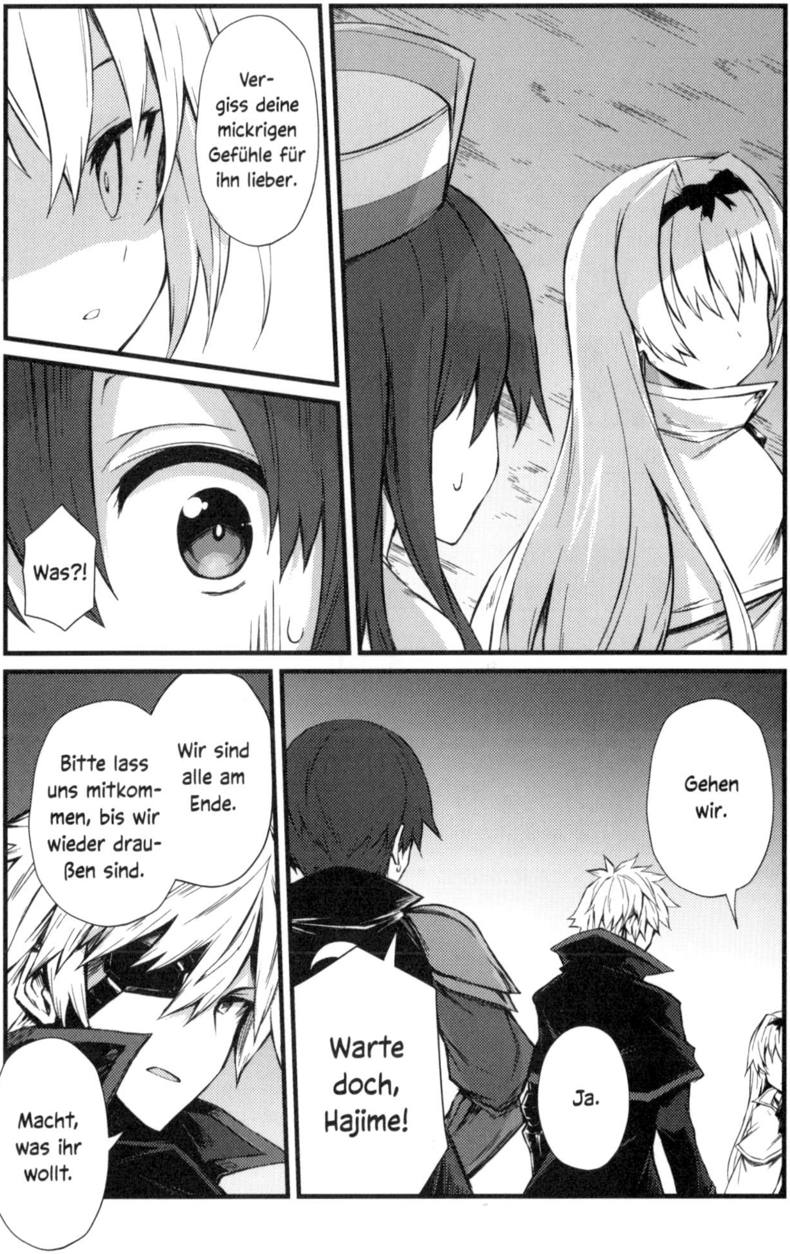
Ver-giss deine mickrigen Gefühle für ihn lieber.
Was?!
Gehen wir.
Ja.
Warte doch, Hajime!
Wir sind alle am Ende.
Bitte lass uns mitkommen, bis wir wieder draußen sind.
Macht, was ihr wollt.

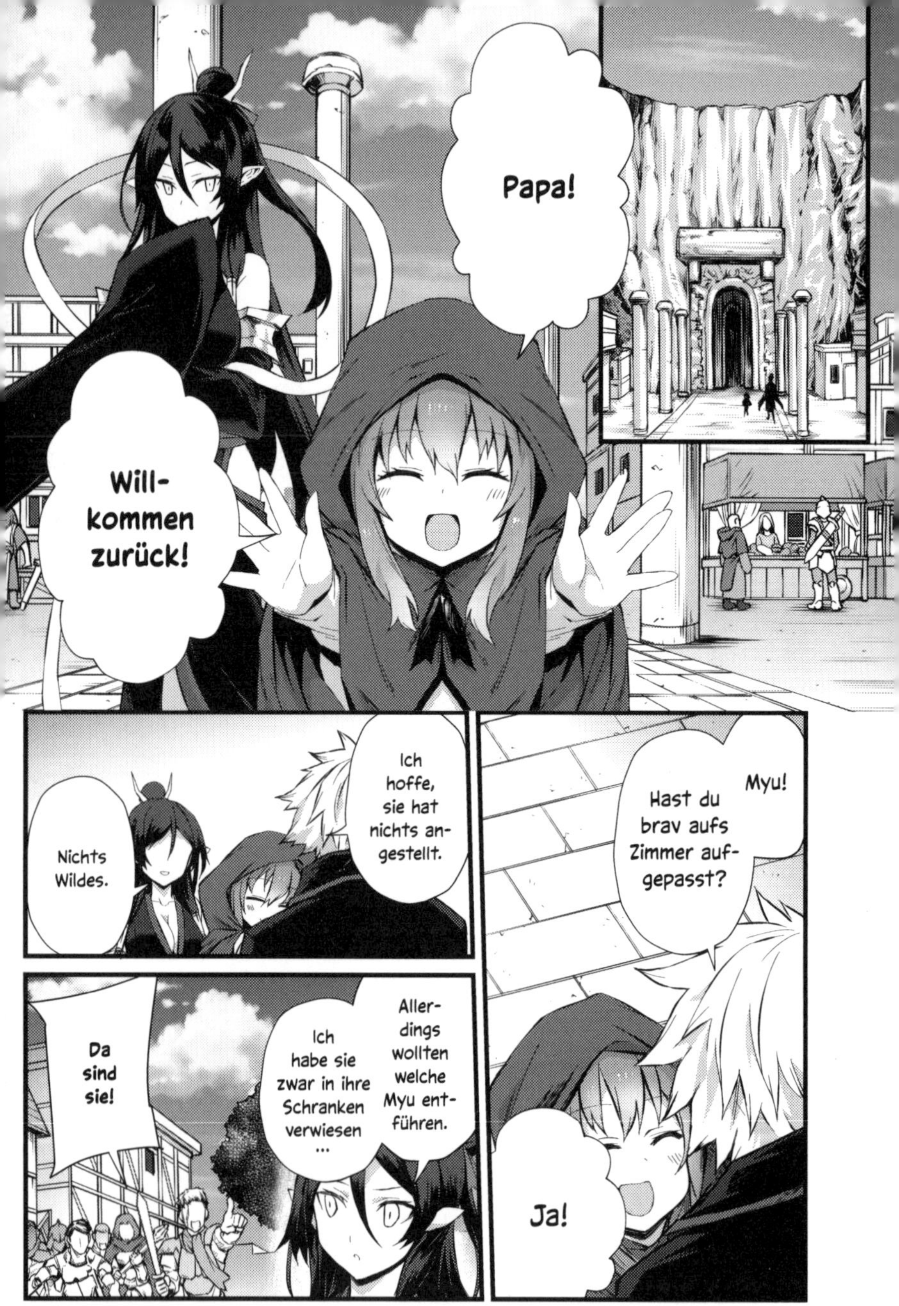
Papa!
Will-kommen zurück!
Myu!
Hast du brav aufs Zimmer auf-gepasst?
Ja!
Ich hoffe, sie hat nichts an-gestellt.
Nichts Wildes.
Ich habe sie zwar in ihre Schranken verwiesen ...
Aller-dings wollten welche Myu ent-führen.
Da sind sie!

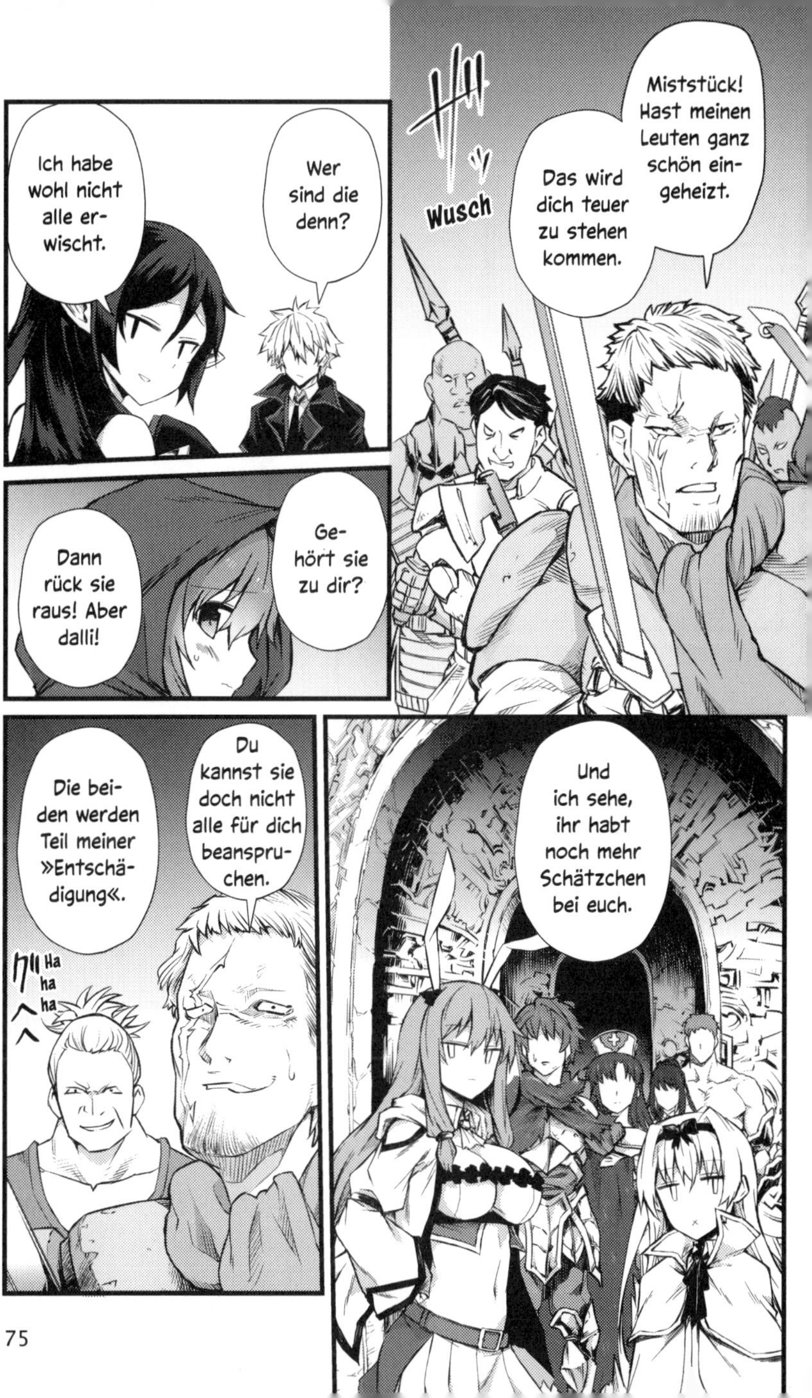

Miststück! Hast meinen Leuten ganz schön eingeheizt.
Das wird dich teuer zu stehen kommen.
Wusch
Wer sind die denn?
Ich habe wohl nicht alle erwischt.
Gehört sie zu dir?
Dann rück sie raus! Aber dalli!
Und ich sehe, ihr habt noch mehr Schätzchen bei euch.
Du kannst sie doch nicht alle für dich beanspruchen.
Die beiden werden Teil meiner »Entschädigung«.
Ha ha ha

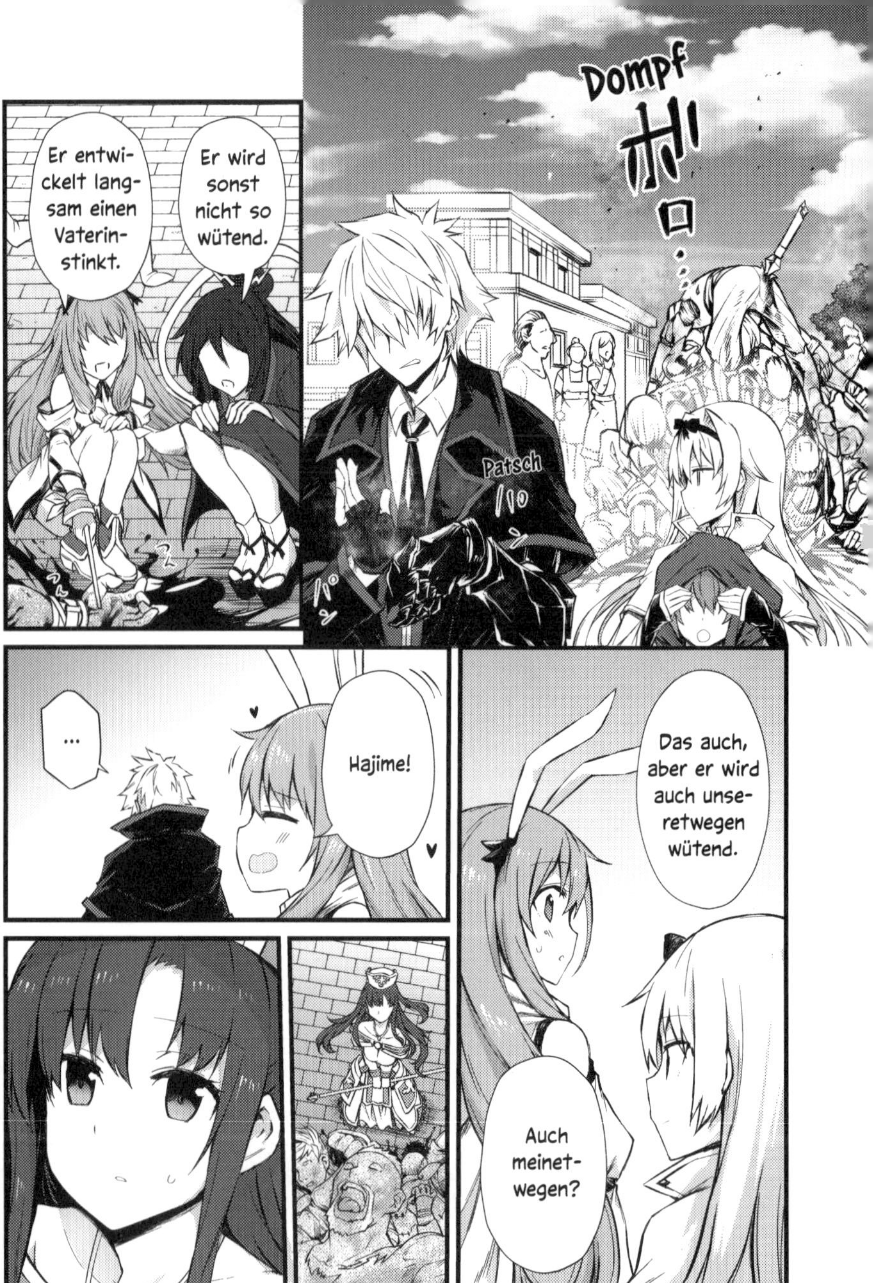
Dompf
ホロ…
Patsch
Er wird sonst nicht so wütend.
Er entwickelt langsam einen Vaterinstinkt.
Das auch, aber er wird auch unseretwegen wütend.
Hajime!
…
Auch meinetwegen?

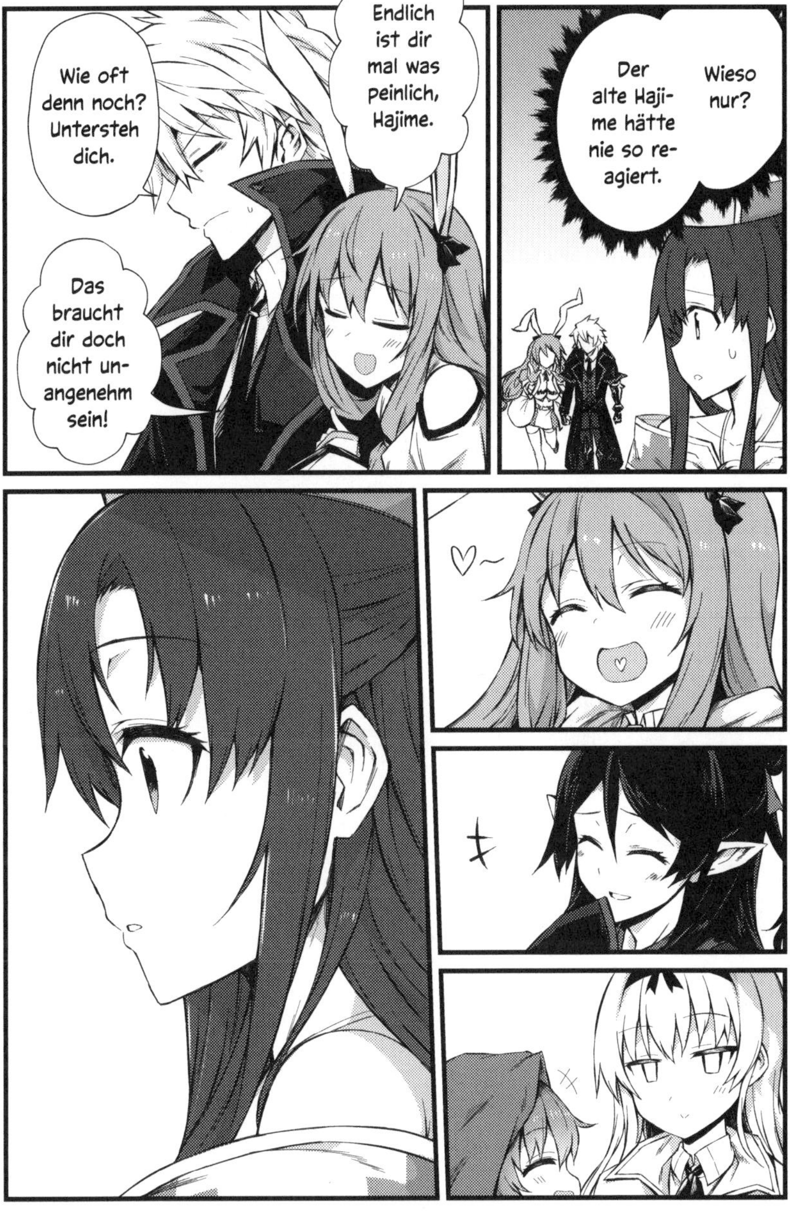
Wie oft denn noch? Untersteh dich.
Endlich ist dir mal was peinlich, Hajime.
Das braucht dir doch nicht unangenehm sein!
Der alte Hajime hätte nie so reagiert.
Wieso nur?

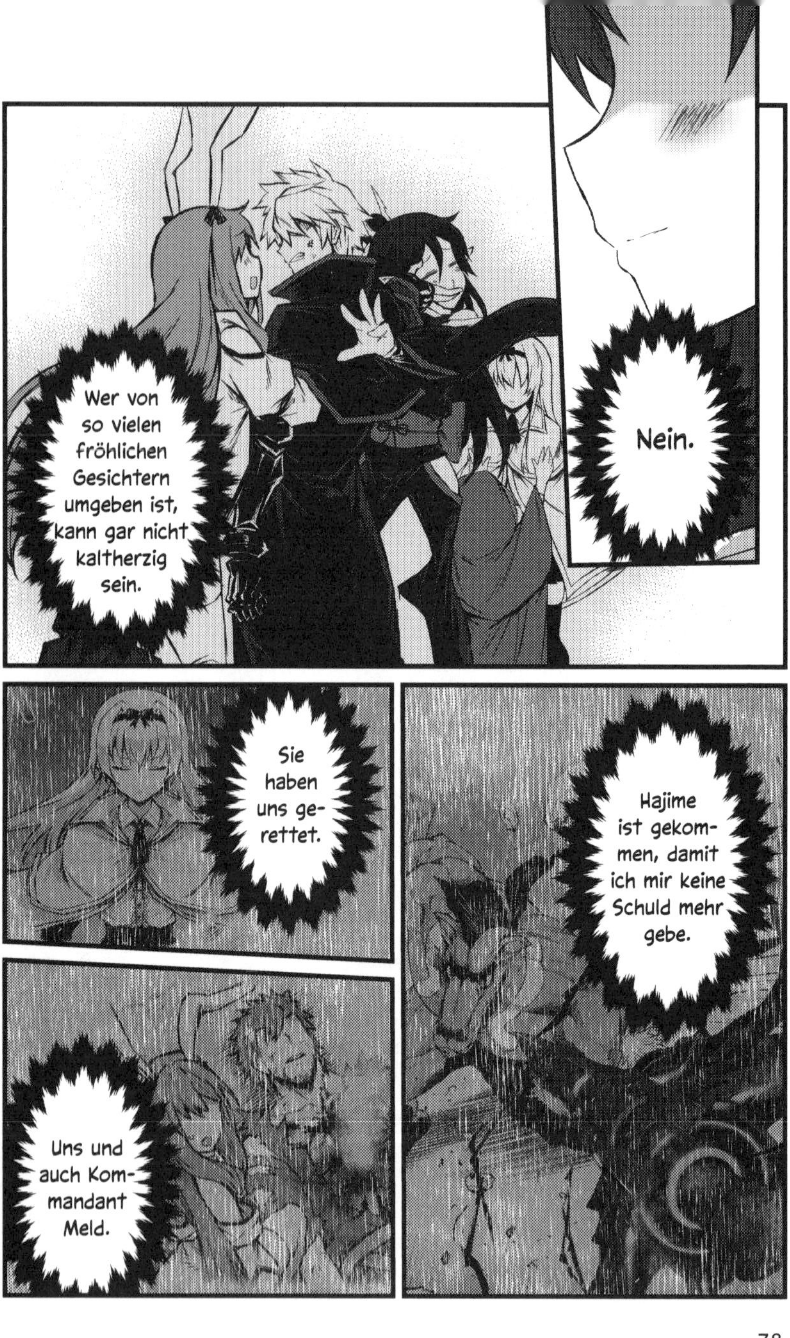
Nein.
Wer von so vielen fröhlichen Gesichtern umgeben ist, kann gar nicht kaltherzig sein.
Hajime ist gekommen, damit ich mir keine Schuld mehr gebe.
Sie haben uns gerettet.
Uns und auch Kommandant Meld.

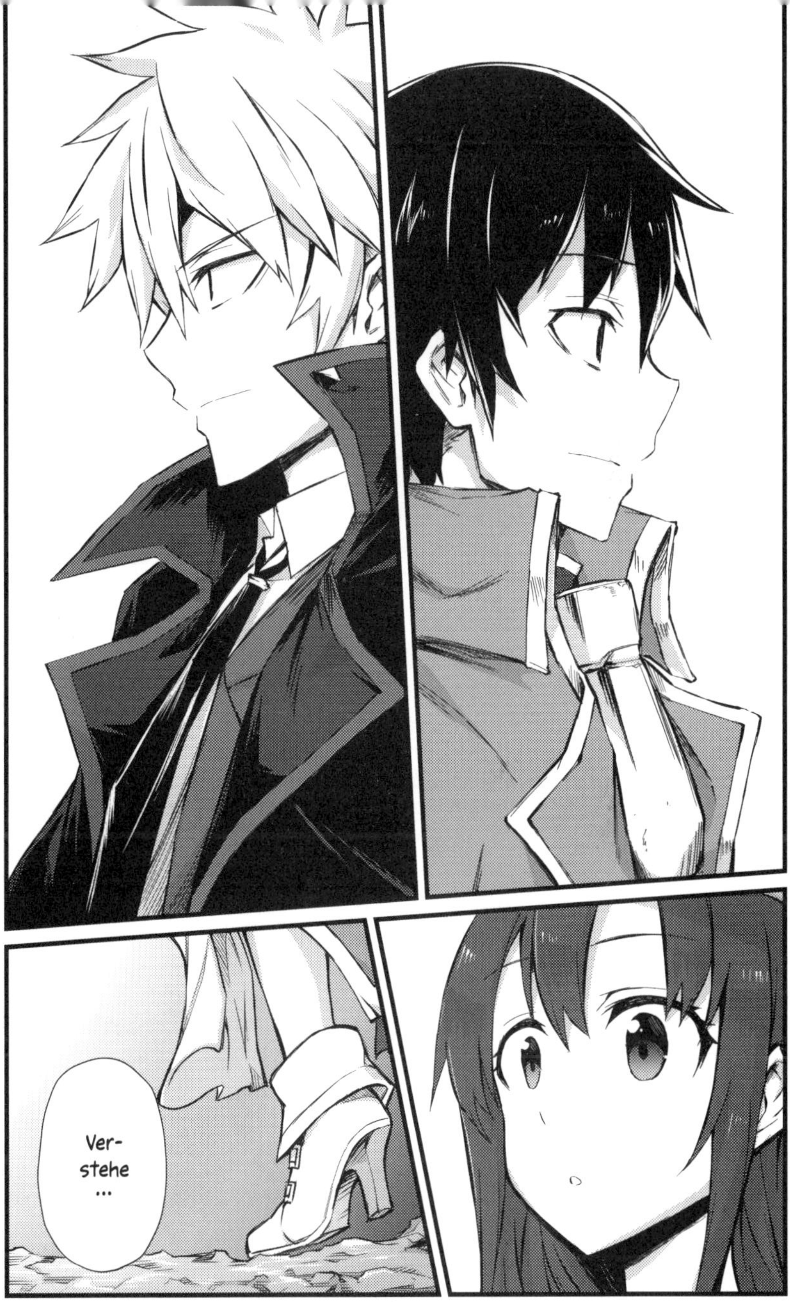
Ver-
stehe
...

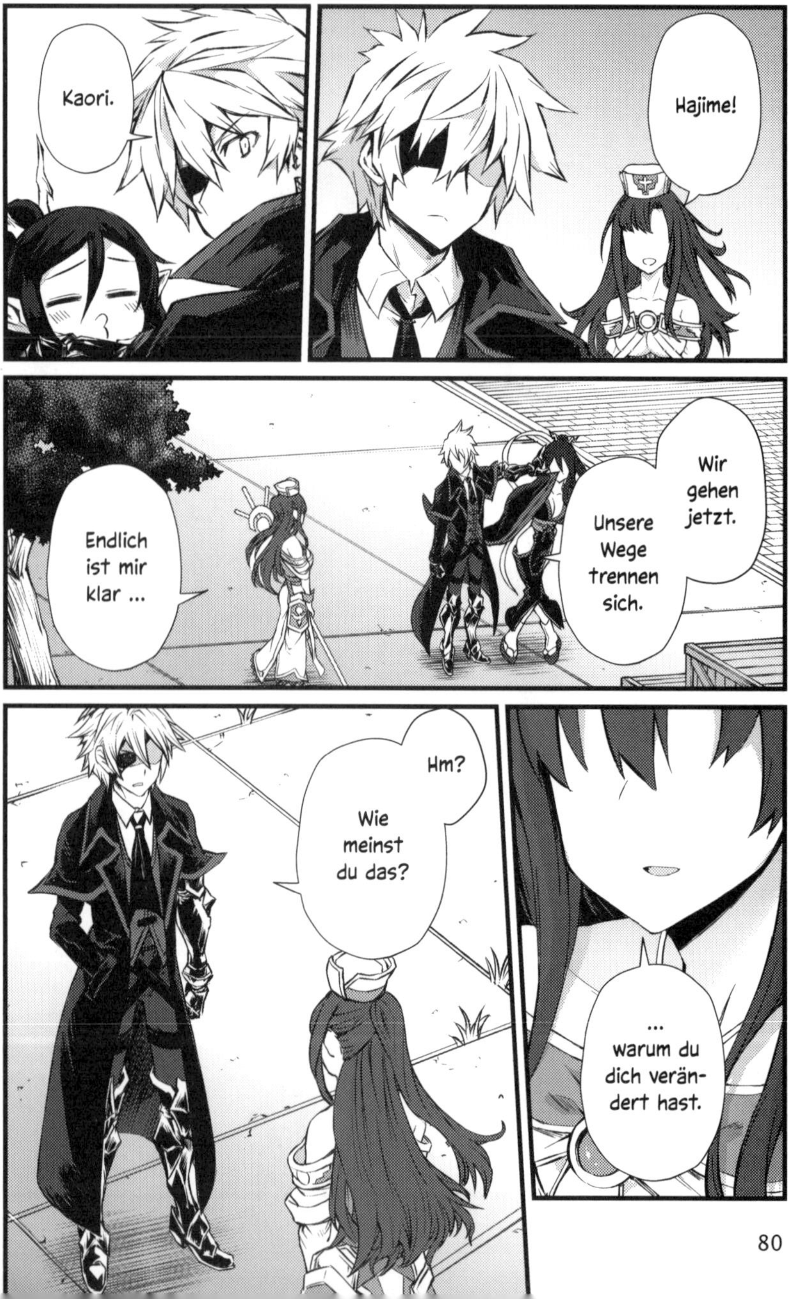
Hajime!
Kaori.
Wir gehen jetzt.
Unsere Wege trennen sich.
Endlich ist mir klar ...
... warum du dich verän-dert hast.
Hm?
Wie meinst du das?

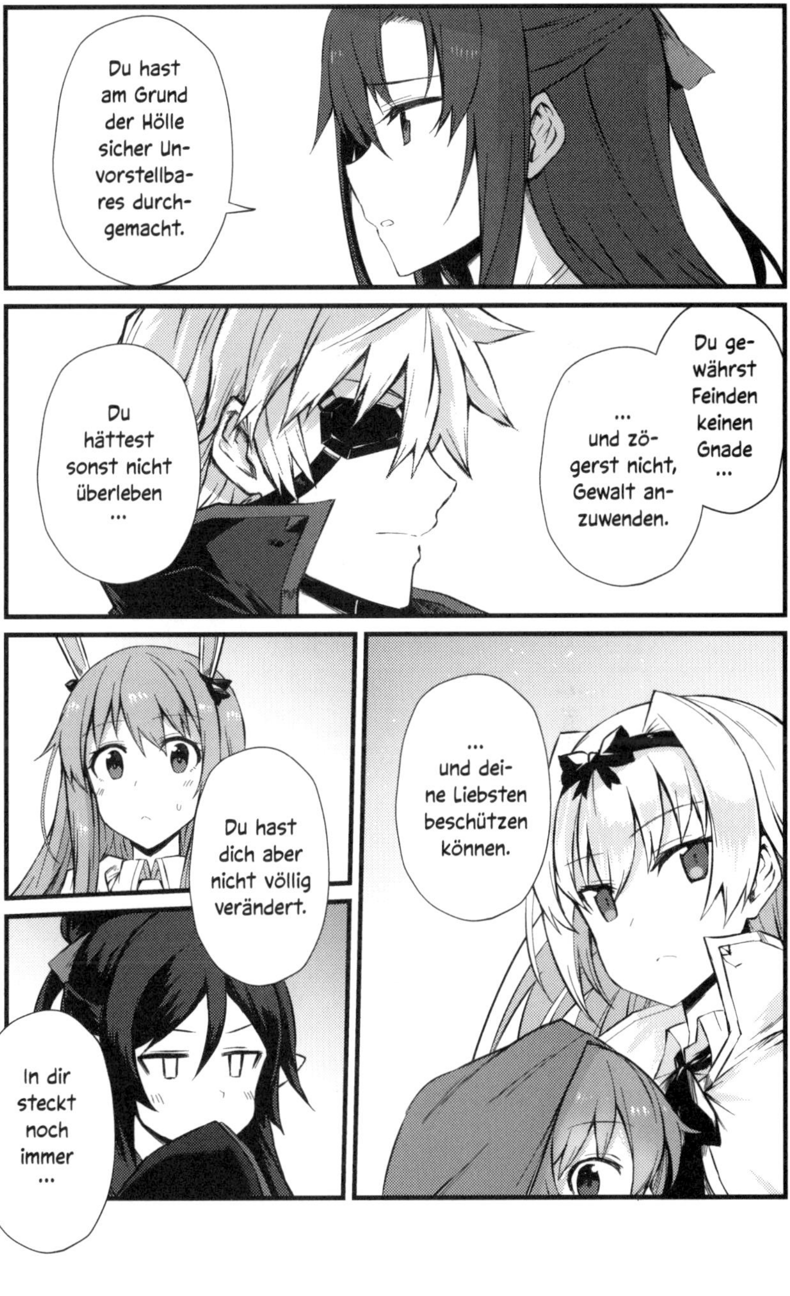
Du hast am Grund der Hölle sicher Unvorstellbares durchgemacht.
Du gewährst Feinden keinen Gnade ...
... und zögerst nicht, Gewalt anzuwenden.
Du hättest sonst nicht überleben ...
... und deine Liebsten beschützen können.
Du hast dich aber nicht völlig verändert.
In dir steckt noch immer ...

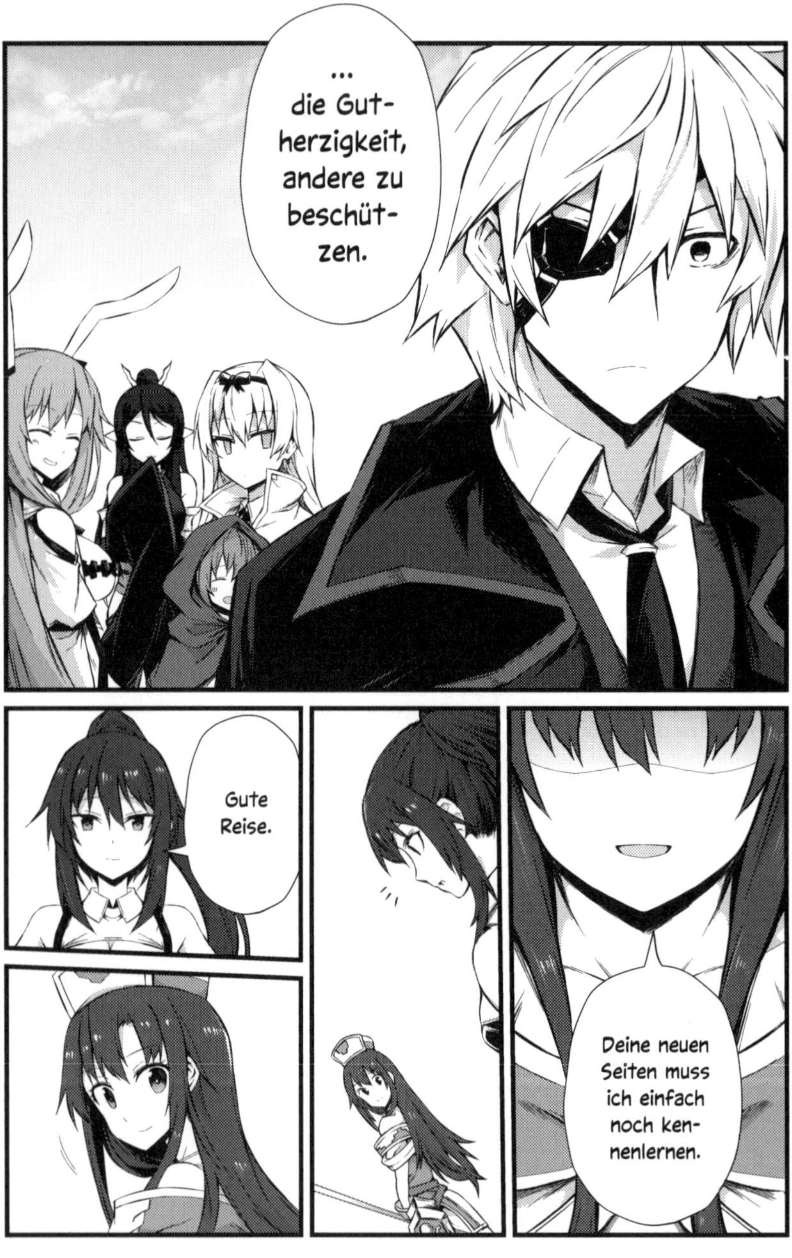
... die Gut- herzigkeit, andere zu beschüt- zen.
Gute Reise.
Deine neuen Seiten muss ich einfach noch ken- nenlernen.

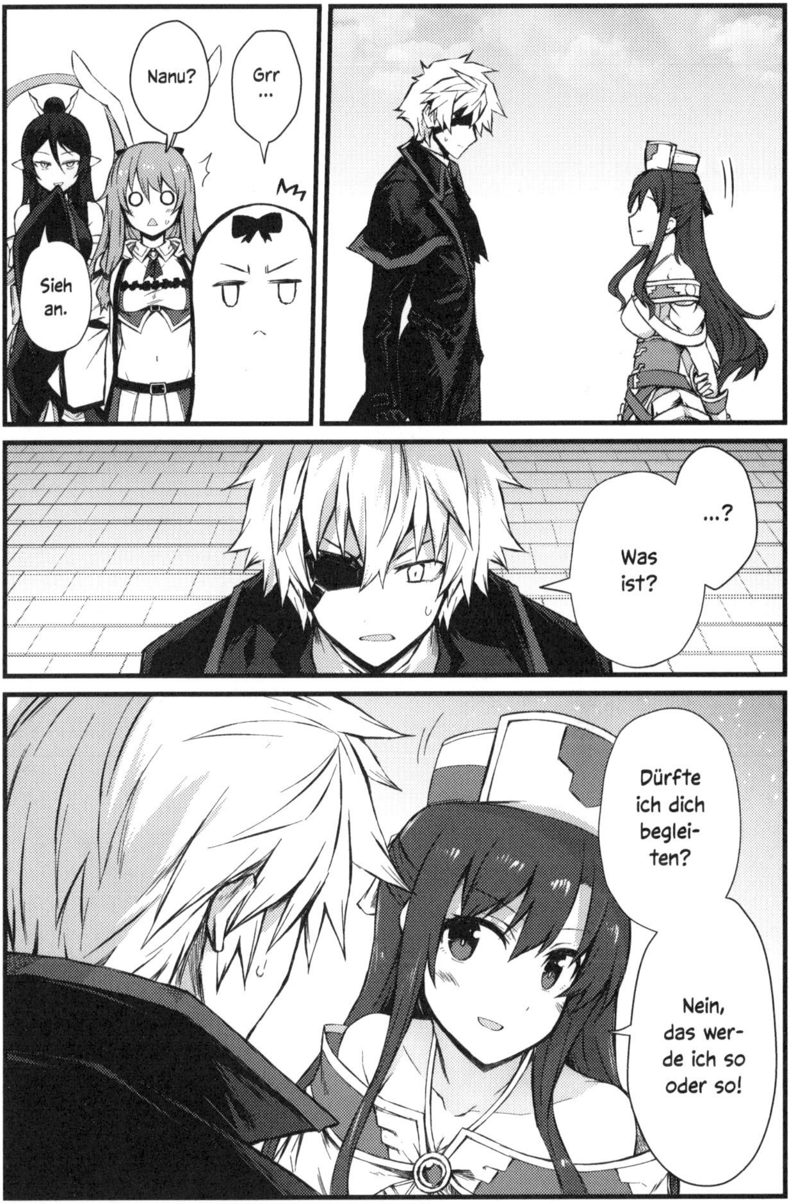

Grr ...
Nanu?
Sieh an.
...?
Was ist?
Dürfte ich dich begleiten?
Nein, das werde ich so oder so!

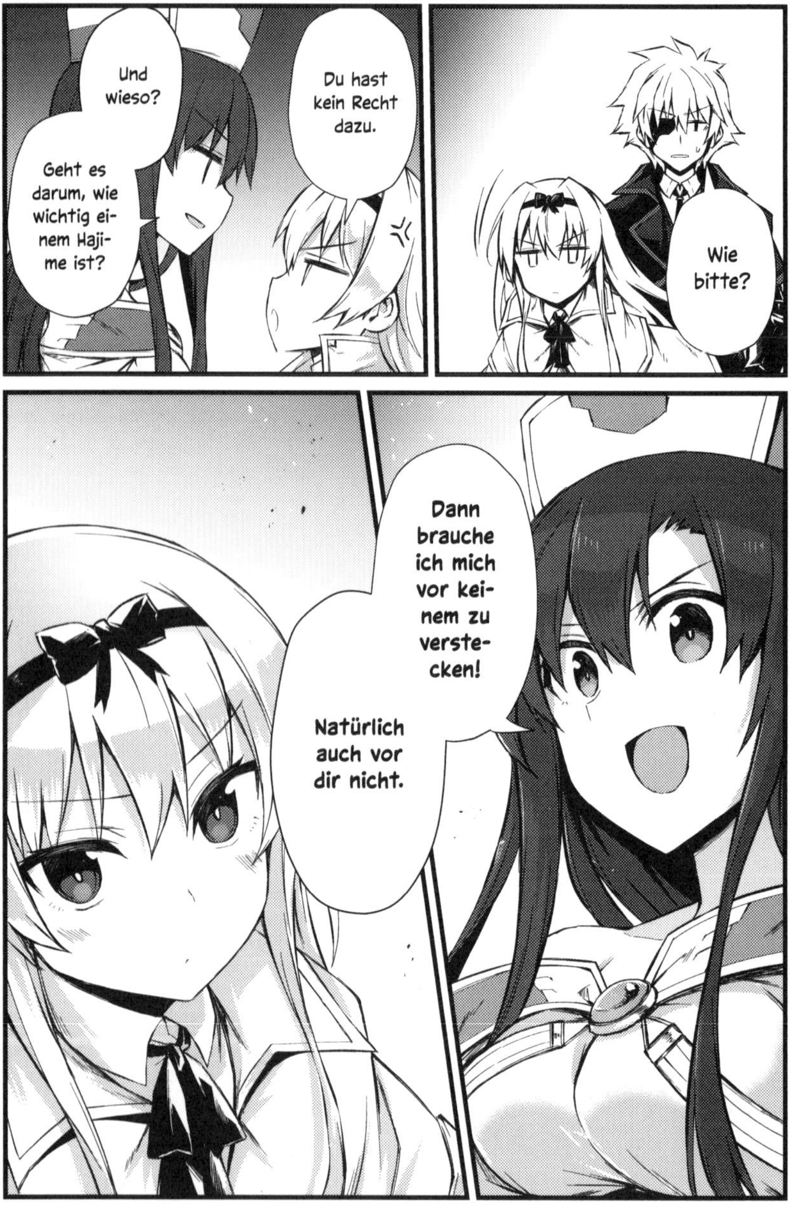
Wie bitte?
Du hast kein Recht dazu.
Und wieso?
Geht es darum, wie wichtig einem Hajime ist?
Dann brauche ich mich vor keinem zu verstecken!
Natürlich auch vor dir nicht.

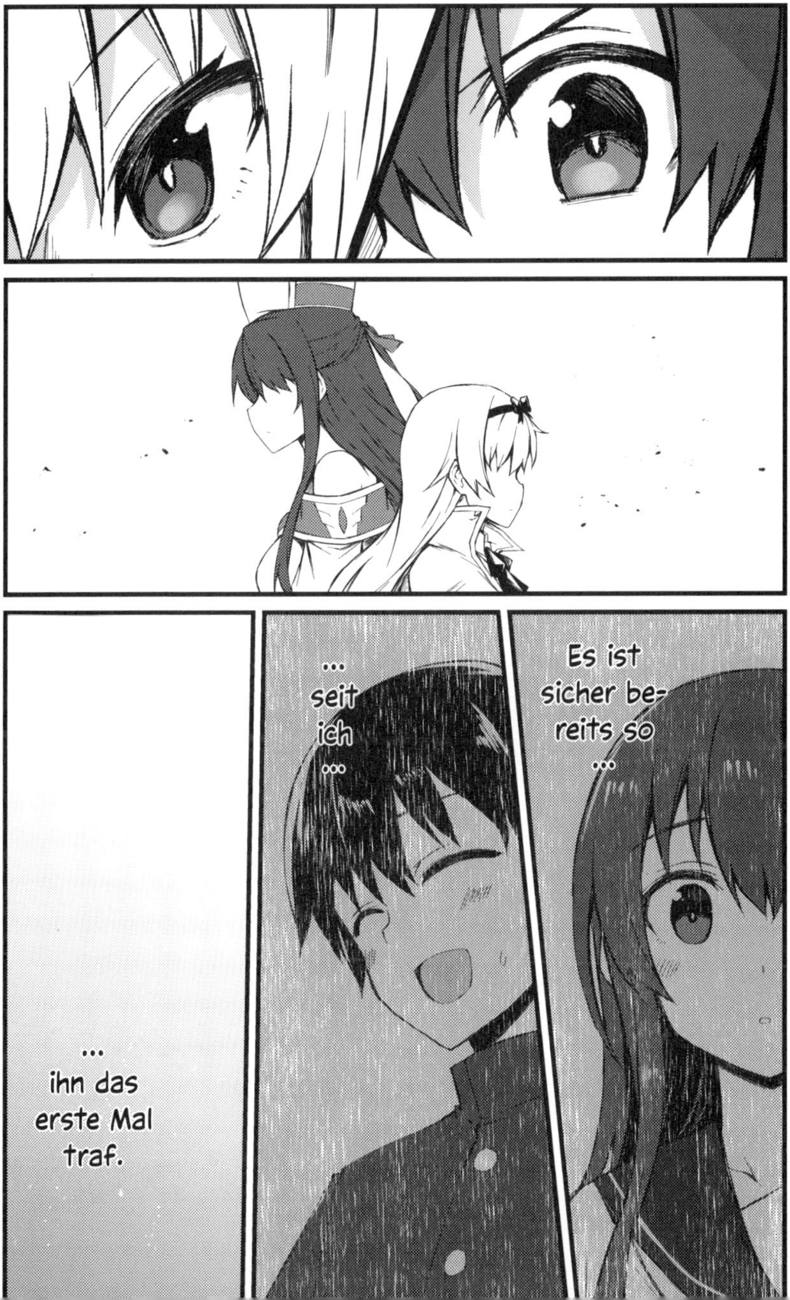
Es ist sicher be-reits so ...
... seit ich ...
... ihn das erste Mal traf.

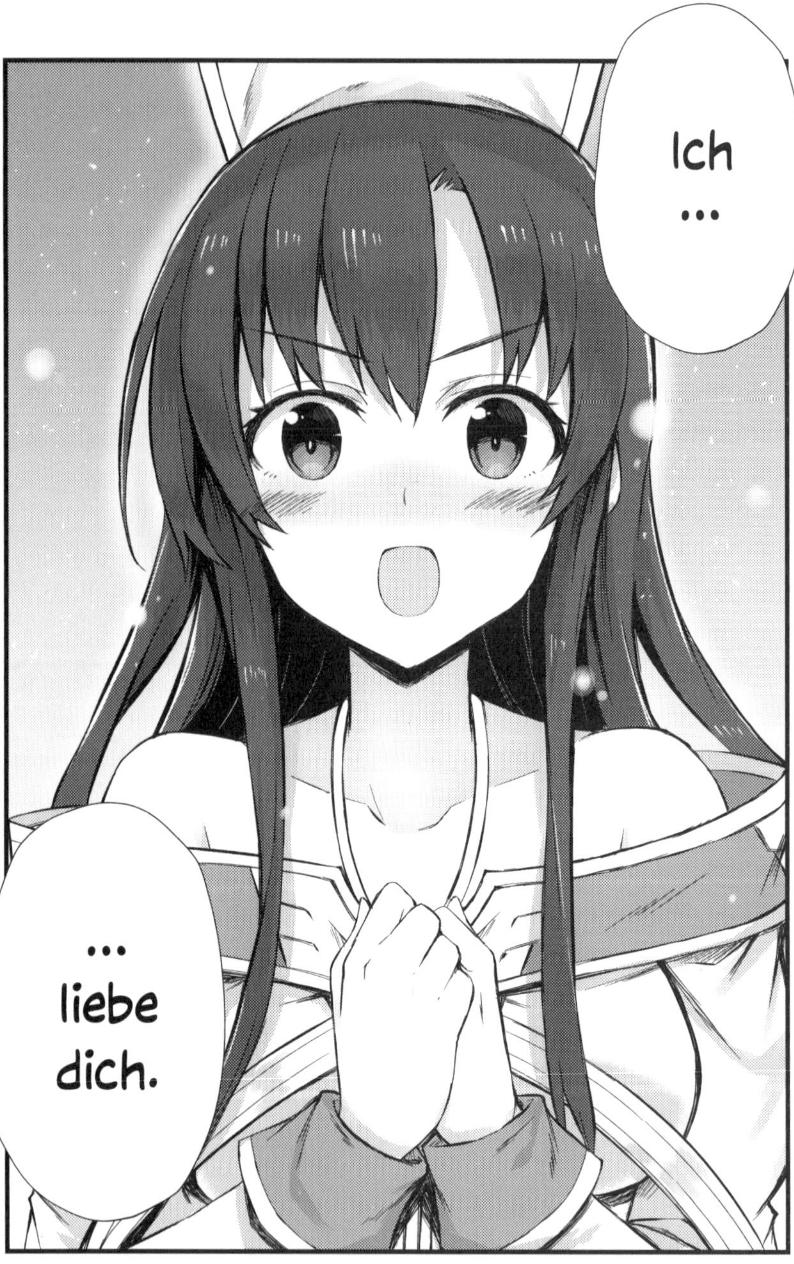
Ich ...
... liebe dich.

ARIFURETA

DER KAMPF ZURÜCK IN MEINE WELT

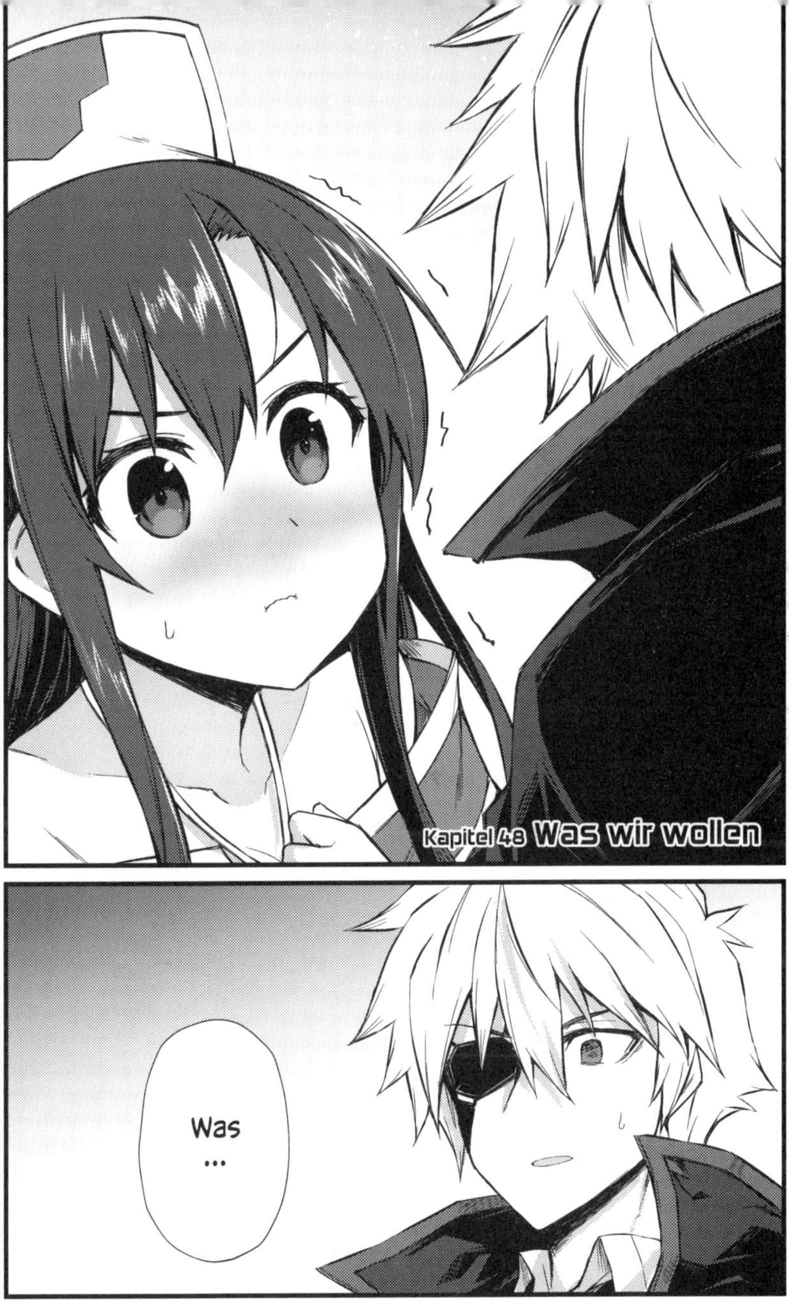
Kapitel 48 Was wir wollen
Was …

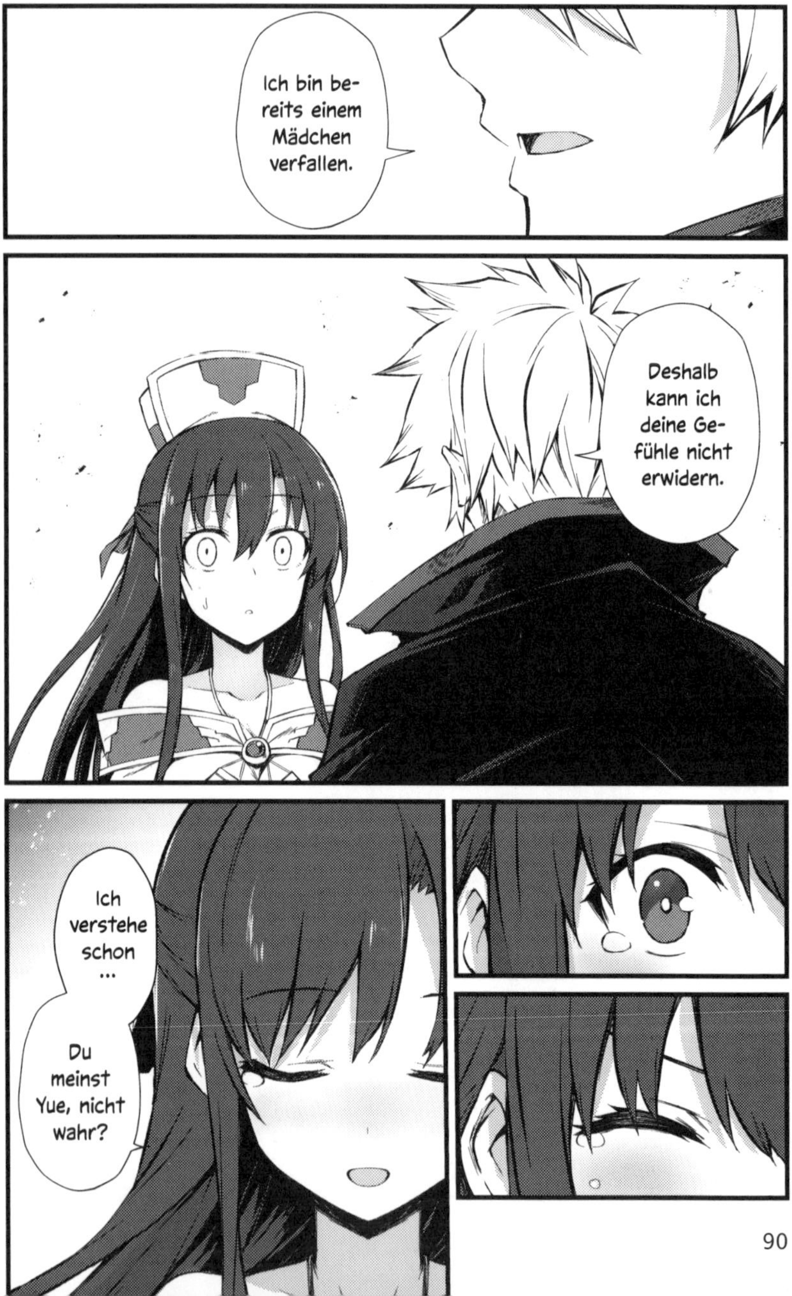
Ich bin bereits einem Mädchen verfallen.
Deshalb kann ich deine Gefühle nicht erwidern.
Ich verstehe schon ...
Du meinst Yue, nicht wahr?

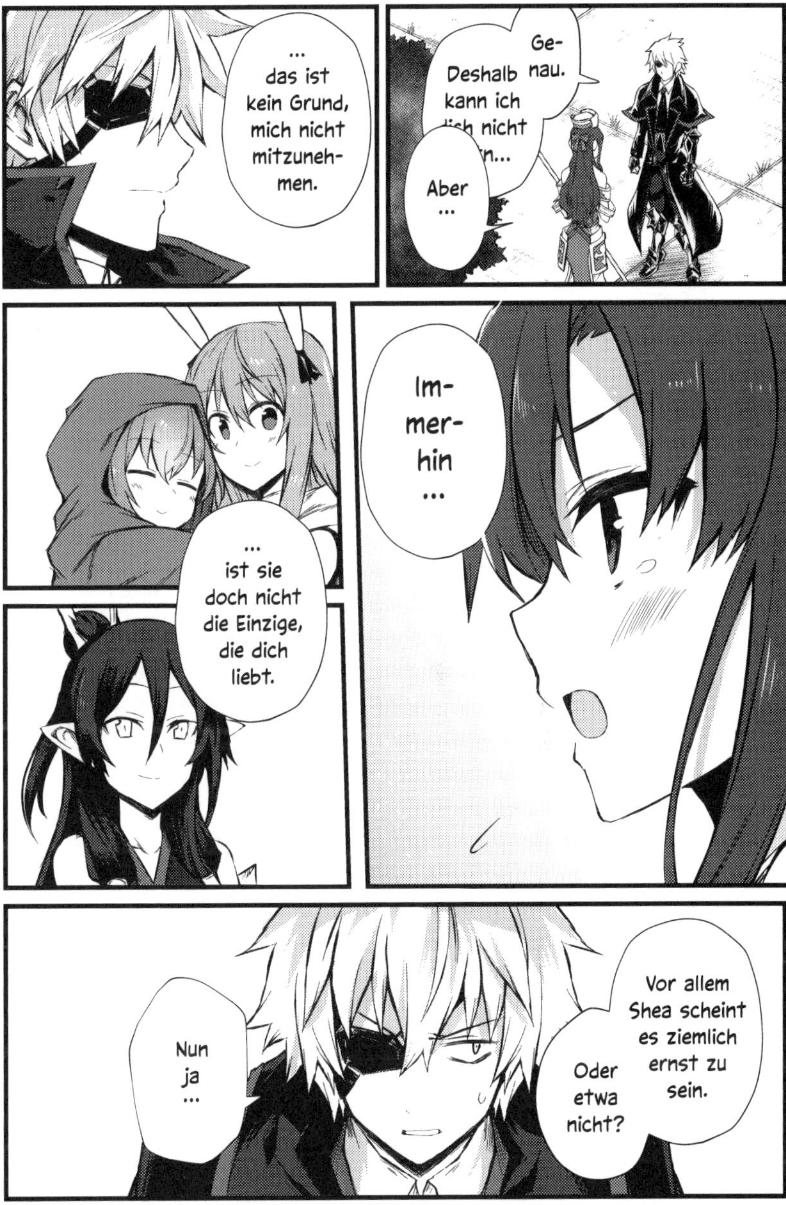
Ge-nau.
Deshalb kann ich nicht
Aber ...
... das ist kein Grund, mich nicht mitzuneh-men.
Im-mer-hin ...
... ist sie doch nicht die Einzige, die dich liebt.
Vor allem Shea scheint es ziemlich ernst zu sein.
Oder etwa nicht?
Nun ja ...

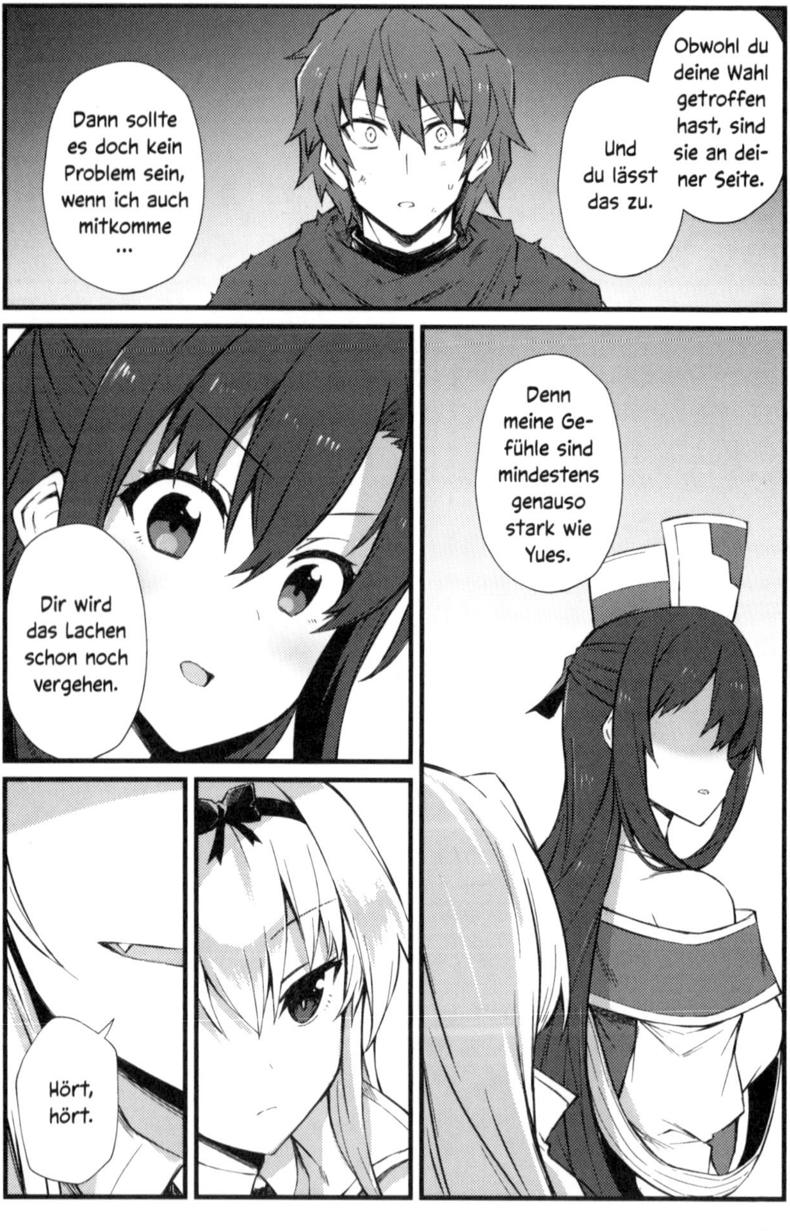
Obwohl du deine Wahl getroffen hast, sind sie an deiner Seite.
Und du lässt das zu.
Dann sollte es doch kein Problem sein, wenn ich auch mitkomme ...
Denn meine Gefühle sind mindestens genauso stark wie Yues.
Dir wird das Lachen schon noch vergehen.
Hört, hört.

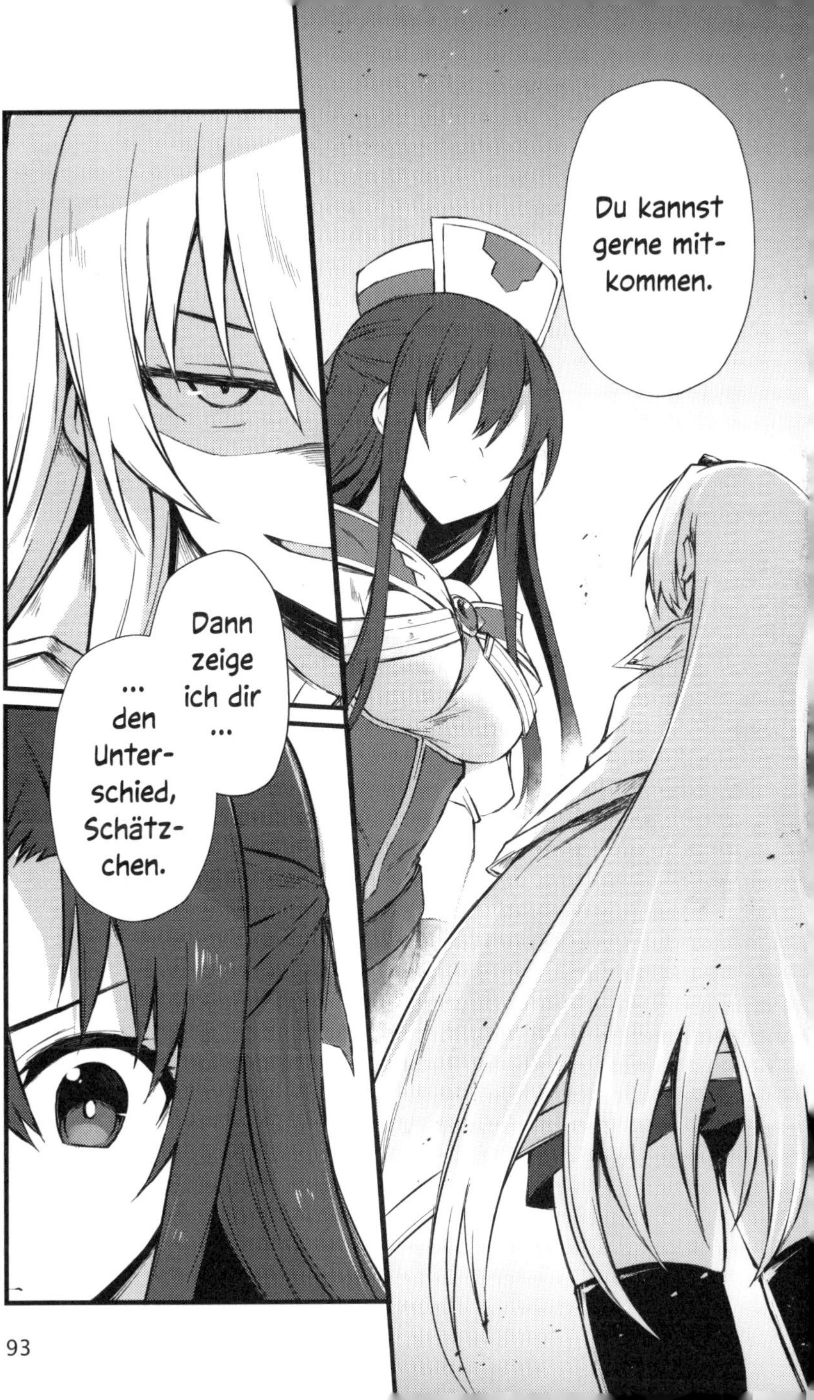
Du kannst gerne mit-kommen.
Dann zeige ich dir ...
... den Unter-schied, Schätz-chen.

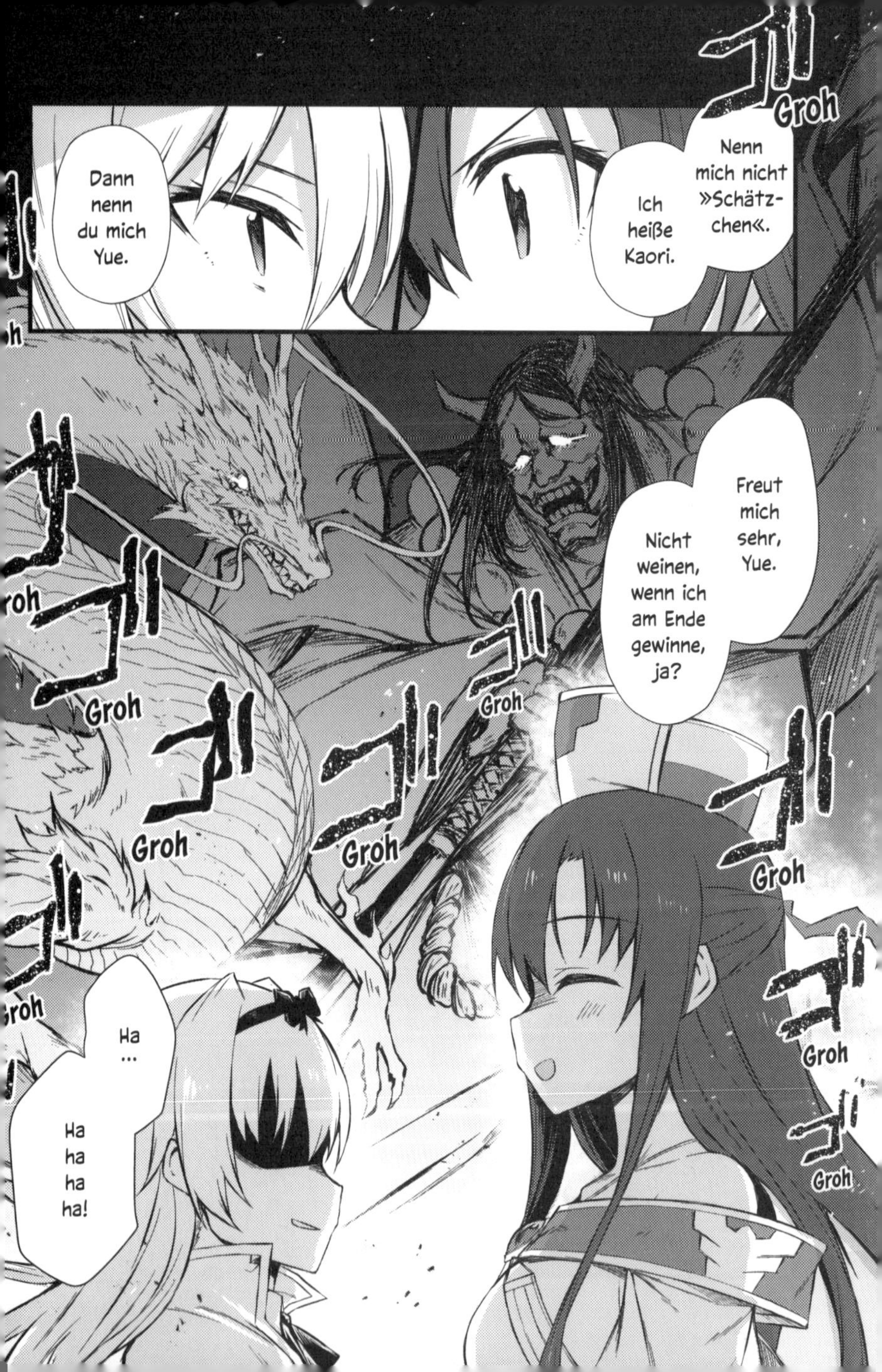
Groh
Nenn mich nicht »Schätzchen«.
Ich heiße Kaori.
Dann nenn du mich Yue.
Freut mich sehr, Yue.
Nicht weinen, wenn ich am Ende gewinne, ja?
Groh
Groh
Groh
Groh
Groh
Groh
Groh
Ha …
Ha ha ha ha!

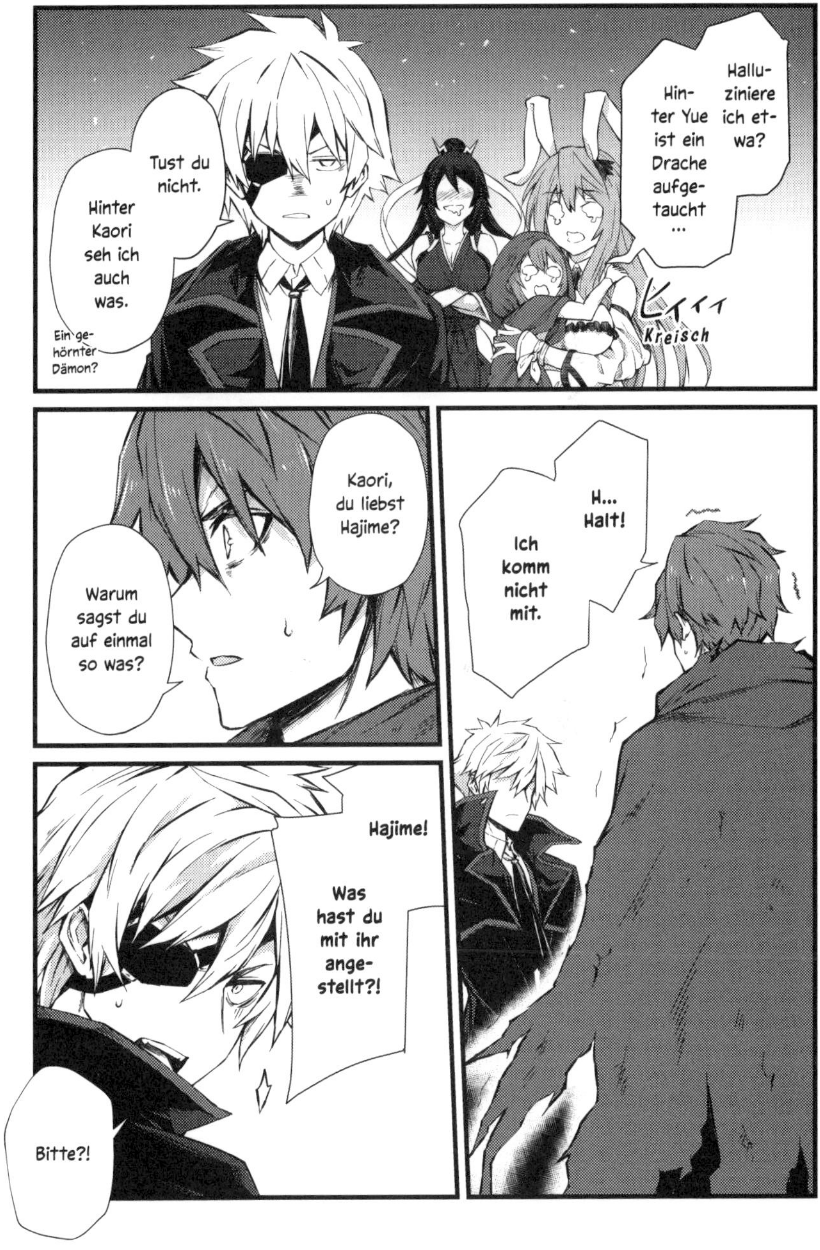

Halluziniere ich etwa?
Hinter Yue ist ein Drache aufgetaucht ...
ビイイイ
Kreisch
Tust du nicht.
Hinter Kaori seh ich auch was.
Ein gehörnter Dämon?
H... Halt!
Ich komm nicht mit.
Kaori, du liebst Hajime?
Warum sagst du auf einmal so was?
Hajime!
Was hast du mit ihr angestellt?!
Bitte?!

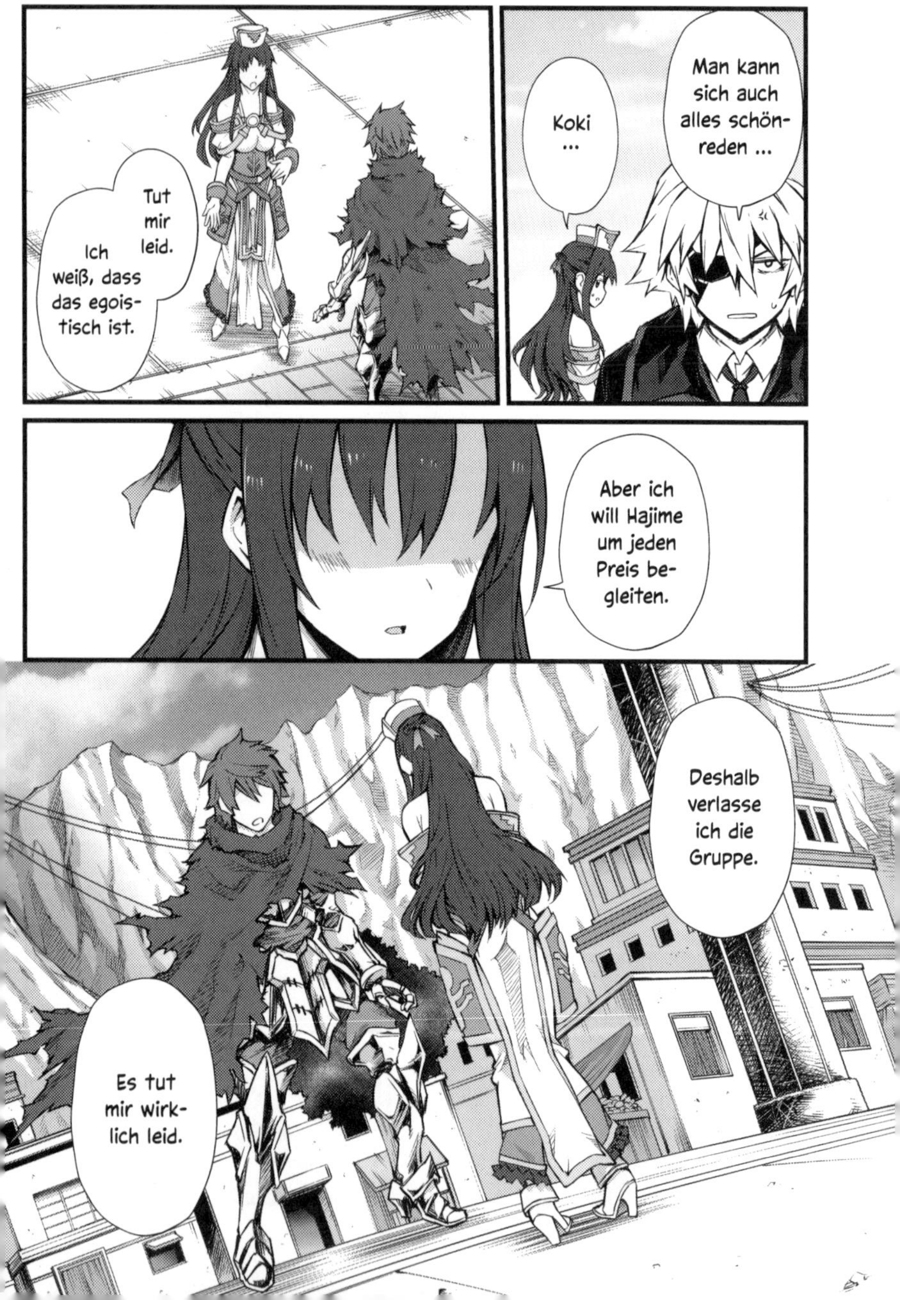
Man kann sich auch alles schönreden ...
Koki ...
Tut mir leid.
Ich weiß, dass das egoistisch ist.
Aber ich will Hajime um jeden Preis begleiten.
Deshalb verlasse ich die Gruppe.
Es tut mir wirklich leid.

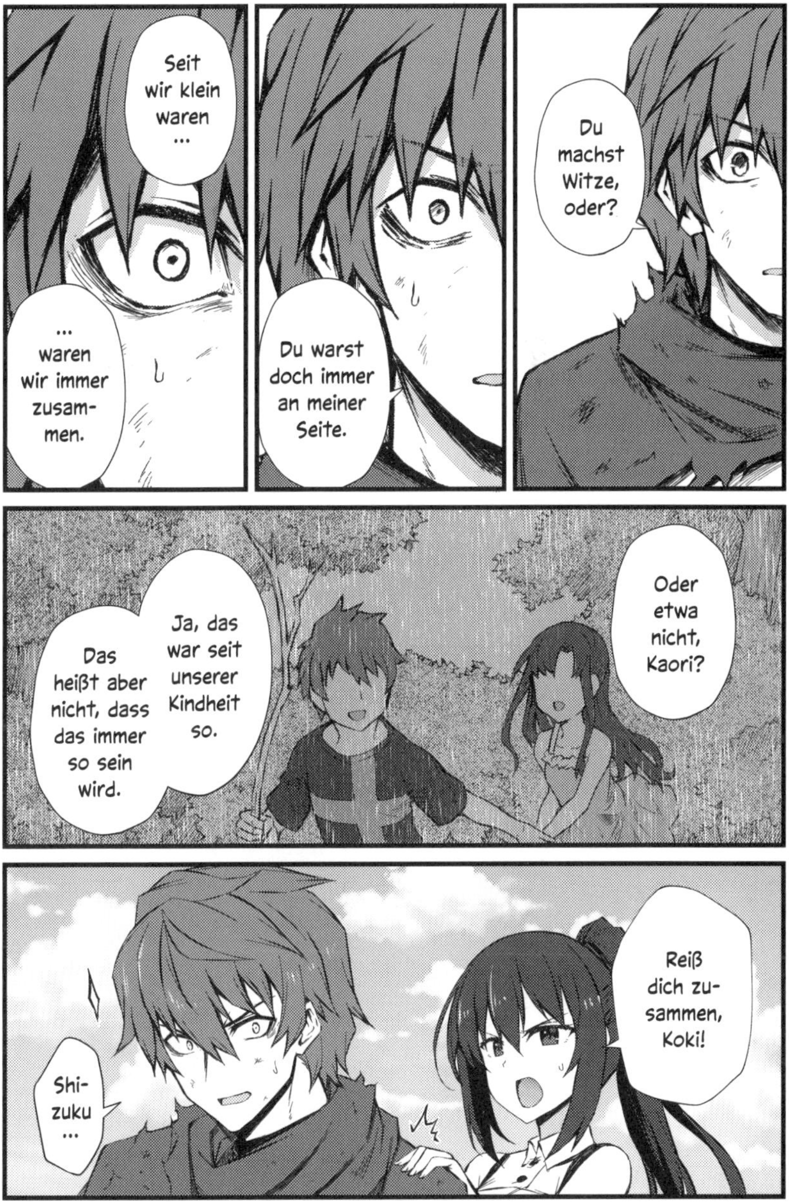
Du machst Witze, oder?
Du warst doch immer an meiner Seite.
Seit wir klein waren ...
... waren wir immer zusammen.
Oder etwa nicht, Kaori?
Ja, das war seit unserer Kindheit so.
Das heißt aber nicht, dass das immer so sein wird.
Reiß dich zusammen, Koki!
Shizuku ...

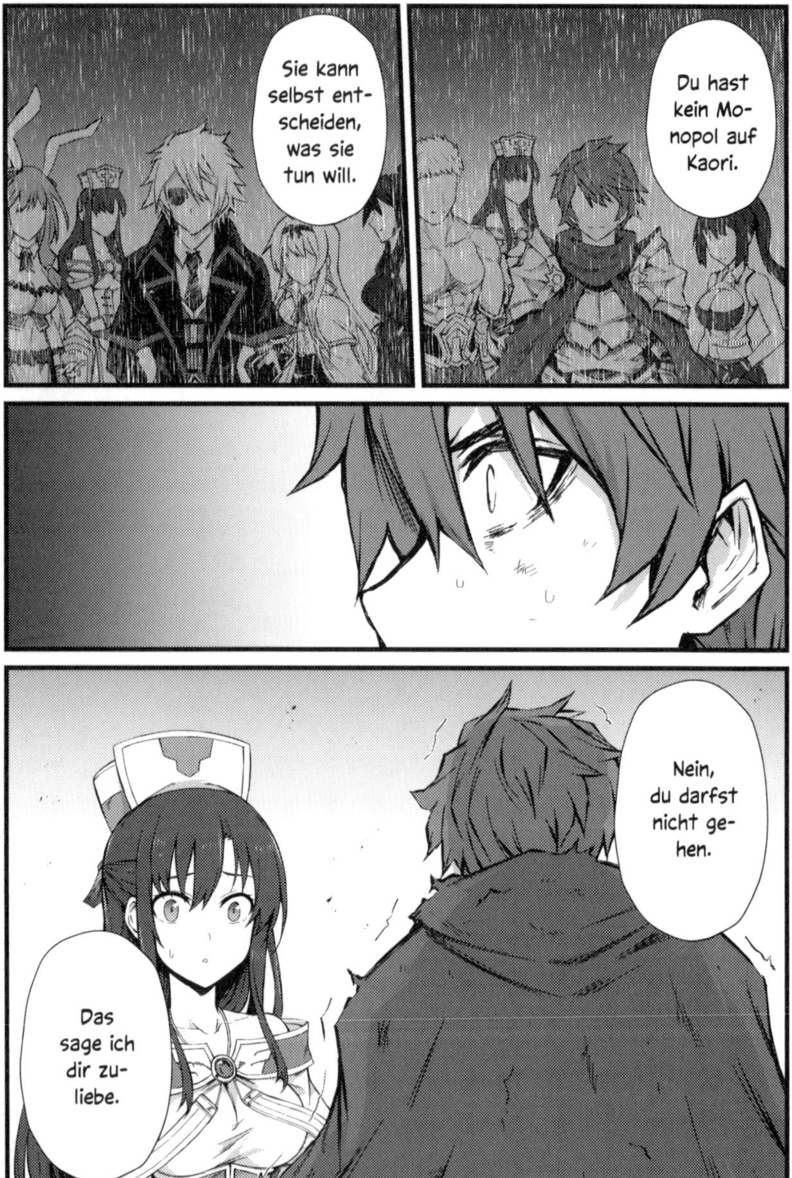
Du hast kein Monopol auf Kaori.
Sie kann selbst entscheiden, was sie tun will.
Nein, du darfst nicht gehen.
Das sage ich dir zuliebe.

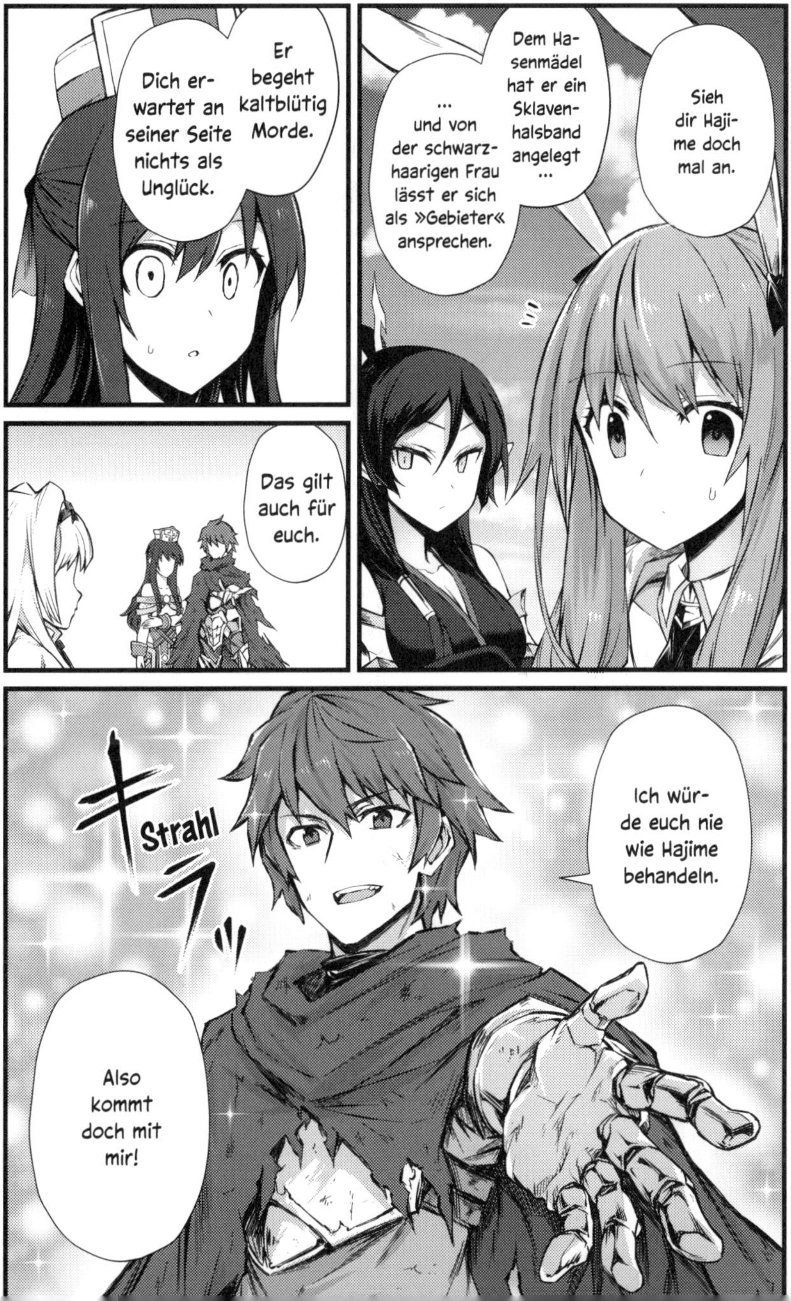
Sieh dir Hajime doch mal an.
Dem Hasenmädel hat er ein Sklavenhalsband angelegt ...
... und von der schwarzhaarigen Frau lässt er sich als »Gebieter« ansprechen.
Er begeht kaltblütig Morde.
Dich erwartet an seiner Seite nichts als Unglück.
Das gilt auch für euch.
Ich würde euch nie wie Hajime behandeln.
Strahl
Also kommt doch mit mir!

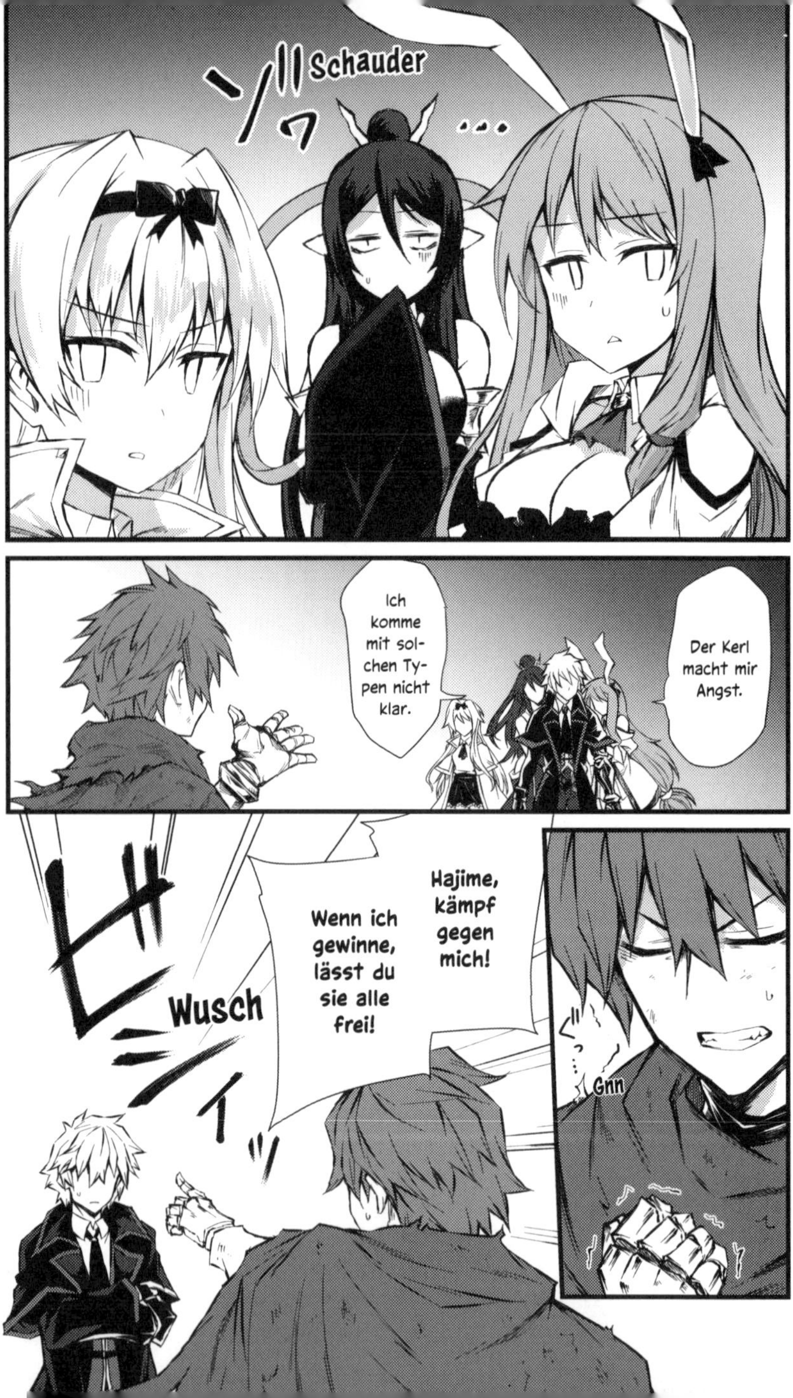

Schauder
...
Der Kerl macht mir Angst.
Ich komme mit solchen Typen nicht klar.
Gnn
Hajime, kämpf gegen mich!
Wenn ich gewinne, lässt du sie alle frei!
Wusch

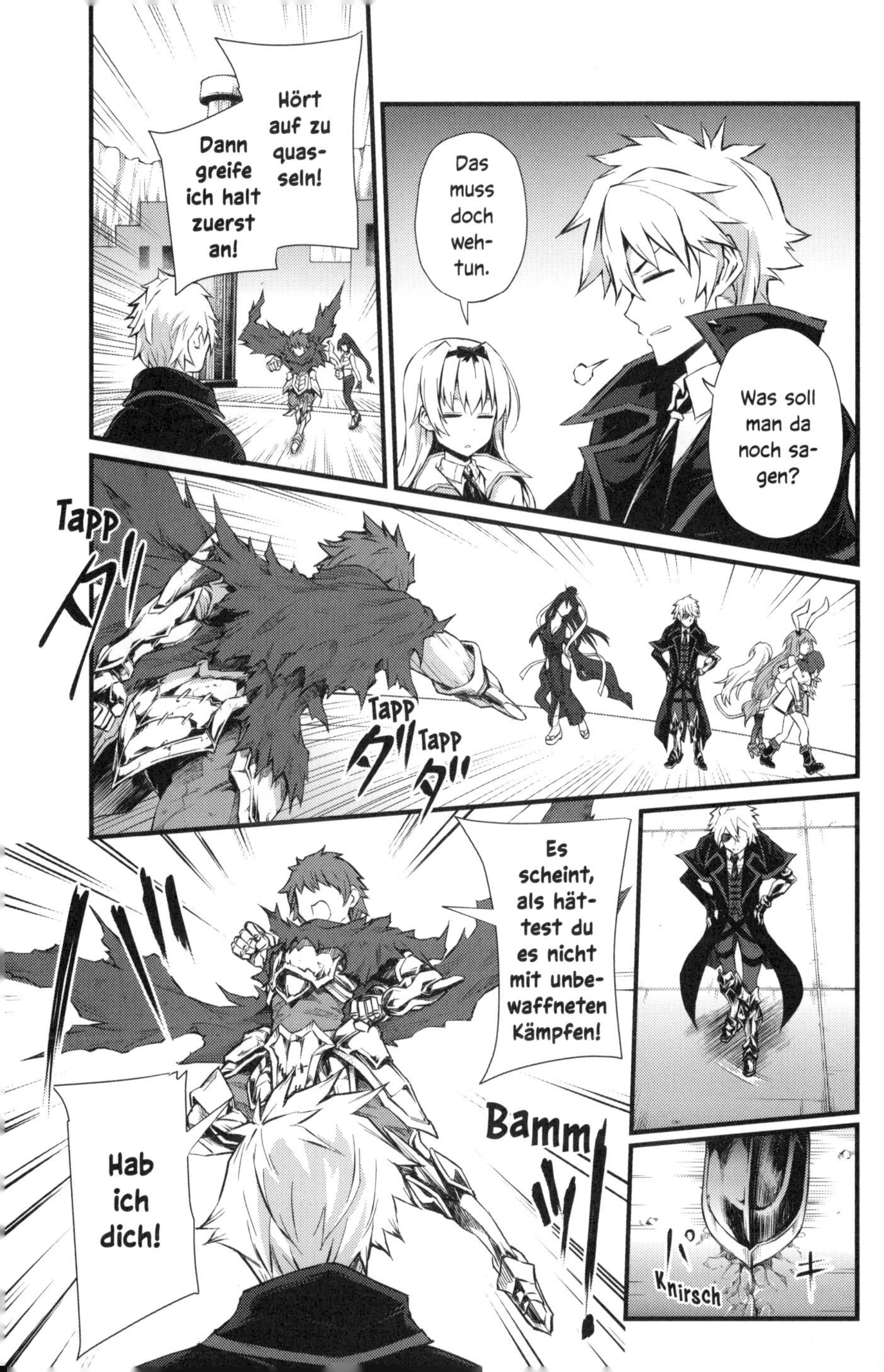
Das muss doch weh-tun.
Was soll man da noch sa-gen?
Hört auf zu quas-seln!
Dann greife ich halt zuerst an!
Tapp
Tapp
Tapp
Es scheint, als hät-test du es nicht mit unbe-waffneten Kämpfen!
Hab ich dich!
Bamm
Knirsch

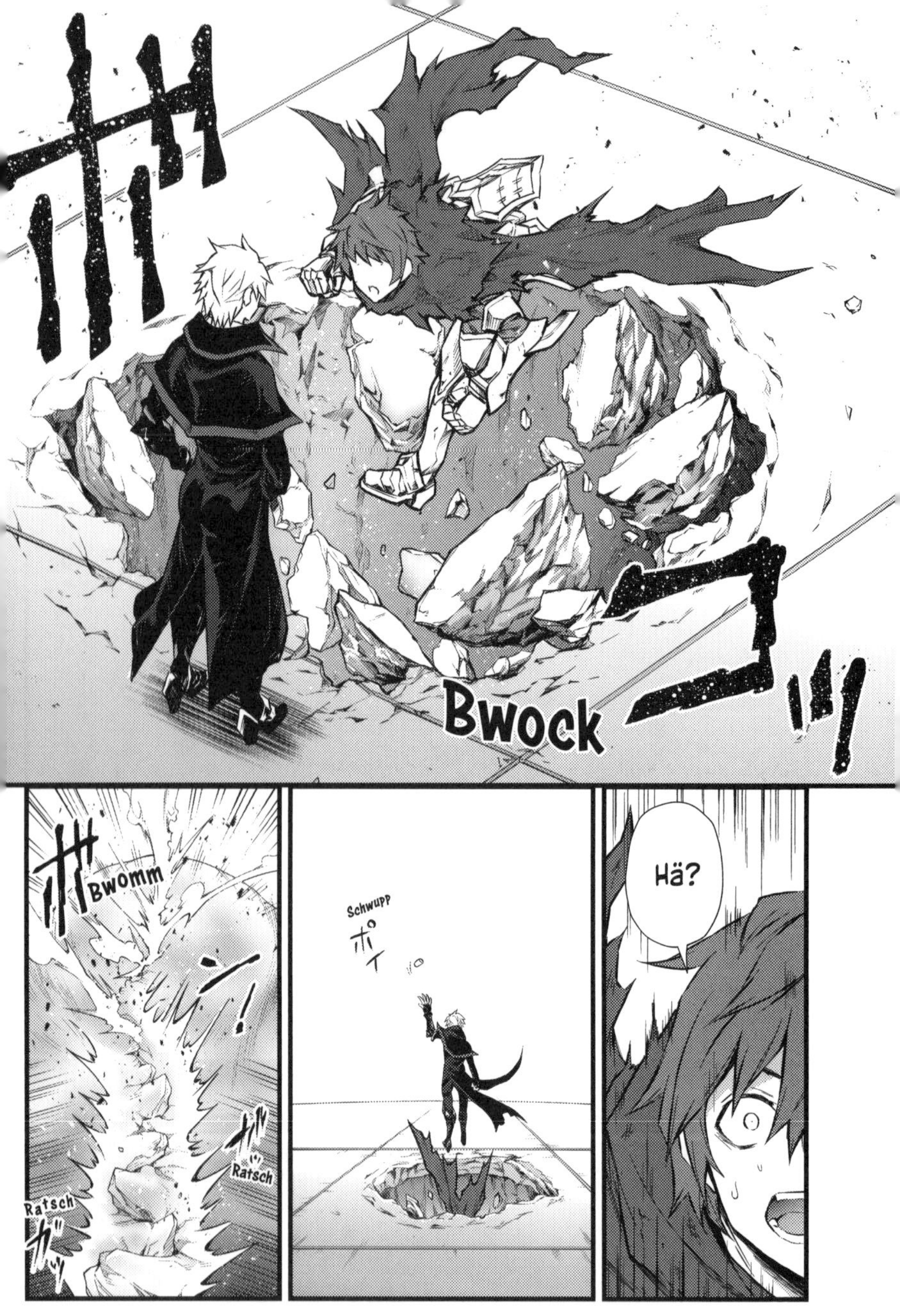
Bwock
Hä?
Schwupp
Bwomm
Ratsch
Ratsch

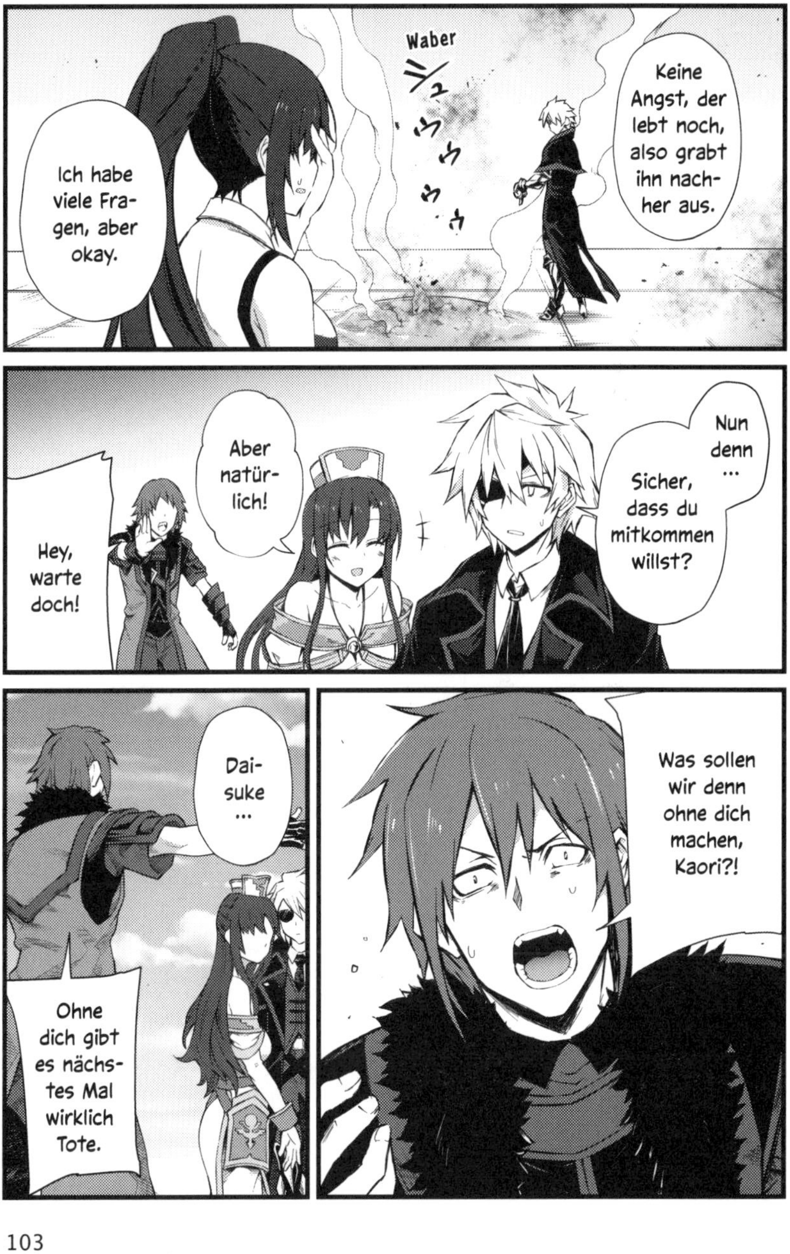
Keine Angst, der lebt noch, also grabt ihn nachher aus.
Waber
Ich habe viele Fragen, aber okay.
Nun denn …
Sicher, dass du mitkommen willst?
Aber natürlich!
Hey, warte doch!
Was sollen wir denn ohne dich machen, Kaori?!
Daisuke …
Ohne dich gibt es nächstes Mal wirklich Tote.

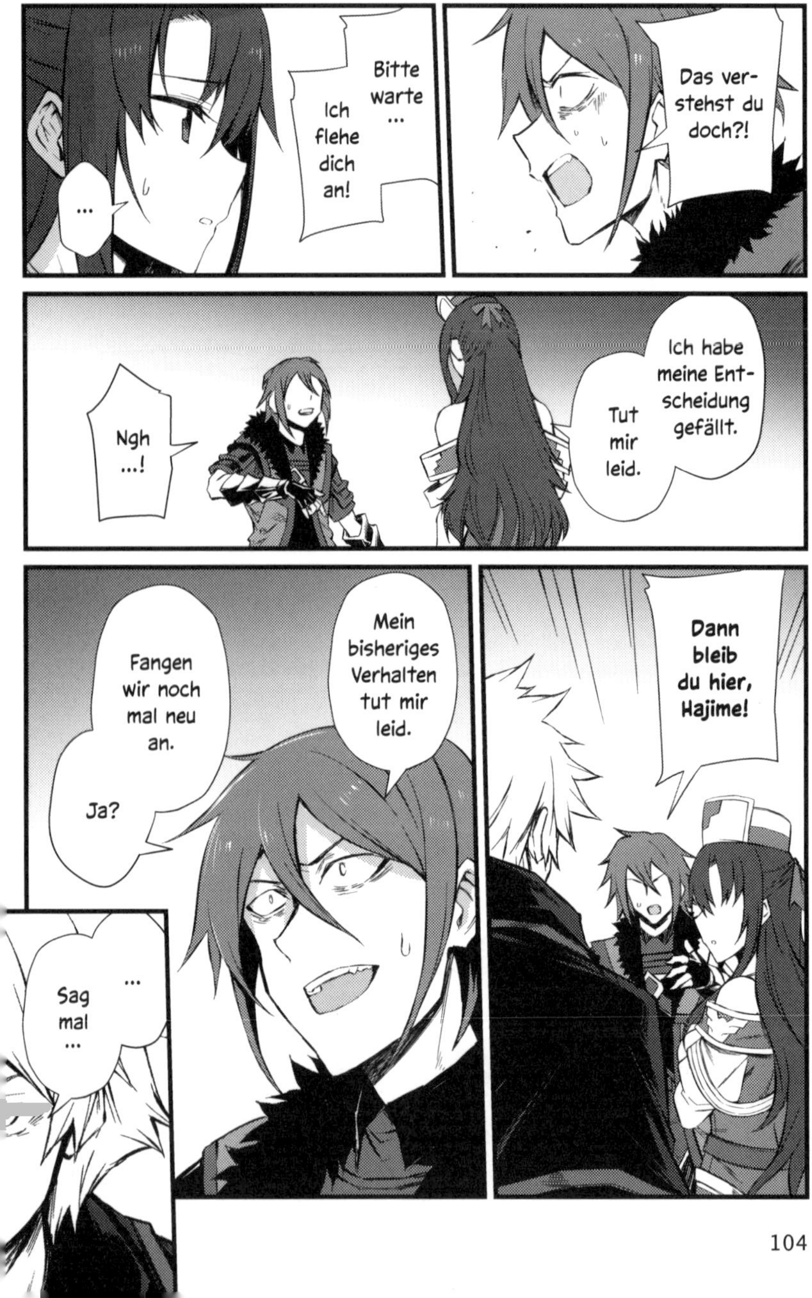
Das ver-
stehst du
doch?!
Bitte
warte
...
Ich
flehe
dich
an!
...
Ich habe
meine Ent-
scheidung
gefällt.
Tut
mir
leid.
Ngh
...!
Dann
bleib
du hier,
Hajime!
Mein
bisheriges
Verhalten
tut mir
leid.
Fangen
wir noch
mal neu
an.
Ja?
...
Sag
mal
...

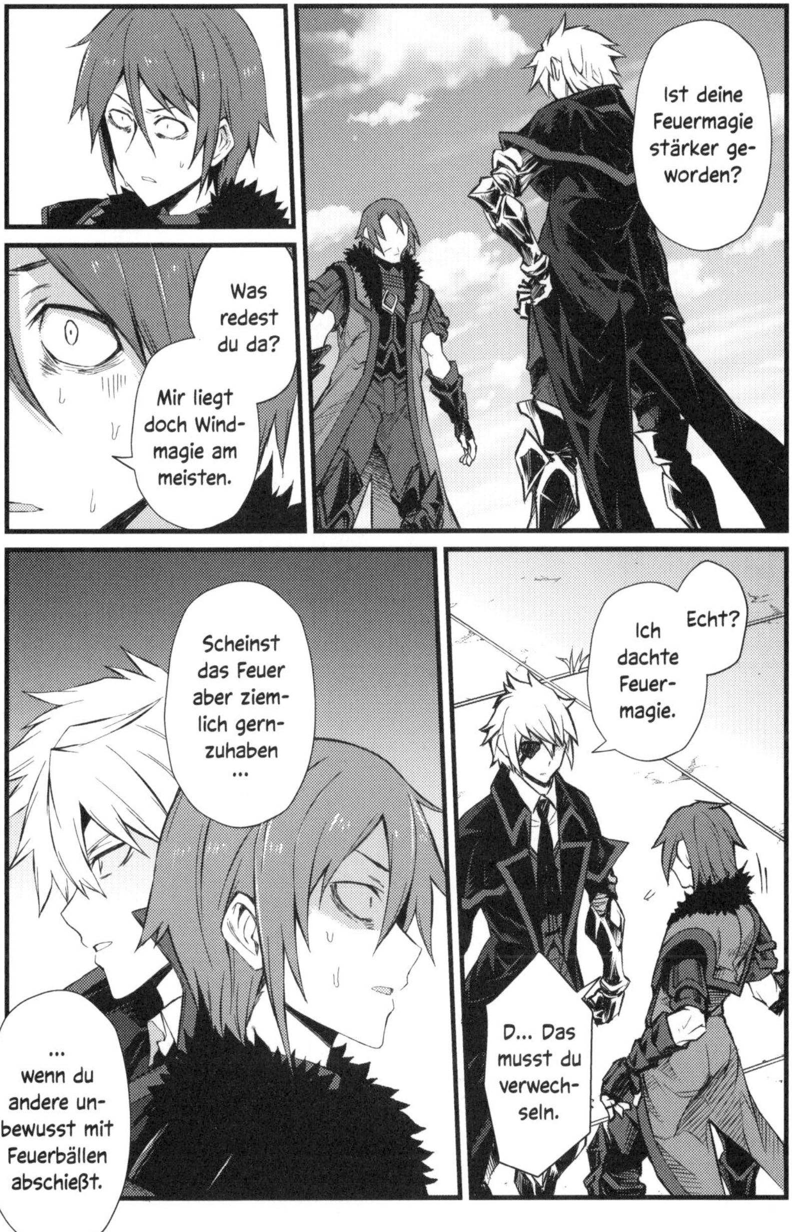
Ist deine Feuermagie stärker geworden?
Was redest du da?
Mir liegt doch Windmagie am meisten.
Echt?
Ich dachte Feuermagie.
D... Das musst du verwechseln.
Scheinst das Feuer aber ziemlich gernzuhaben ...
... wenn du andere unbewusst mit Feuerbällen abschießt.

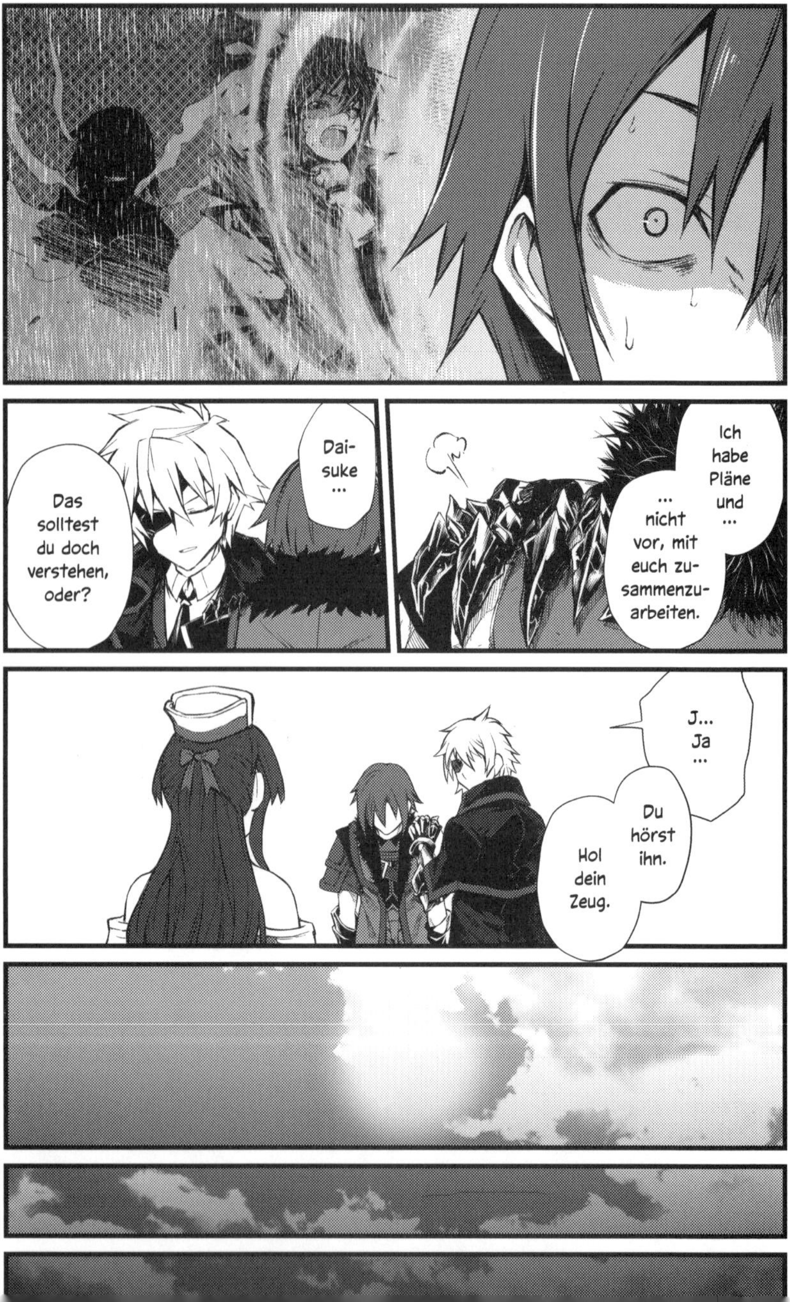
Ich habe Pläne und ...
... nicht vor, mit euch zusammenzuarbeiten.
Daisuke ...
Das solltest du doch verstehen, oder?
J... Ja ...
Du hörst ihn.
Hol dein Zeug.

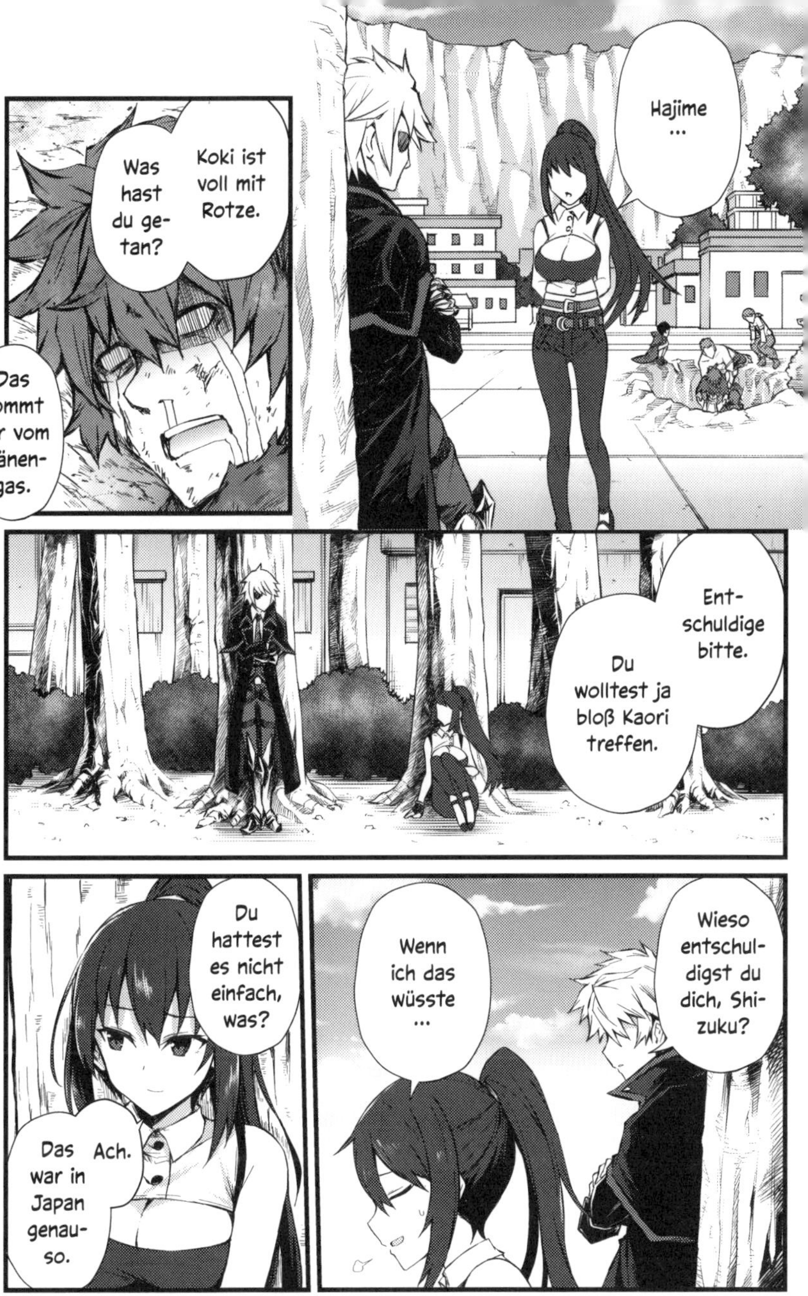
Hajime ...
Koki ist voll mit Rotze.
Was hast du getan?
Das kommt nur vom Tränengas.
Entschuldige bitte.
Du wolltest ja bloß Kaori treffen.
Wieso entschuldigst du dich, Shizuku?
Wenn ich das wüsste ...
Du hattest es nicht einfach, was?
Ach.
Das war in Japan genauso.

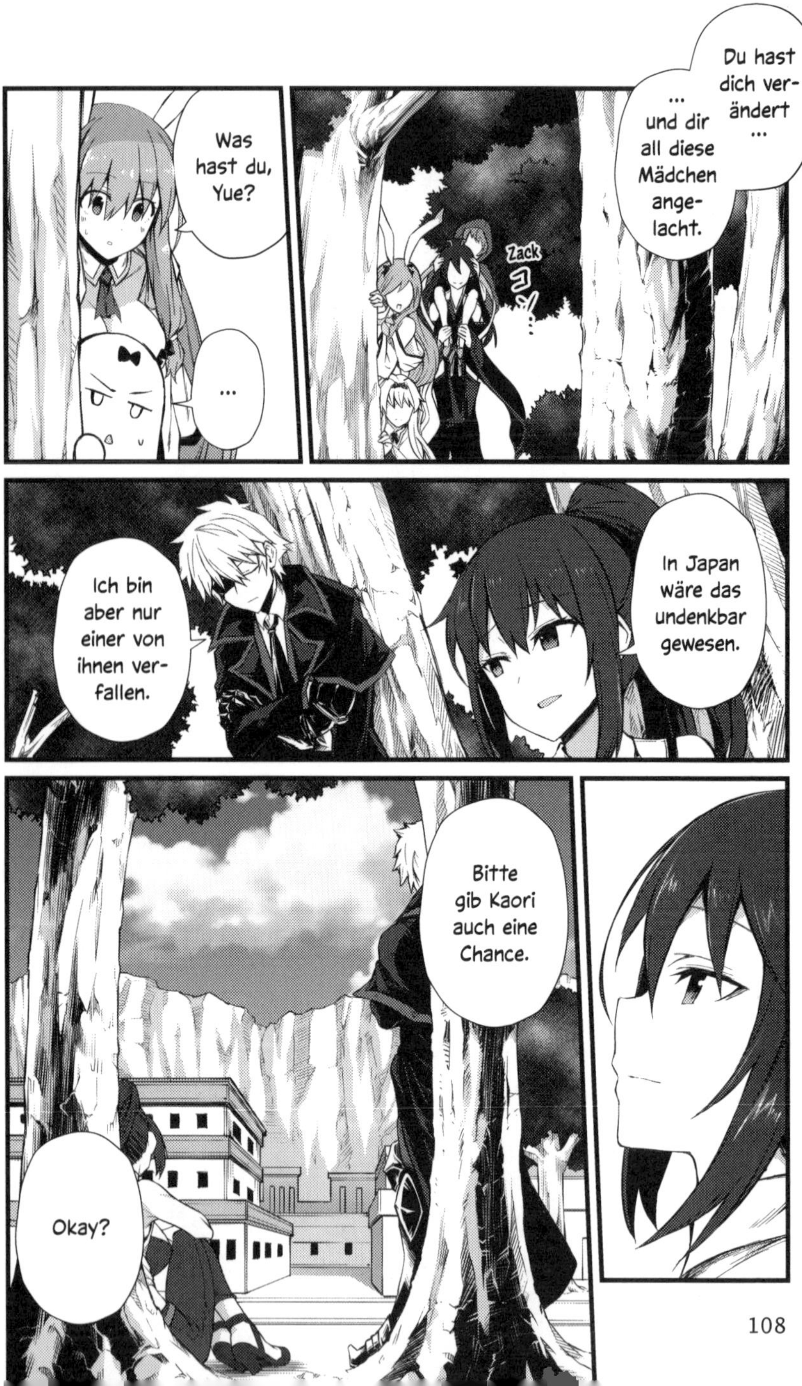
Du hast dich verändert ...
... und dir all diese Mädchen angelacht.
Zack
Was hast du, Yue?
...
In Japan wäre das undenkbar gewesen.
Ich bin aber nur einer von ihnen verfallen.
Bitte gib Kaori auch eine Chance.
Okay?

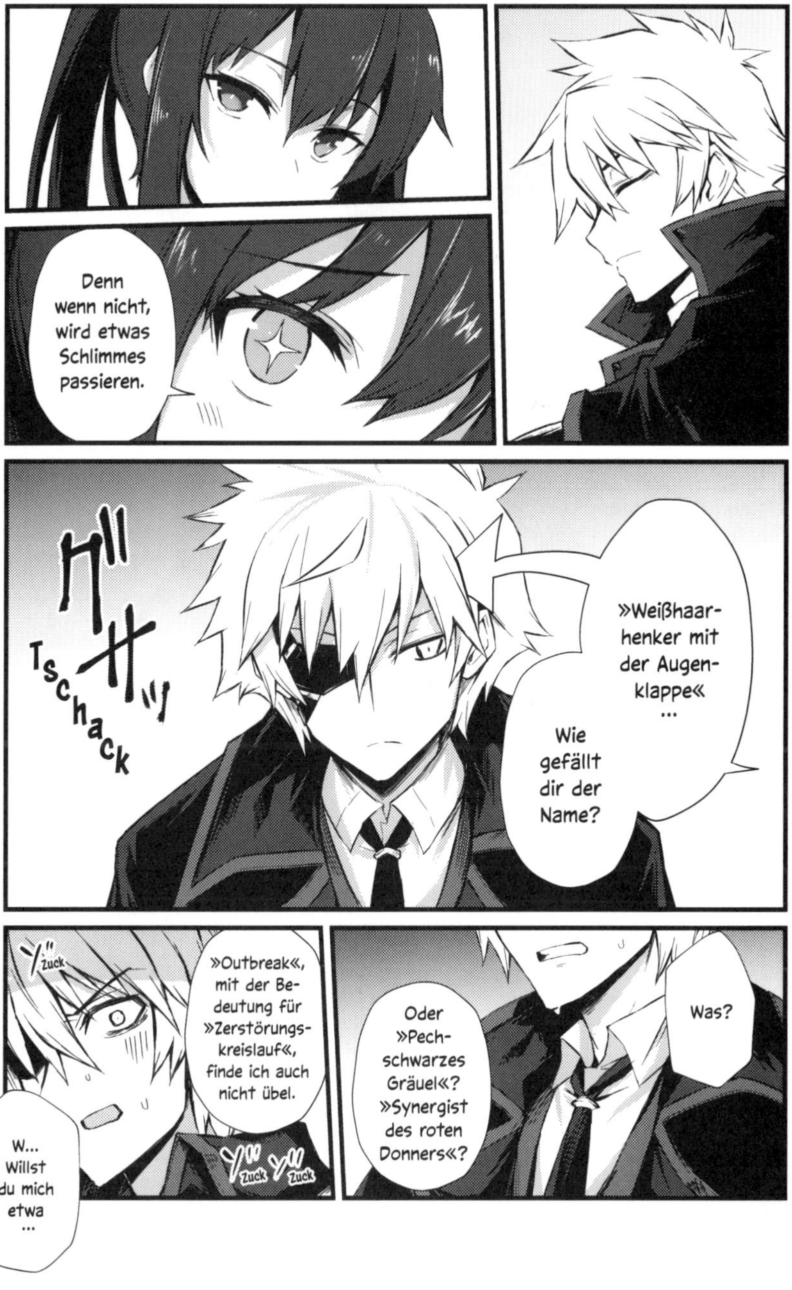
Denn wenn nicht, wird etwas Schlimmes passieren.
Tschack
»Weißhaarhenker mit der Augenklappe« …
Wie gefällt dir der Name?
Was?
Oder »Pechschwarzes Gräuel«? »Synergist des roten Donners«?
Zuck
»Outbreak«, mit der Bedeutung für »Zerstörungskreislauf«, finde ich auch nicht übel.
Zuck Zuck
W… Willst du mich etwa …

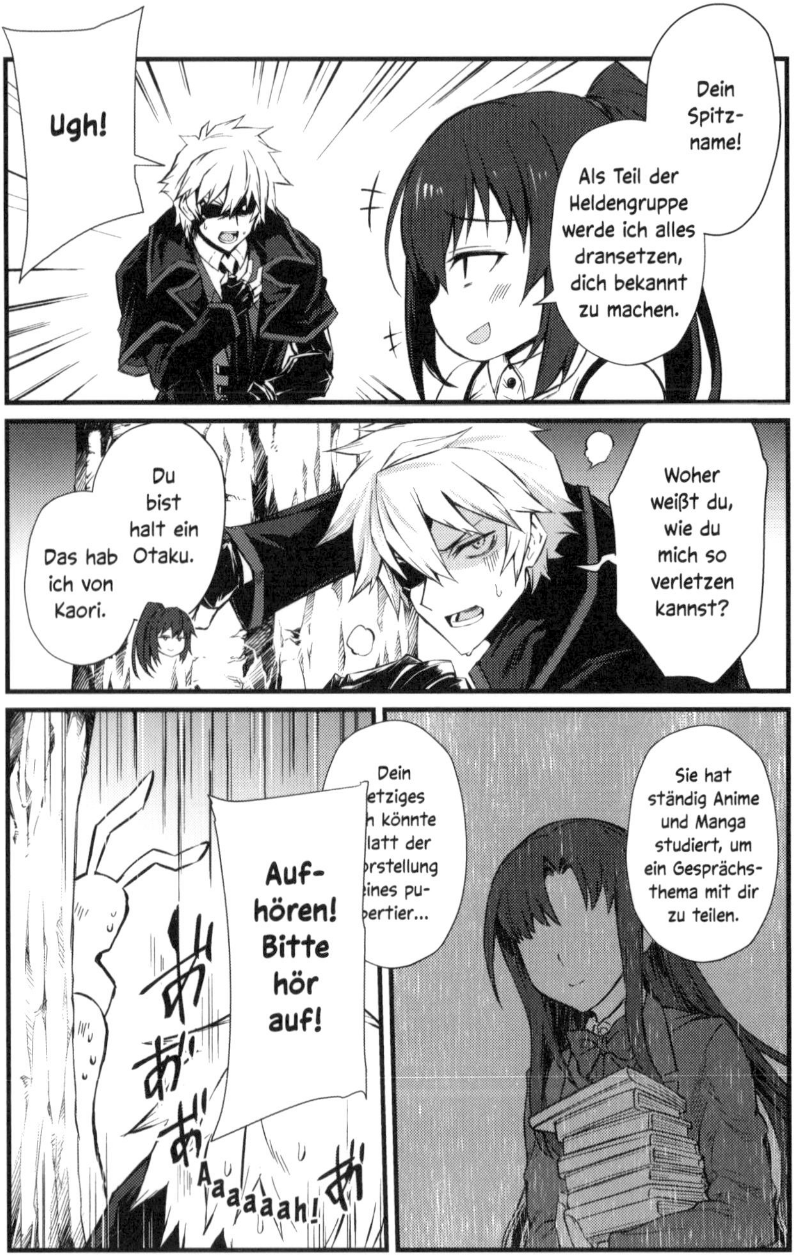
Dein Spitz-name!
Als Teil der Heldengruppe werde ich alles dransetzen, dich bekannt zu machen.
Ugh!
Woher weißt du, wie du mich so verletzen kannst?
Du bist halt ein Otaku.
Das hab ich von Kaori.
Sie hat ständig Anime und Manga studiert, um ein Gesprächsthema mit dir zu teilen.
Dein etziges h könnte latt der orstellung eines pu- ertier...
Auf-hören! Bitte hör auf!
Aaaaaaah!

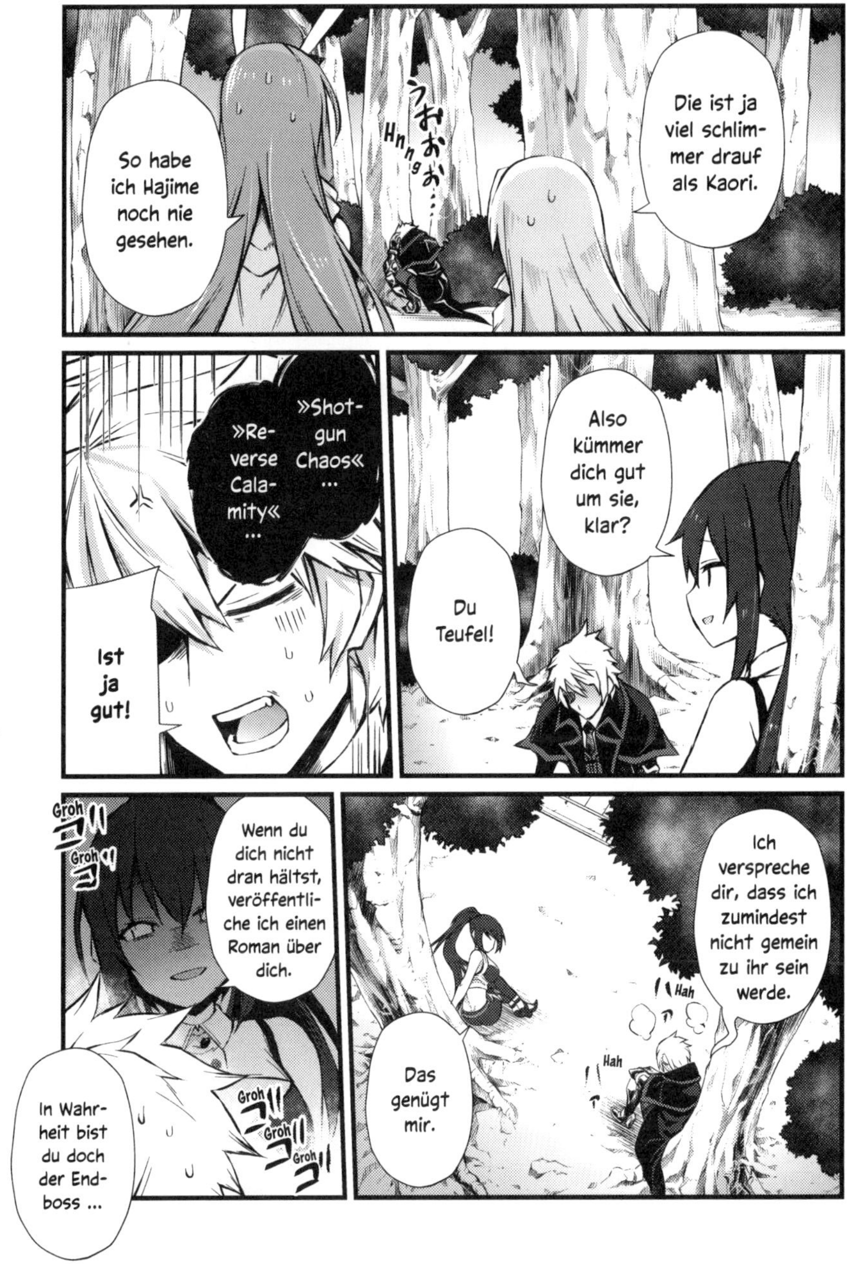
Die ist ja viel schlimmer drauf als Kaori.
うおおおお…
Hnnng
So habe ich Hajime noch nie gesehen.
Also kümmer dich gut um sie, klar?
Du Teufel!
»Shotgun Chaos« …
»Reverse Calamity« …
Ist ja gut!
Ich verspreche dir, dass ich zumindest nicht gemein zu ihr sein werde.
Hah
Hah
Das genügt mir.
Groh
Groh
Wenn du dich nicht dran hältst, veröffentliche ich einen Roman über dich.
Groh
Groh
Groh
In Wahrheit bist du doch der Endboss …

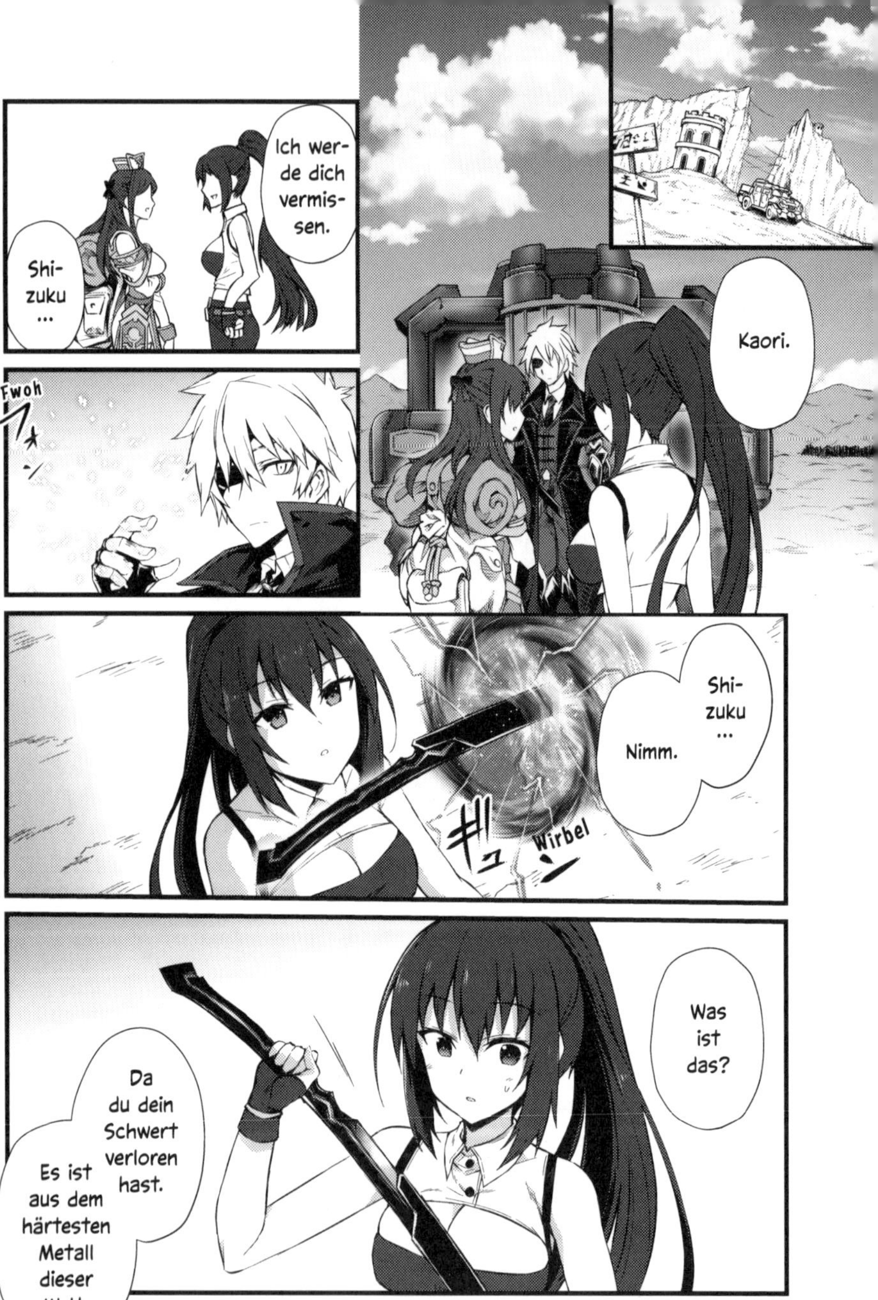
Kaori.
Ich wer-de dich vermis-sen.
Shi-zuku ...
Fwoh
Nimm.
Wirbel
Shi-zuku ...
Was ist das?
Da du dein Schwert verloren hast.
Es ist aus dem härtesten Metall dieser Welt.

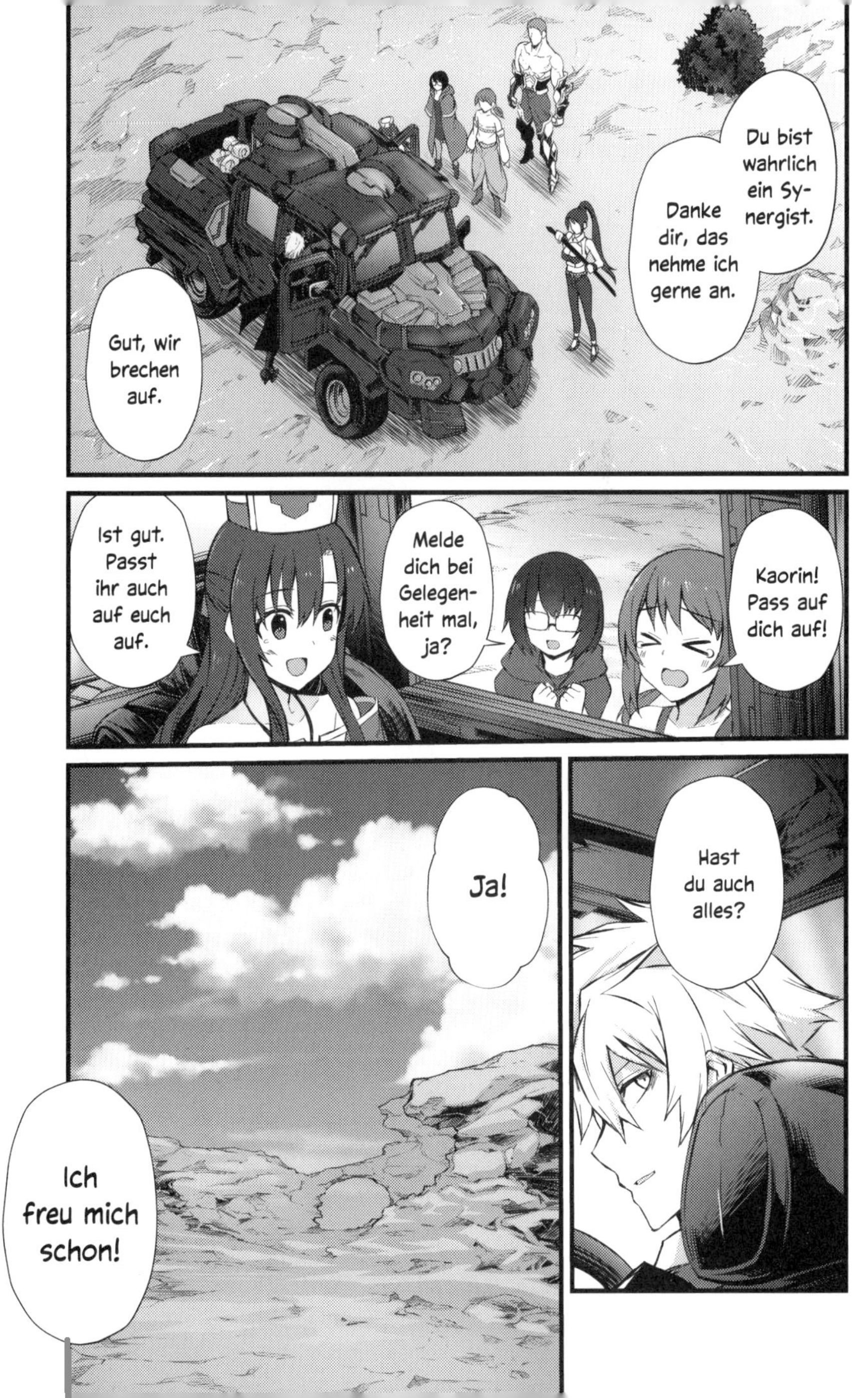

Du bist wahrlich ein Synergist.
Danke dir, das nehme ich gerne an.
Gut, wir brechen auf.
Kaorin! Pass auf dich auf!
Melde dich bei Gelegenheit mal, ja?
Ist gut. Passt ihr auch auf euch auf.
Hast du auch alles?
Ja!
Ich freu mich schon!

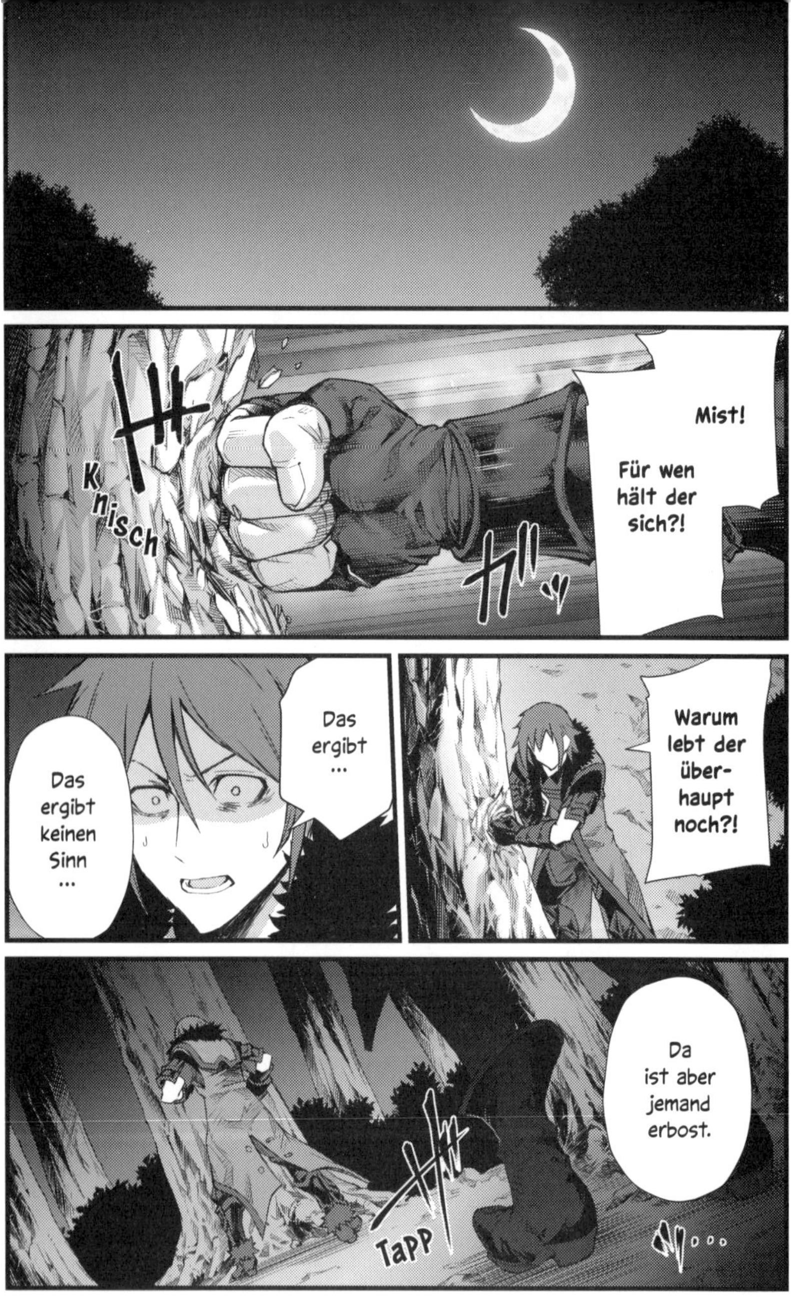
Mist!
Für wen hält der sich?!
Knisch
Warum lebt der über- haupt noch?!
Das ergibt ...
Das ergibt keinen Sinn ...
Da ist aber jemand erbost.
Tapp

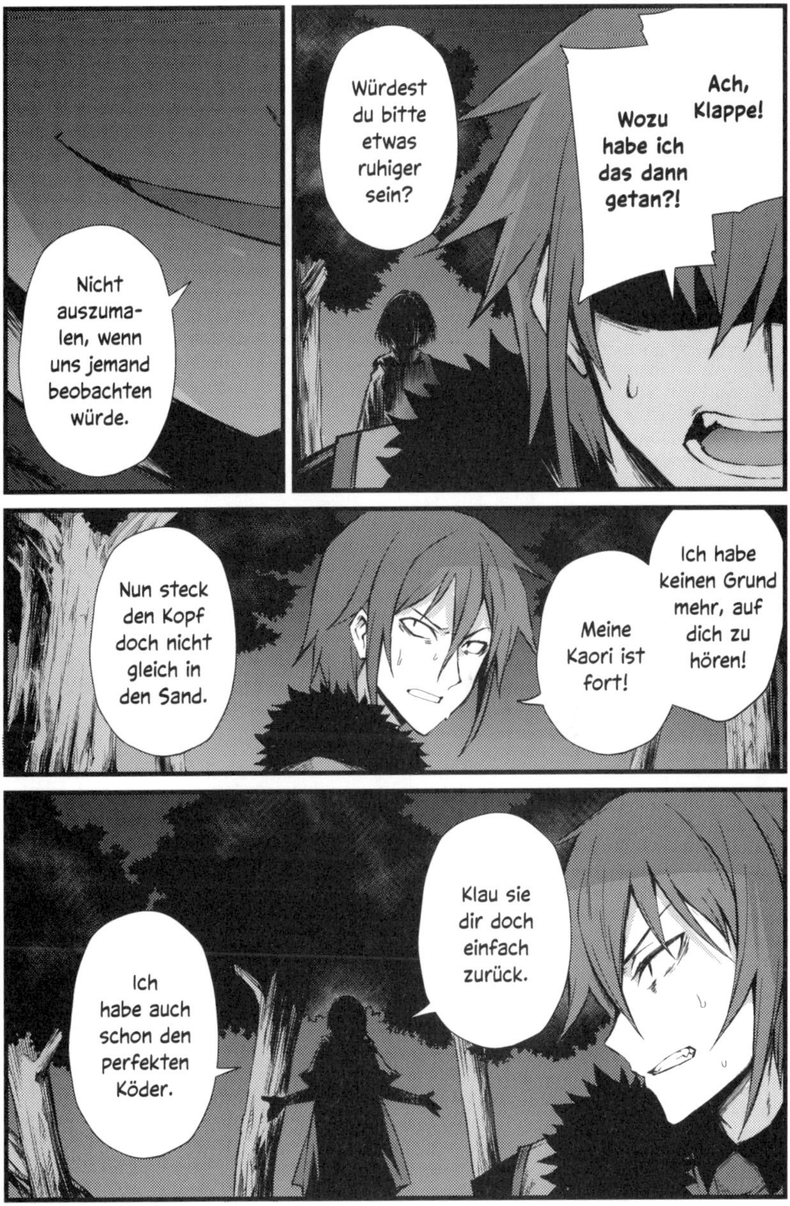
Ach, Klappe!
Wozu habe ich das dann getan?!
Würdest du bitte etwas ruhiger sein?
Nicht auszumalen, wenn uns jemand beobachten würde.
Ich habe keinen Grund mehr, auf dich zu hören!
Meine Kaori ist fort!
Nun steck den Kopf doch nicht gleich in den Sand.
Klau sie dir doch einfach zurück.
Ich habe auch schon den perfekten Köder.

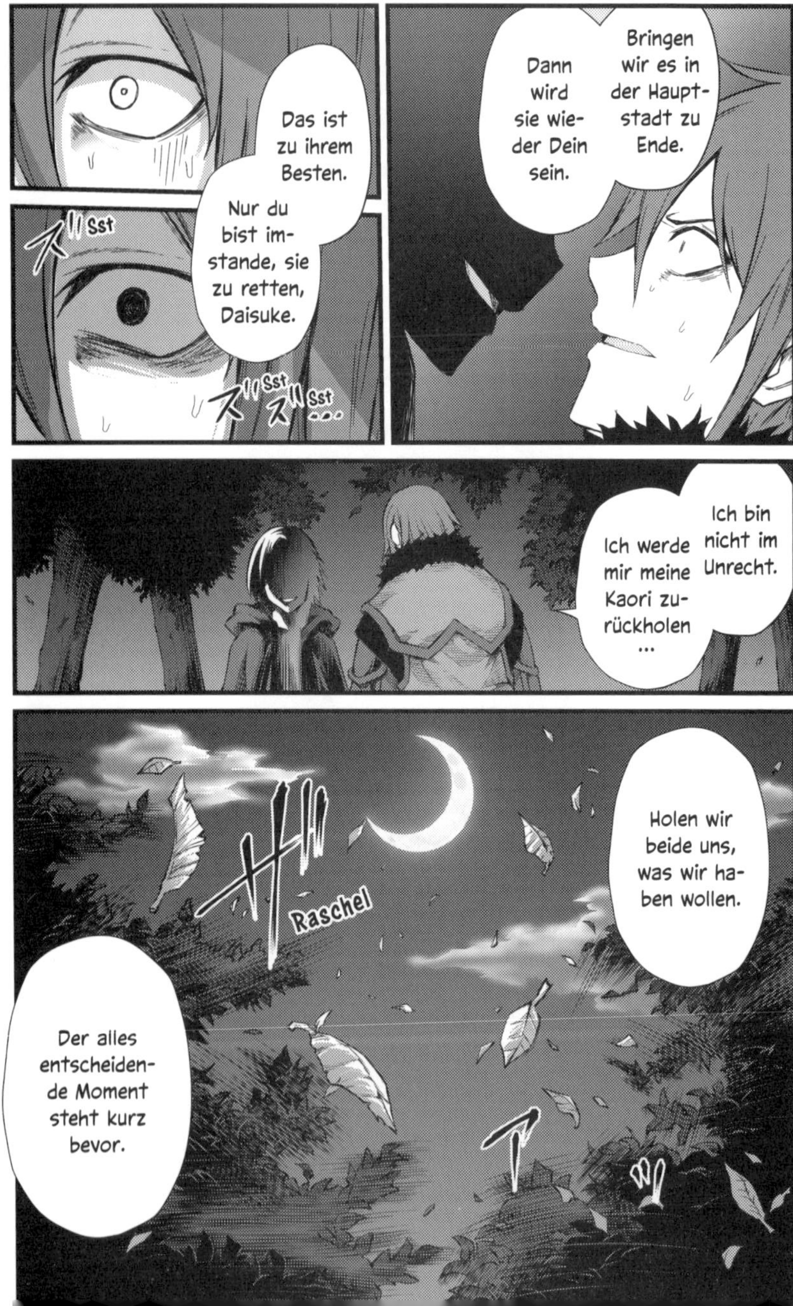
Bringen wir es in der Hauptstadt zu Ende.
Dann wird sie wieder Dein sein.
Das ist zu ihrem Besten.
Nur du bist imstande, sie zu retten, Daisuke.
Sst
Sst
Sst ...
Ich bin nicht im Unrecht.
Ich werde mir meine Kaori zurückholen ...
Holen wir beide uns, was wir haben wollen.
Raschel
Der alles entscheidende Moment steht kurz bevor.

ARIFURETA

DER KAMPF ZURÜCK IN MEINE WELT

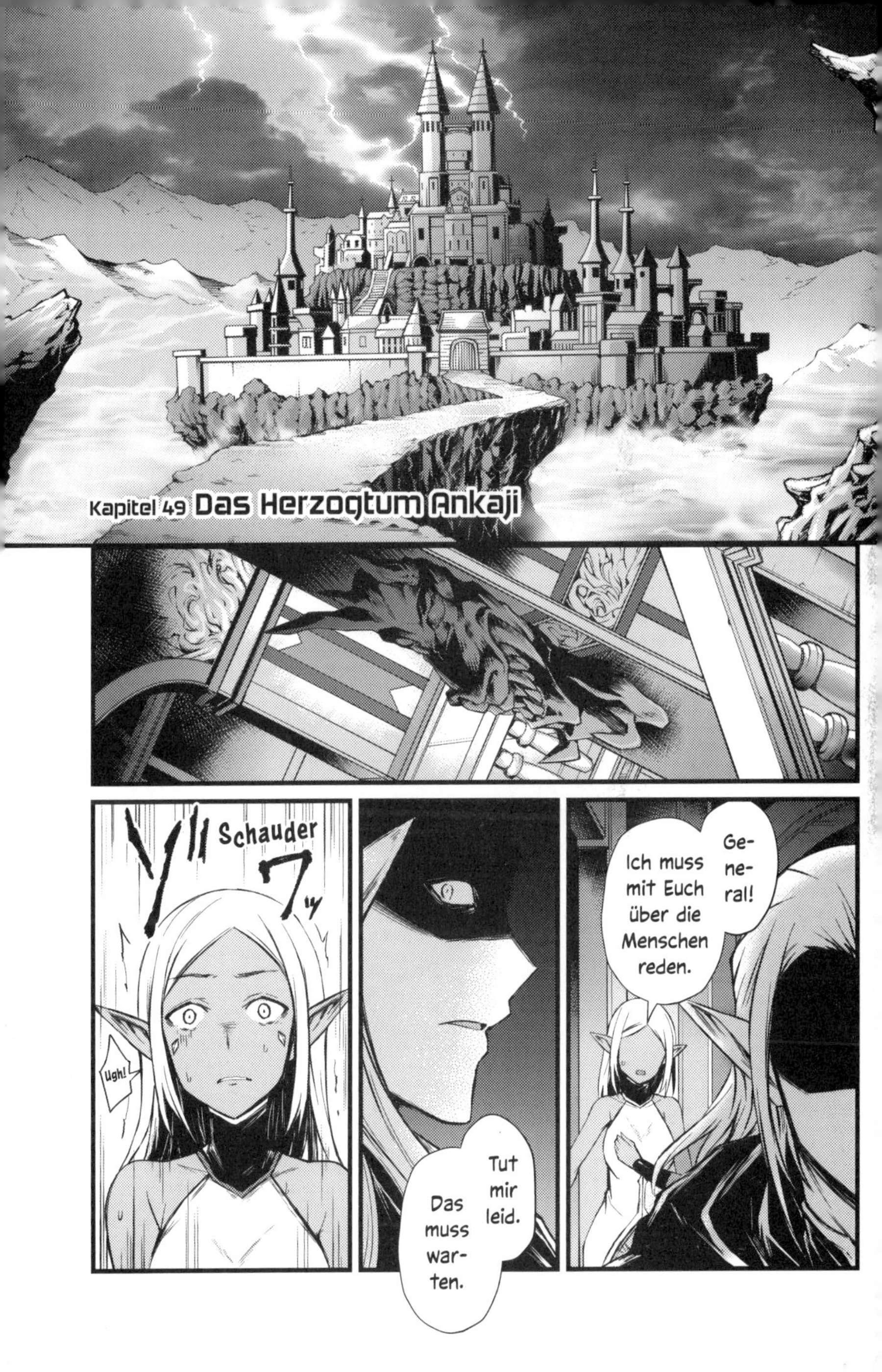
Kapitel 49 Das Herzogtum Ankaji
Schauder
Ugh!
Ge-ne-ral!
Ich muss mit Euch über die Menschen reden.
Tut mir leid.
Das muss war-ten.

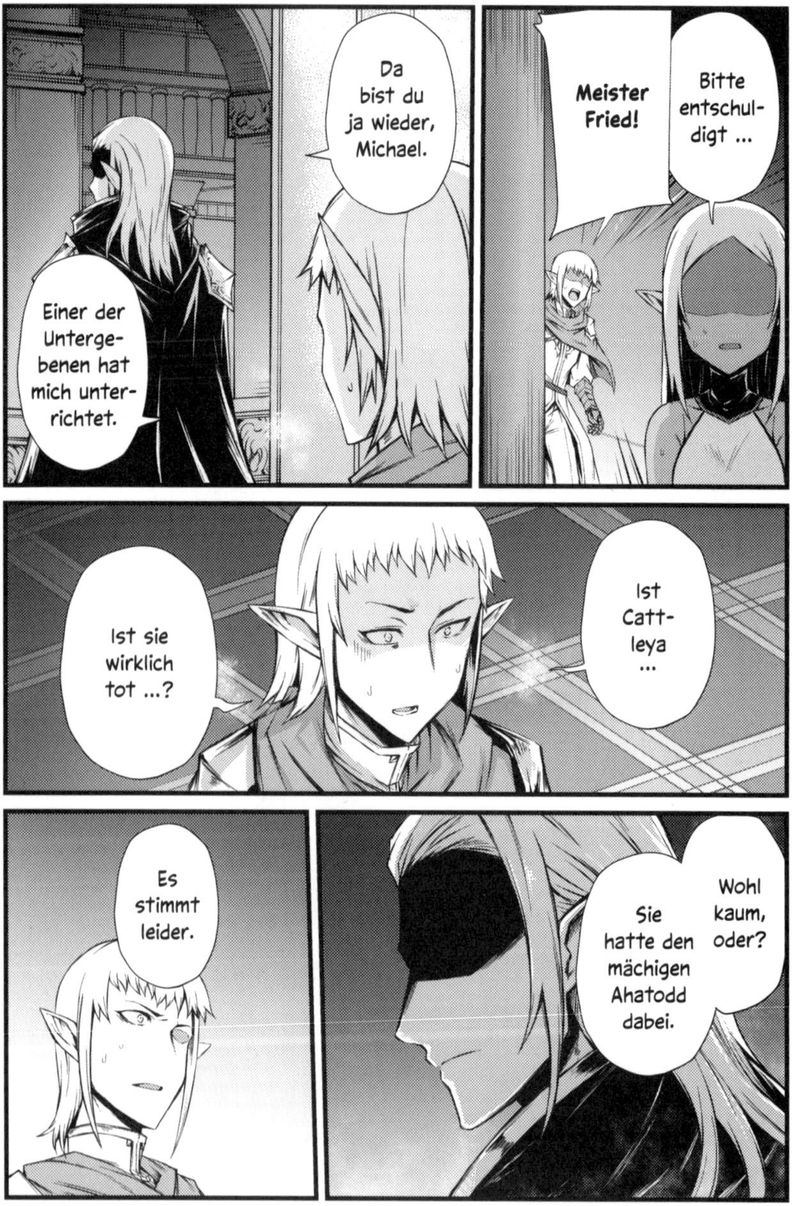
Bitte entschuldigt ...
Meister Fried!
Da bist du ja wieder, Michael.
Einer der Untergebenen hat mich unterrichtet.
Ist Catt-leya ...
Ist sie wirklich tot ...?
Wohl kaum, oder?
Sie hatte den mächigen Ahatodd dabei.
Es stimmt leider.

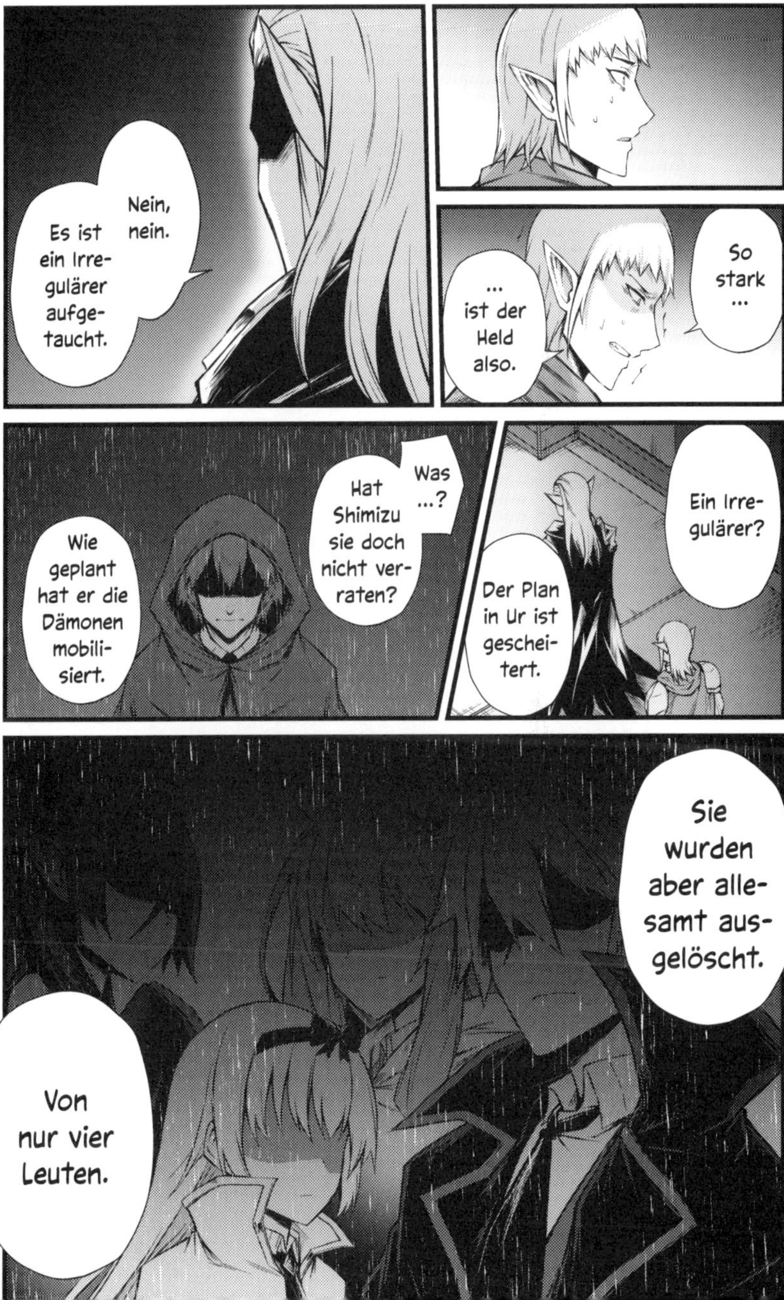
So stark ...
... ist der Held also.
Nein, nein.
Es ist ein Irregulärer aufgetaucht.
Ein Irregulärer?
Der Plan in Ur ist gescheitert.
Was ...?
Hat Shimizu sie doch nicht verraten?
Wie geplant hat er die Dämonen mobilisiert.
Sie wurden aber allesamt ausgelöscht.
Von nur vier Leuten.

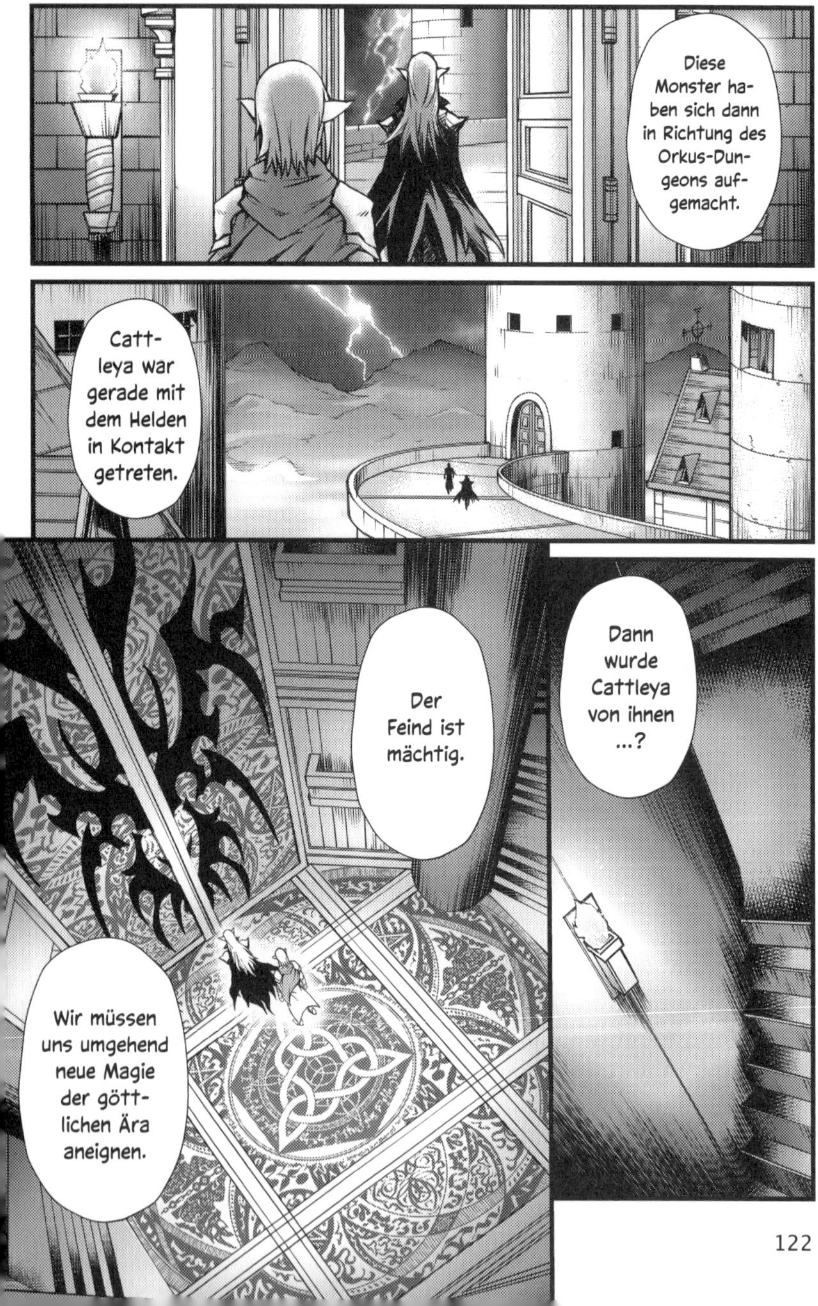
Diese Monster haben sich dann in Richtung des Orkus-Dungeons aufgemacht.
Cattleya war gerade mit dem Helden in Kontakt getreten.
Dann wurde Cattleya von ihnen ...?
Der Feind ist mächtig.
Wir müssen uns umgehend neue Magie der göttlichen Ära aneignen.

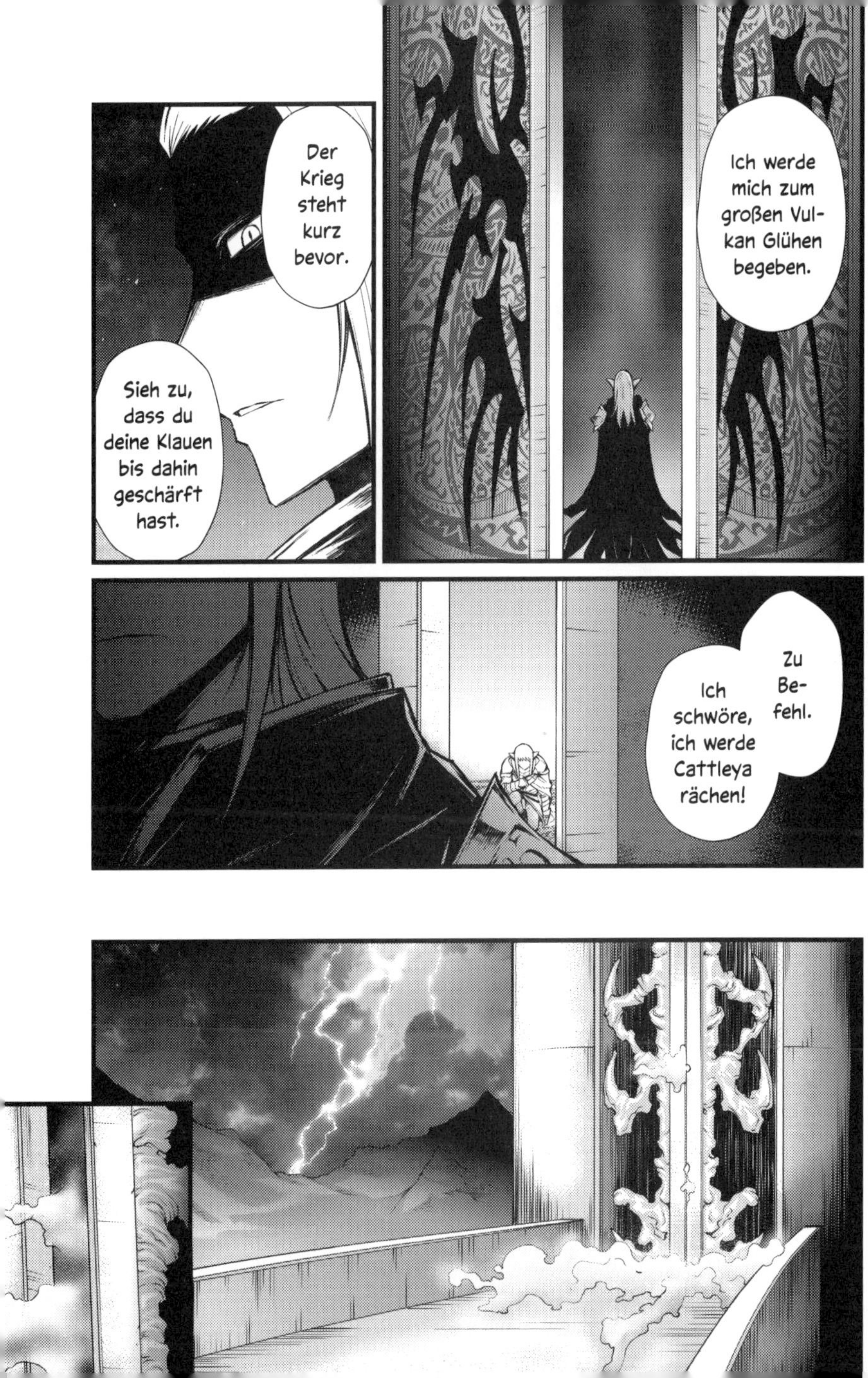
Ich werde mich zum großen Vulkan Glühen begeben.
Der Krieg steht kurz bevor.
Sieh zu, dass du deine Klauen bis dahin geschärft hast.
Zu Befehl.
Ich schwöre, ich werde Cattleya rächen!

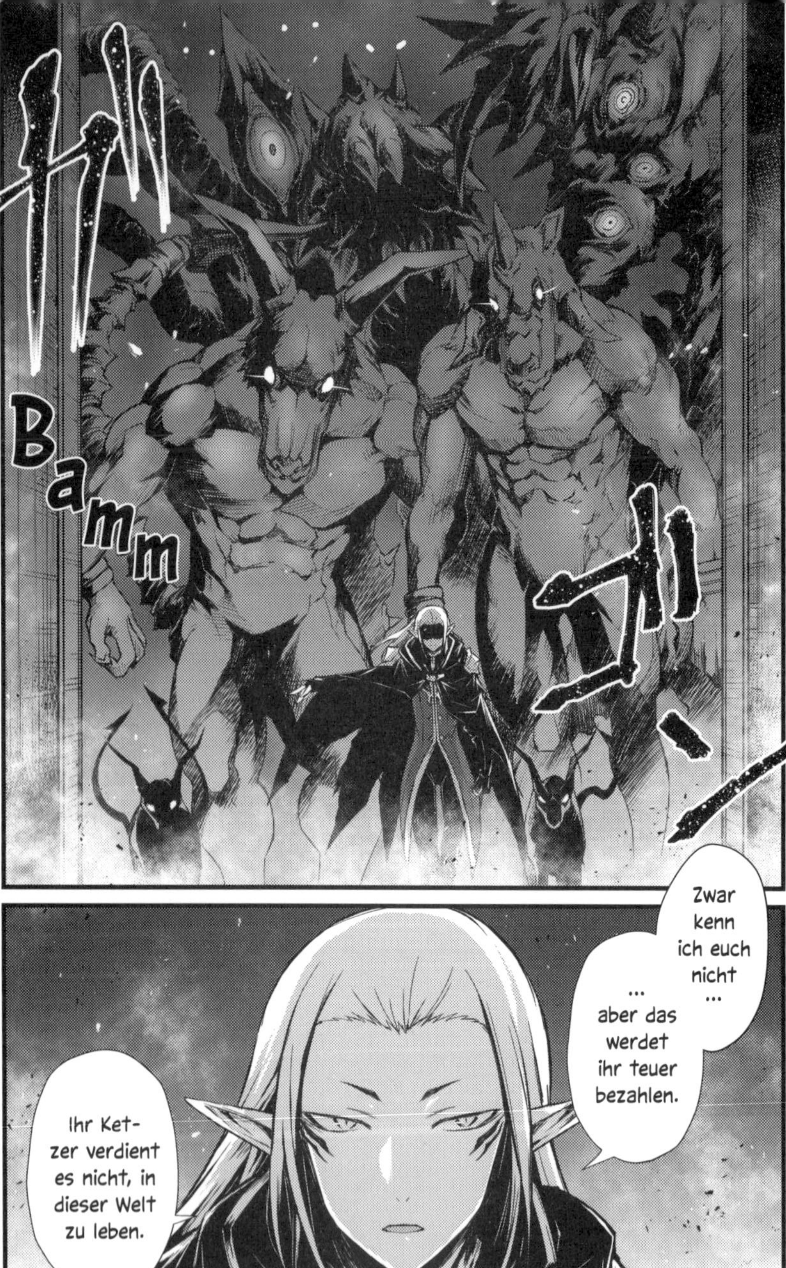
Bamm
Zwar kenn ich euch nicht ...
... aber das werdet ihr teuer bezahlen.
Ihr Ket-zer verdient es nicht, in dieser Welt zu leben.

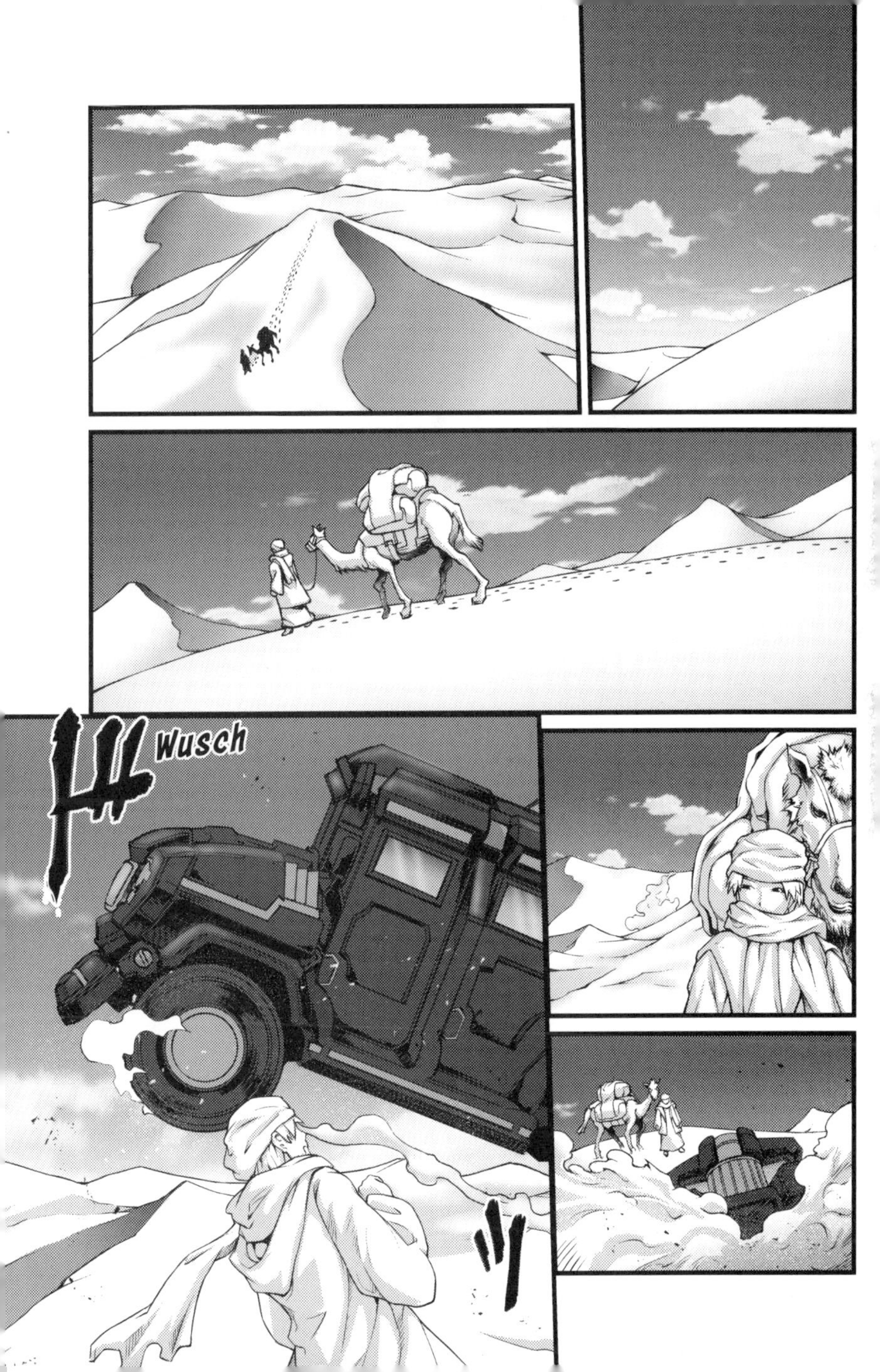
Wusch

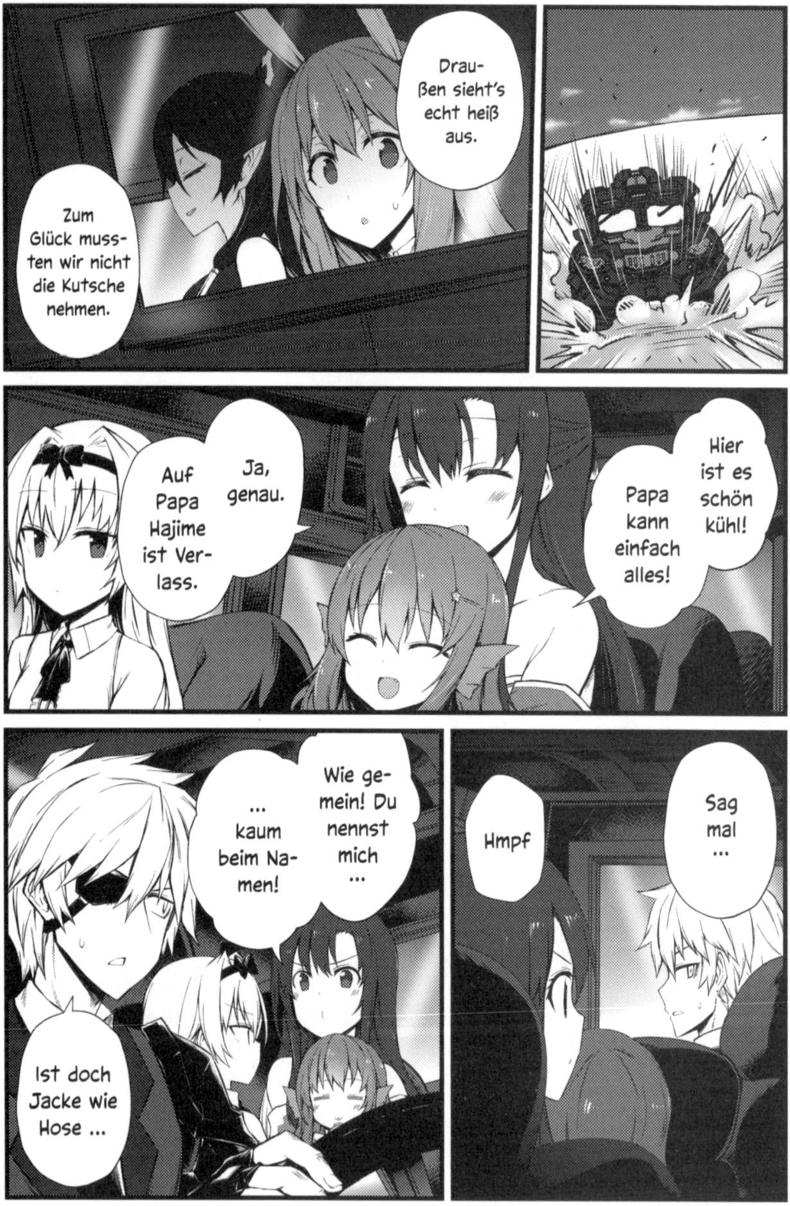
Draußen sieht's echt heiß aus.
Zum Glück mussten wir nicht die Kutsche nehmen.
Hier ist es schön kühl!
Papa kann einfach alles!
Ja, genau.
Auf Papa Hajime ist Verlass.
Sag mal ...
Hmpf
Wie gemein! Du nennst mich ...
... kaum beim Namen!
Ist doch Jacke wie Hose ...

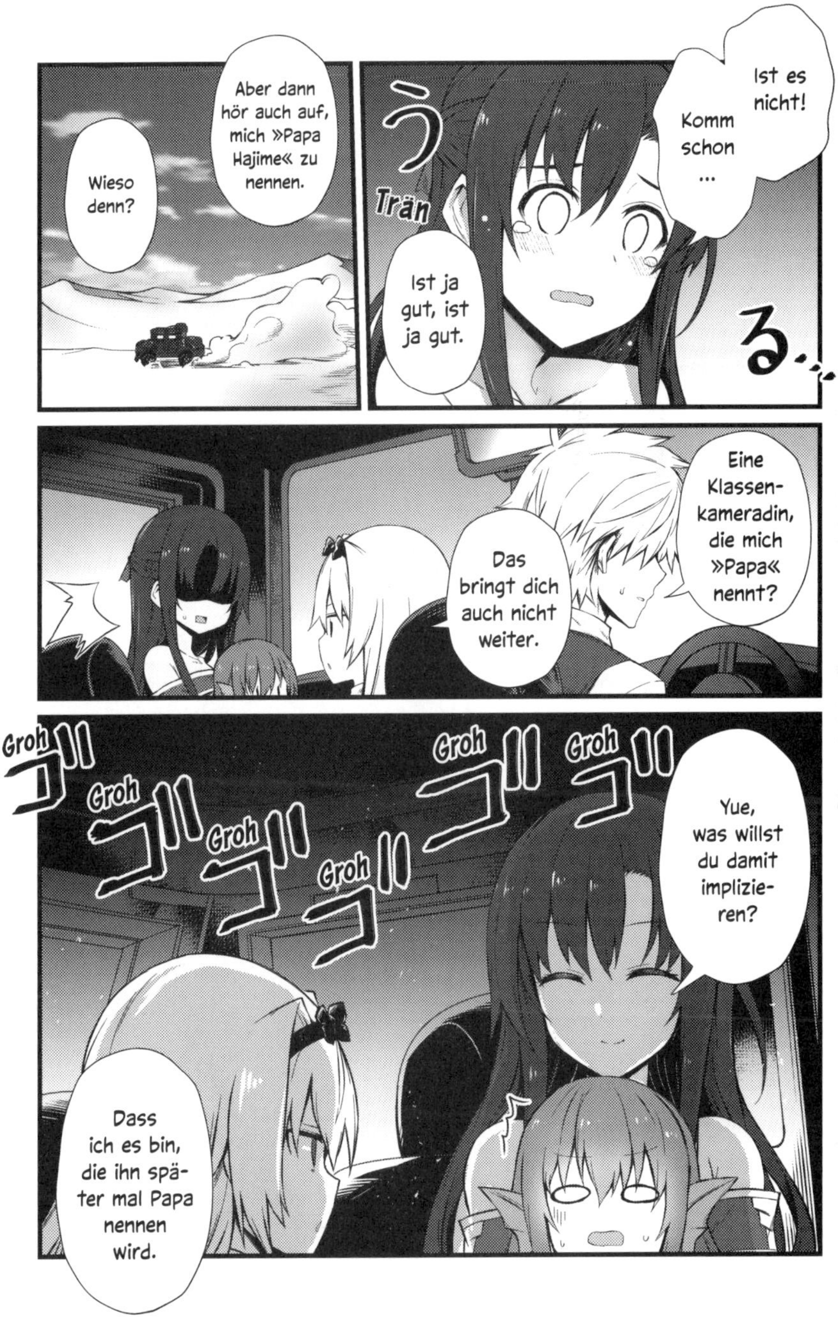

Ist es nicht!
Komm schon ...
う
Tränる
Ist ja gut, ist ja gut.
Aber dann hör auch auf, mich »Papa Hajime« zu nennen.
Wieso denn?
Eine Klassenkameradin, die mich »Papa« nennt?
Das bringt dich auch nicht weiter.
Groh
Groh
Groh
Groh
Groh
Groh
Yue, was willst du damit implizieren?
Dass ich es bin, die ihn später mal Papa nennen wird.

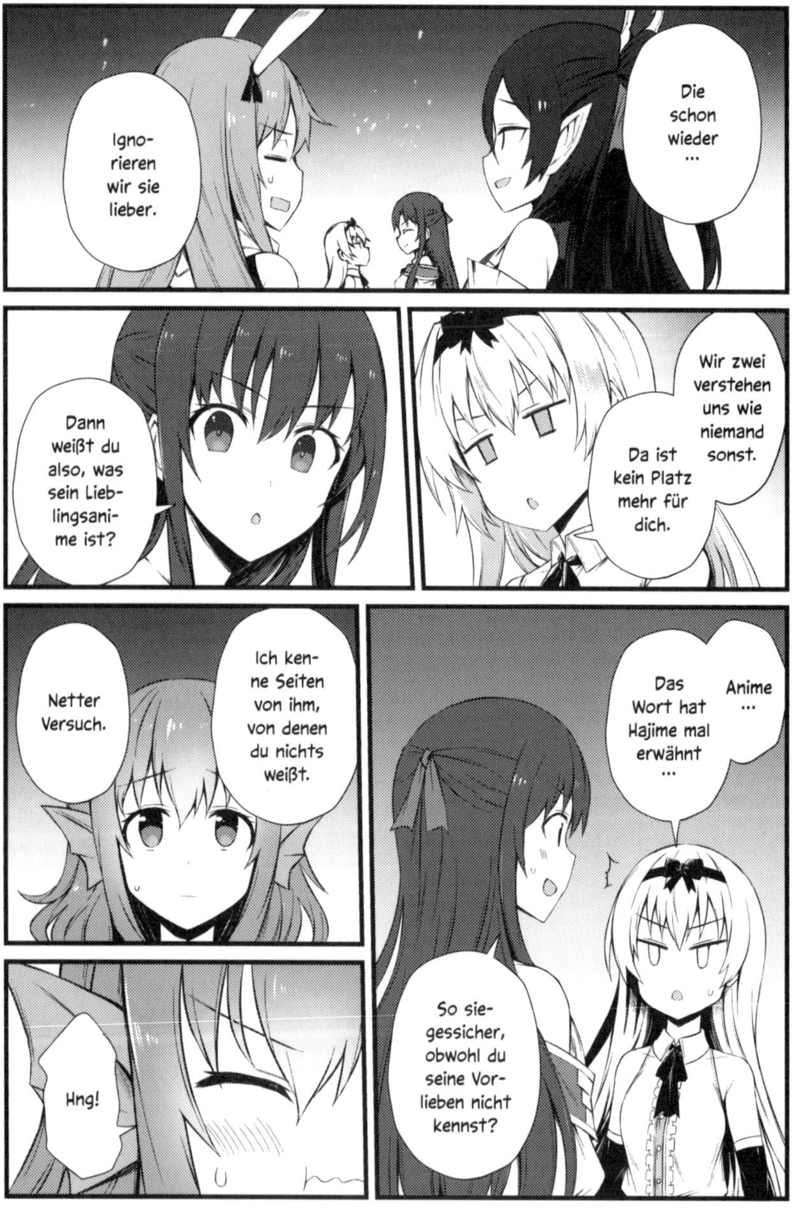
Die schon wieder …
Ignorieren wir sie lieber.
Wir zwei verstehen uns wie niemand sonst.
Da ist kein Platz mehr für dich.
Dann weißt du also, was sein Lieblingsanime ist?
Anime …
Das Wort hat Hajime mal erwähnt …
Ich kenne Seiten von ihm, von denen du nichts weißt.
Netter Versuch.
So siegessicher, obwohl du seine Vorlieben nicht kennst?
Hng!

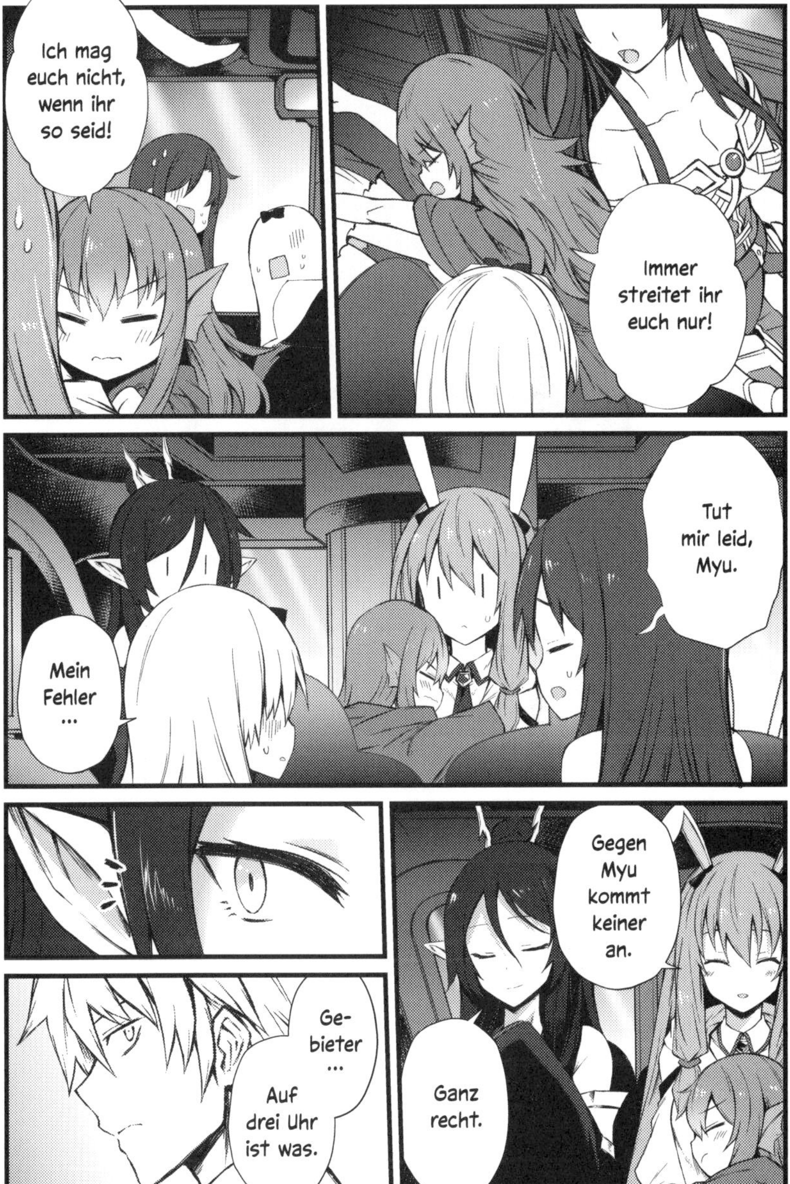
Immer streitet ihr euch nur!
Ich mag euch nicht, wenn ihr so seid!
Tut mir leid, Myu.
Mein Fehler ...
Gegen Myu kommt keiner an.
Ganz recht.
Gebieter ...
Auf drei Uhr ist was.

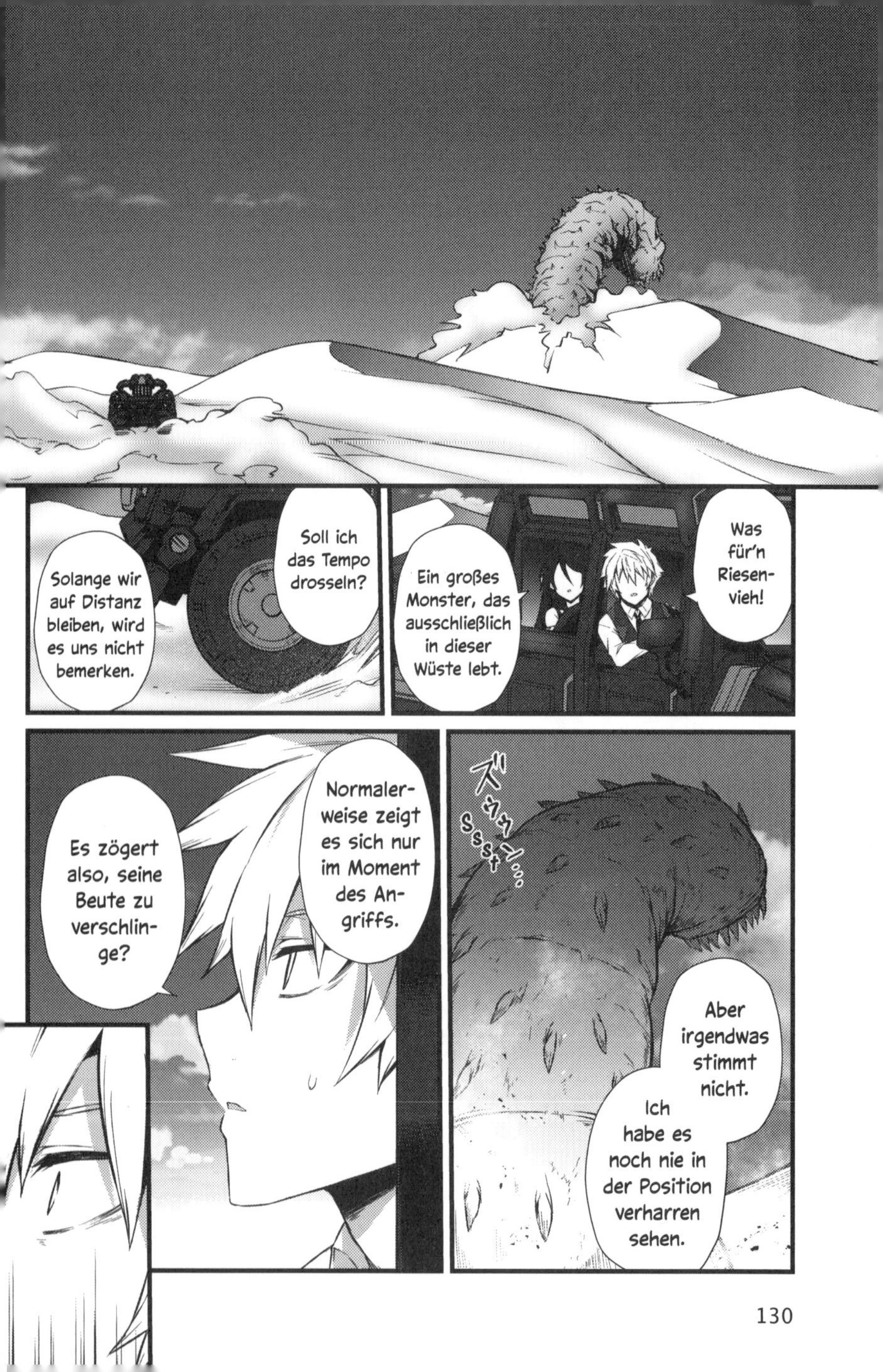
Was für'n Riesenvieh!
Ein großes Monster, das ausschließlich in dieser Wüste lebt.
Soll ich das Tempo drosseln?
Solange wir auf Distanz bleiben, wird es uns nicht bemerken.
Ssst
Aber irgendwas stimmt nicht.
Ich habe es noch nie in der Position verharren sehen.
Normalerweise zeigt es sich nur im Moment des Angriffs.
Es zögert also, seine Beute zu verschlinge?

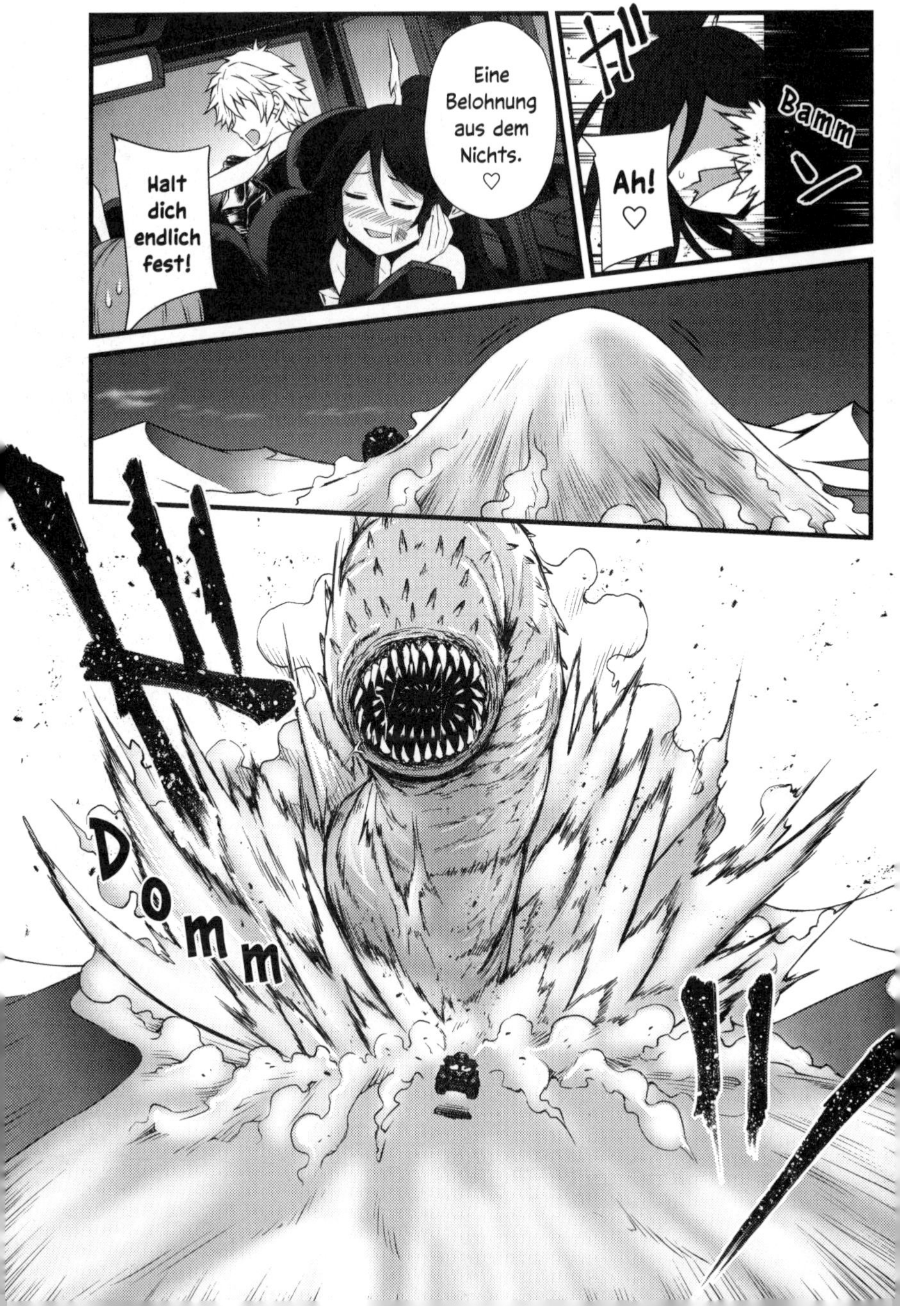
Bamm
Ah! ♡
Eine Belohnung aus dem Nichts. ♡
Halt dich endlich fest!
Domm

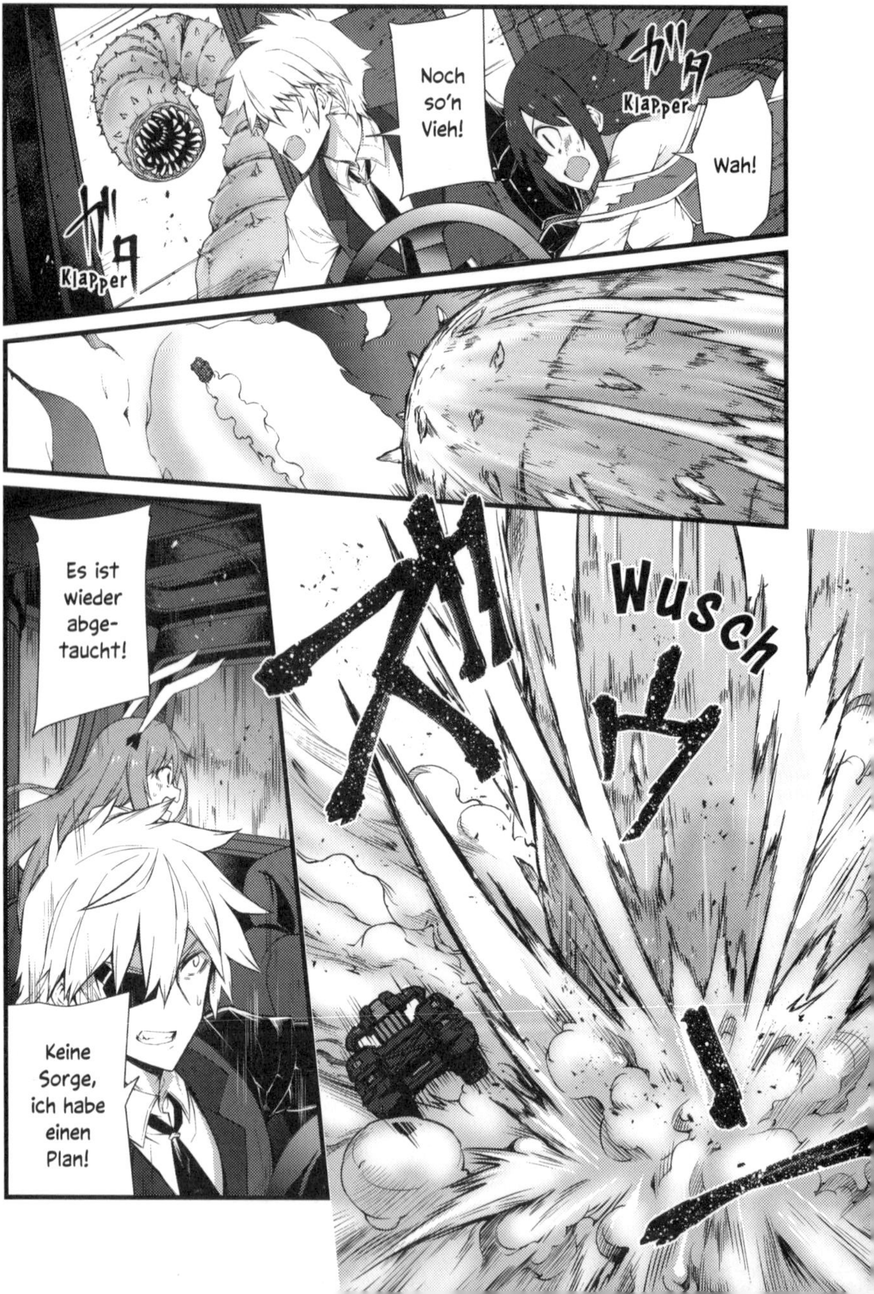
Klapper
Wah!
Noch so'n Vieh!
Klapper
Wusch
Es ist wieder abge-taucht!
Keine Sorge, ich habe einen Plan!

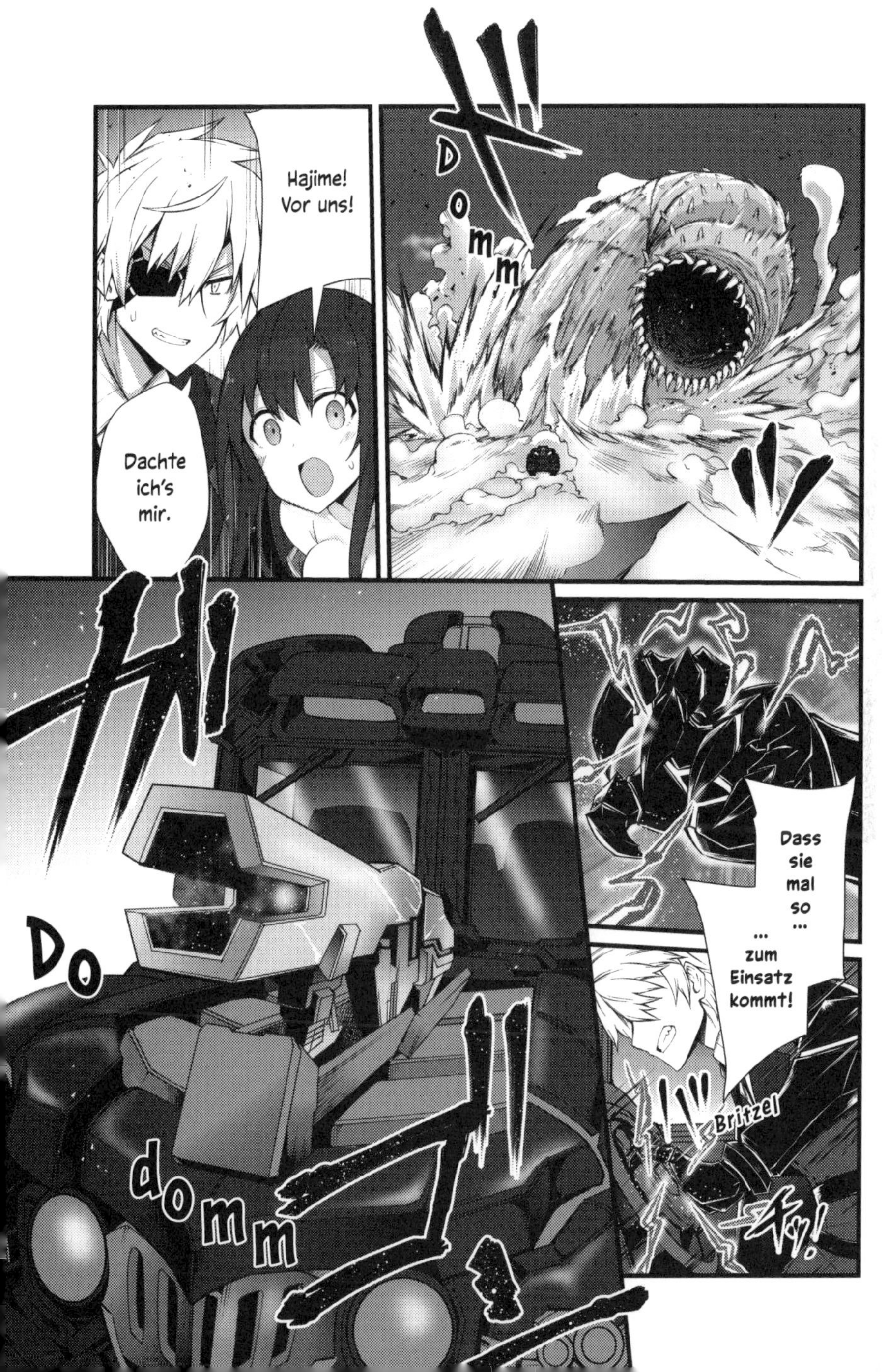
D
omm
Hajime!
Vor uns!
Dachte
ich's
mir.
Dass
sie
mal
so
...
... zum
Einsatz
kommt!
Britzel
Do
domm

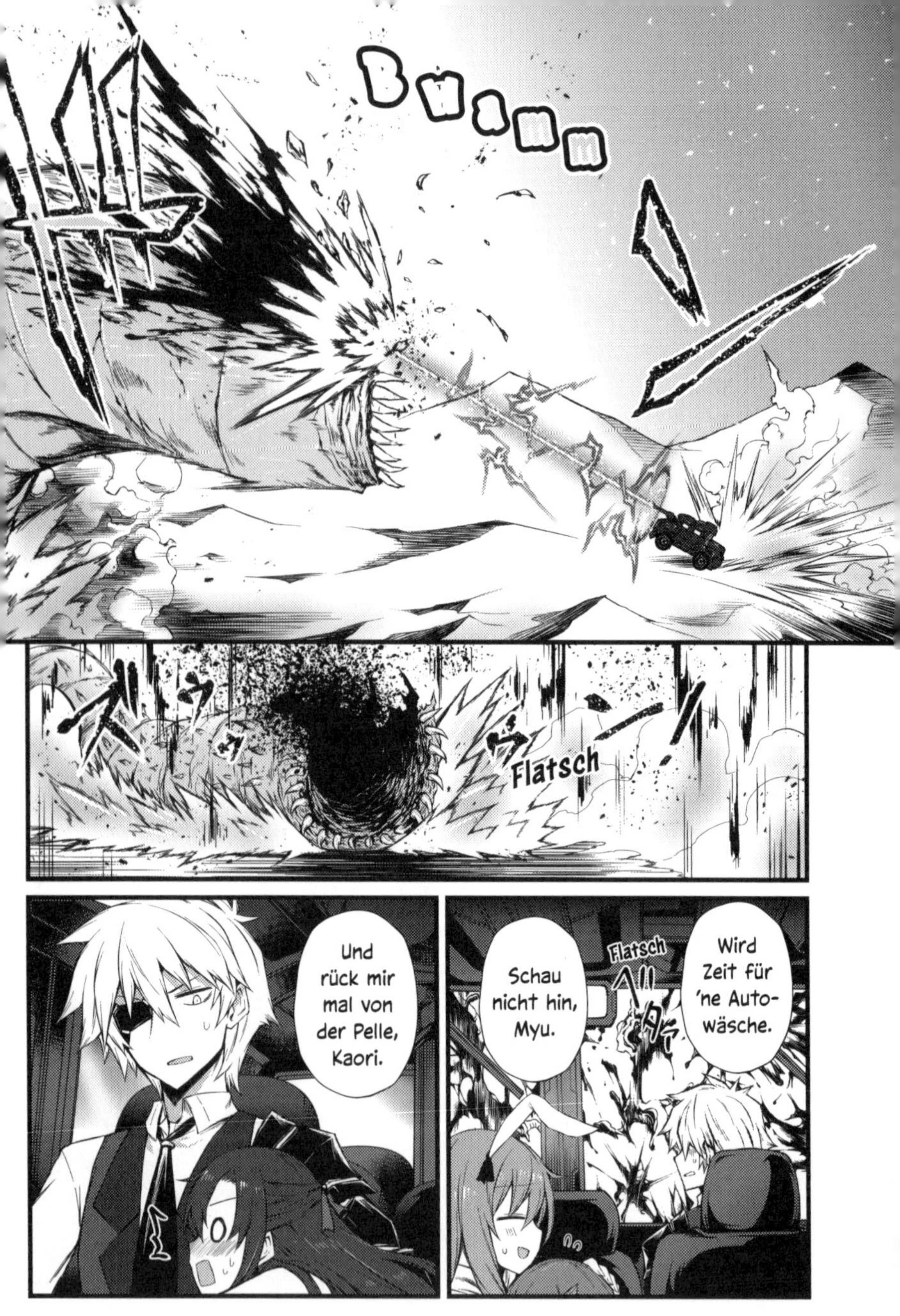
Bwamm
Flatsch
Wird Zeit für 'ne Auto-wäsche.
Flatsch
Schau nicht hin, Myu.
Und rück mir mal von der Pelle, Kaori.

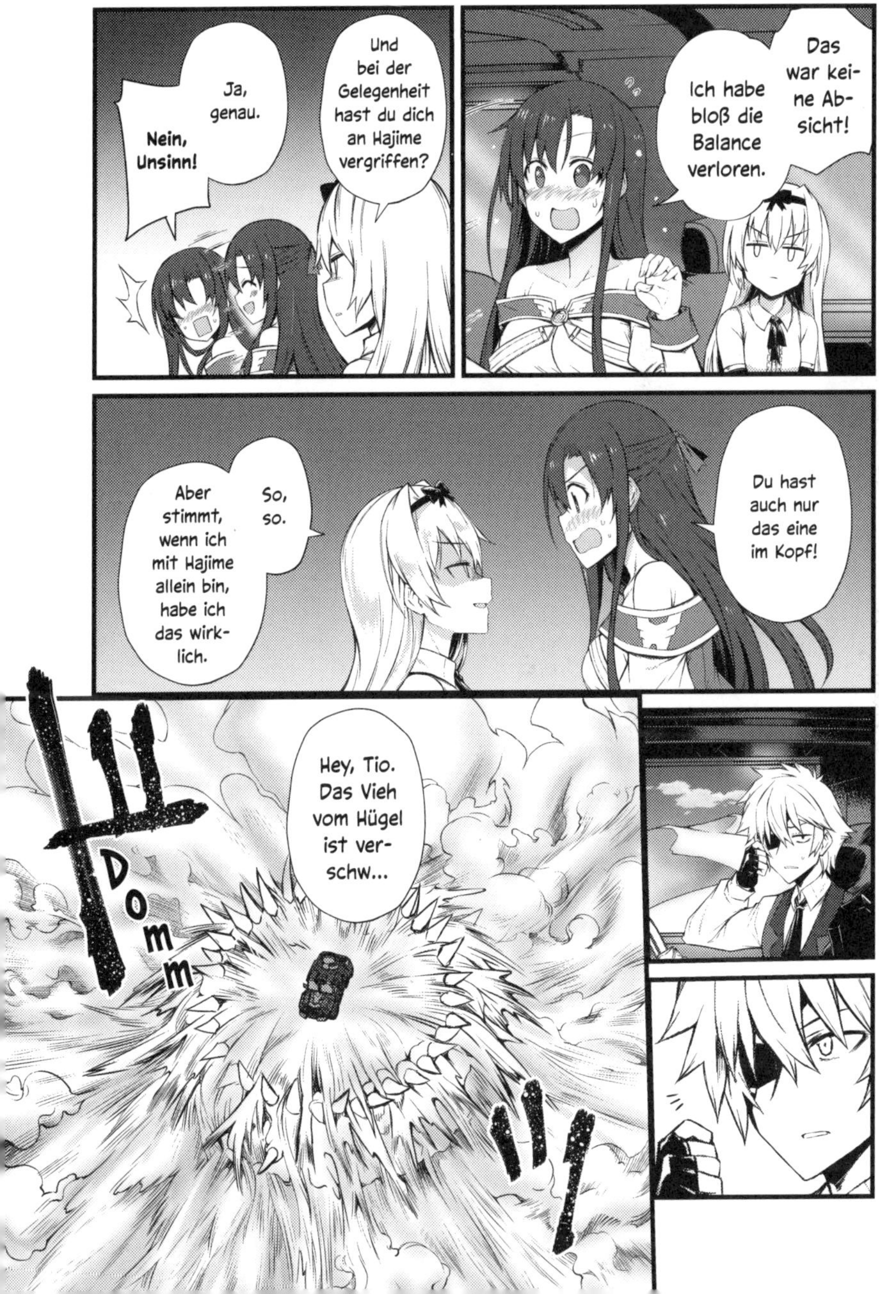
Das war keine Absicht!
Ich habe bloß die Balance verloren.
Und bei der Gelegenheit hast du dich an Hajime vergriffen?
Ja, genau.
Nein, Unsinn!
Du hast auch nur das eine im Kopf!
So, so.
Aber stimmt, wenn ich mit Hajime allein bin, habe ich das wirklich.
Hey, Tio. Das Vieh vom Hügel ist verschw...
Domm

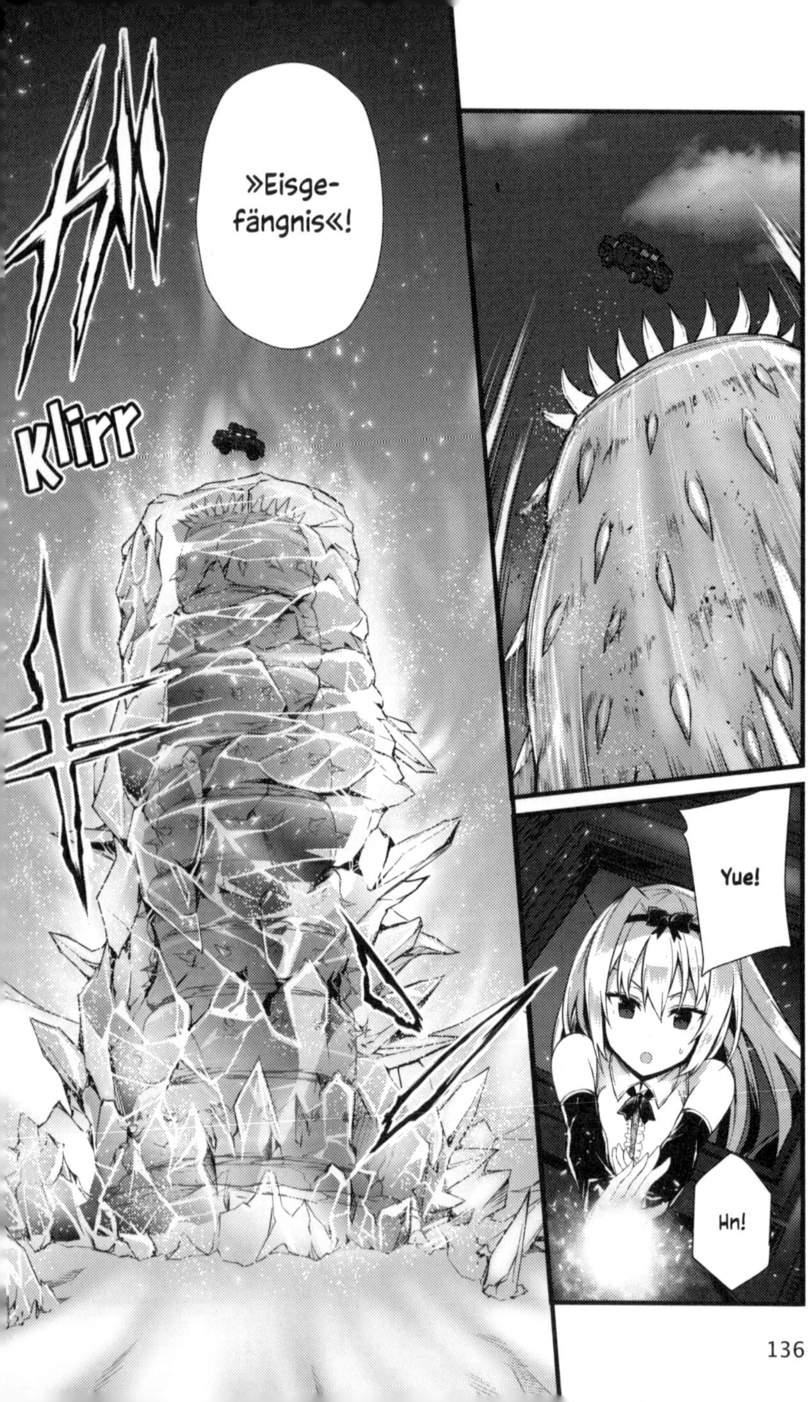

»Eisgefängnis«!
Klirr
Yue!
Hn!

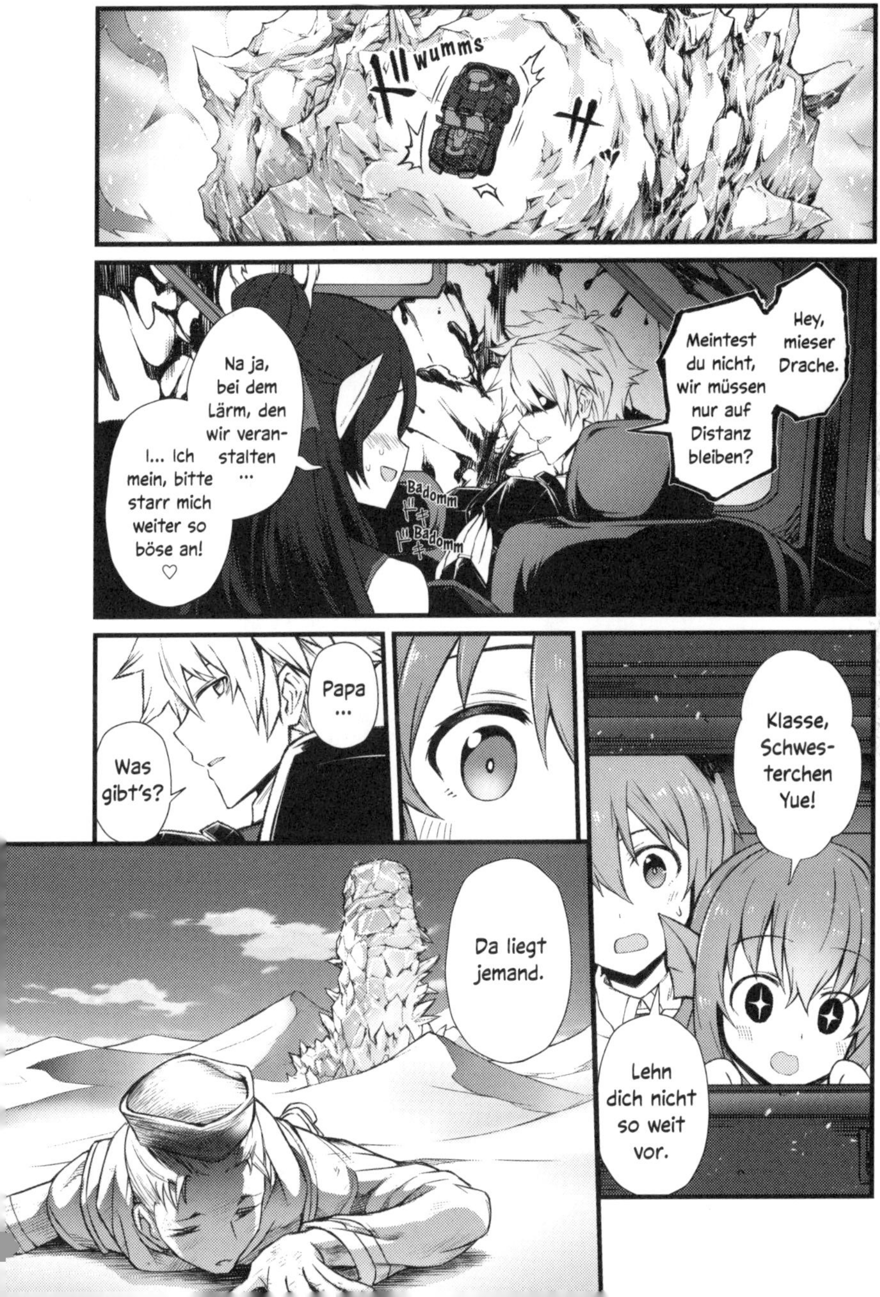
wumms
Hey, mieser Drache.
Meintest du nicht, wir müssen nur auf Distanz bleiben?
Na ja, bei dem Lärm, den wir veranstalten ...
I... Ich mein, bitte starr mich weiter so böse an! ♡
Badomm
Badomm
Klasse, Schwesterchen Yue!
Lehn dich nicht so weit vor.
Papa ...
Was gibt's?
Da liegt jemand.

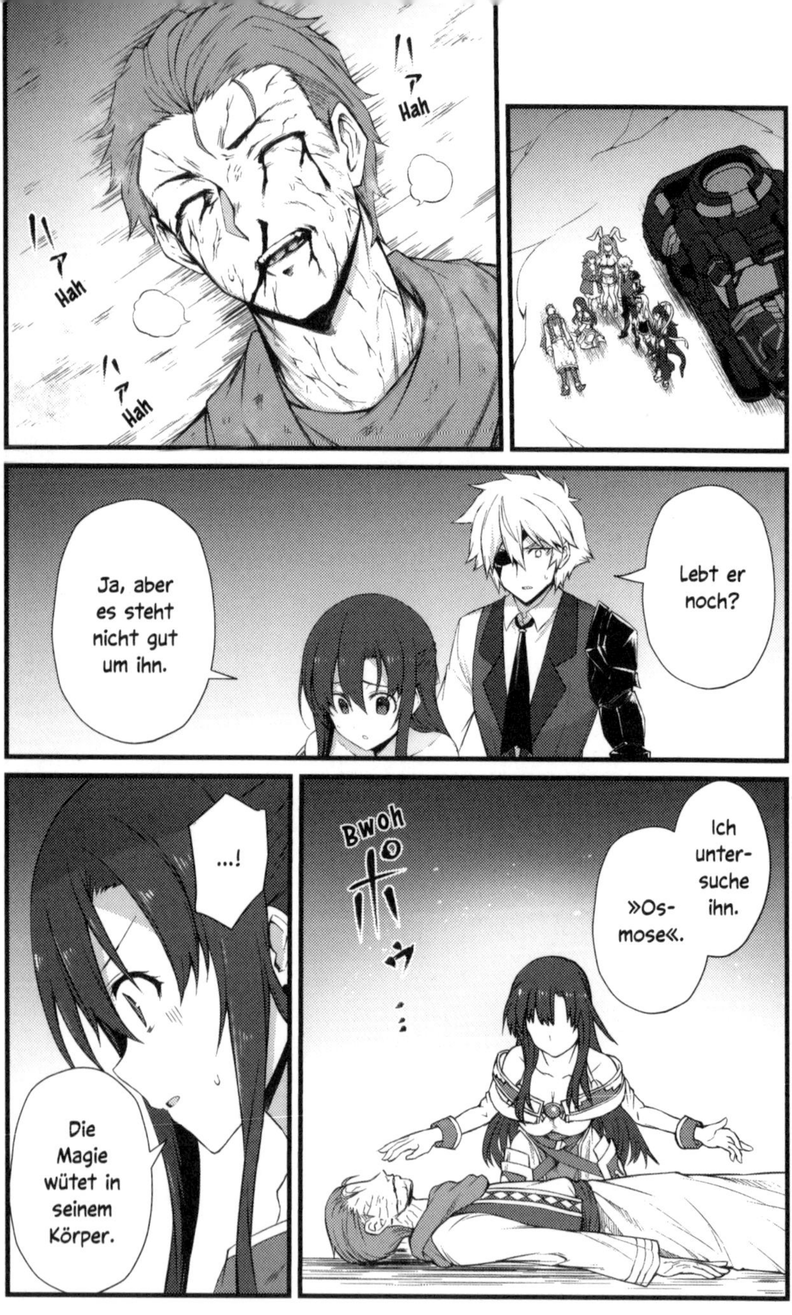
Hah
Hah
Hah
Lebt er noch?
Ja, aber es steht nicht gut um ihn.
Ich unter-suche ihn.
»Os-mose«.
Bwoh
...!
Die Magie wütet in seinem Körper.

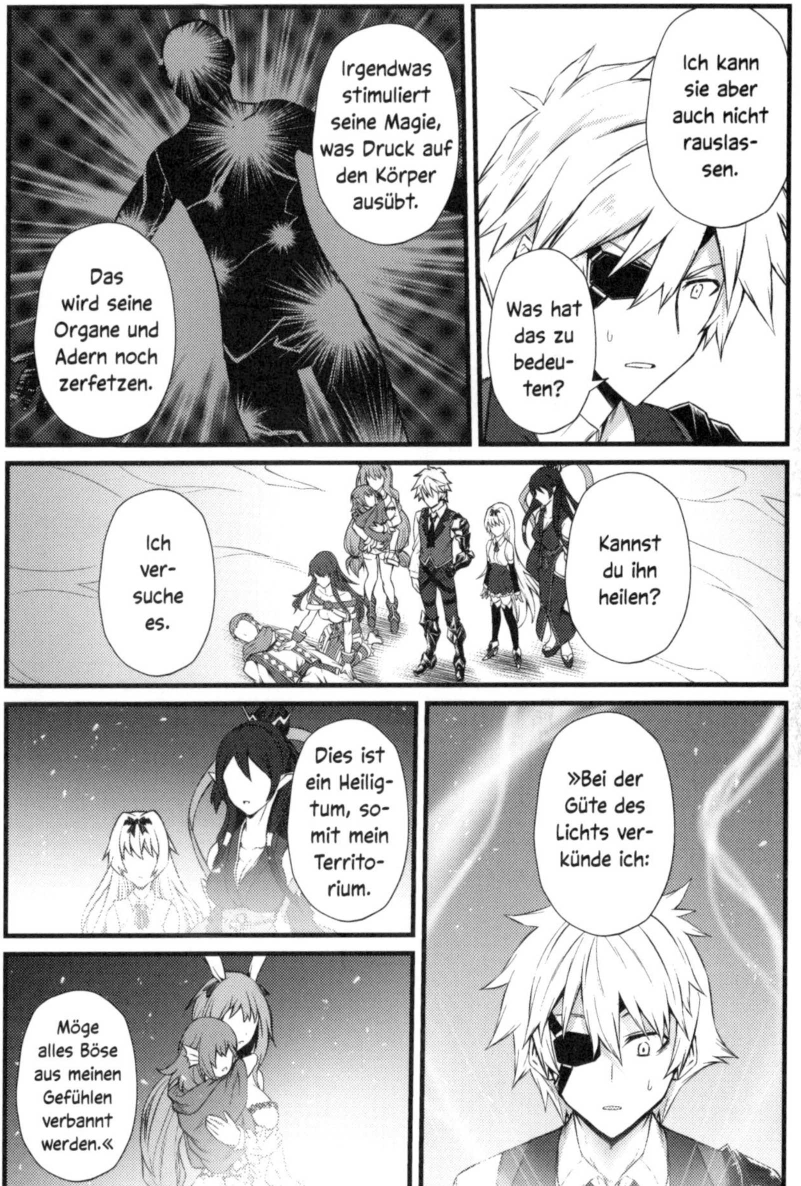
Ich kann sie aber auch nicht rauslassen.
Was hat das zu bedeuten?
Irgendwas stimuliert seine Magie, was Druck auf den Körper ausübt.
Das wird seine Organe und Adern noch zerfetzen.
Kannst du ihn heilen?
Ich versuche es.
»Bei der Güte des Lichts verkünde ich:
Dies ist ein Heiligtum, somit mein Territorium.
Möge alles Böse aus meinen Gefühlen verbannt werden.«

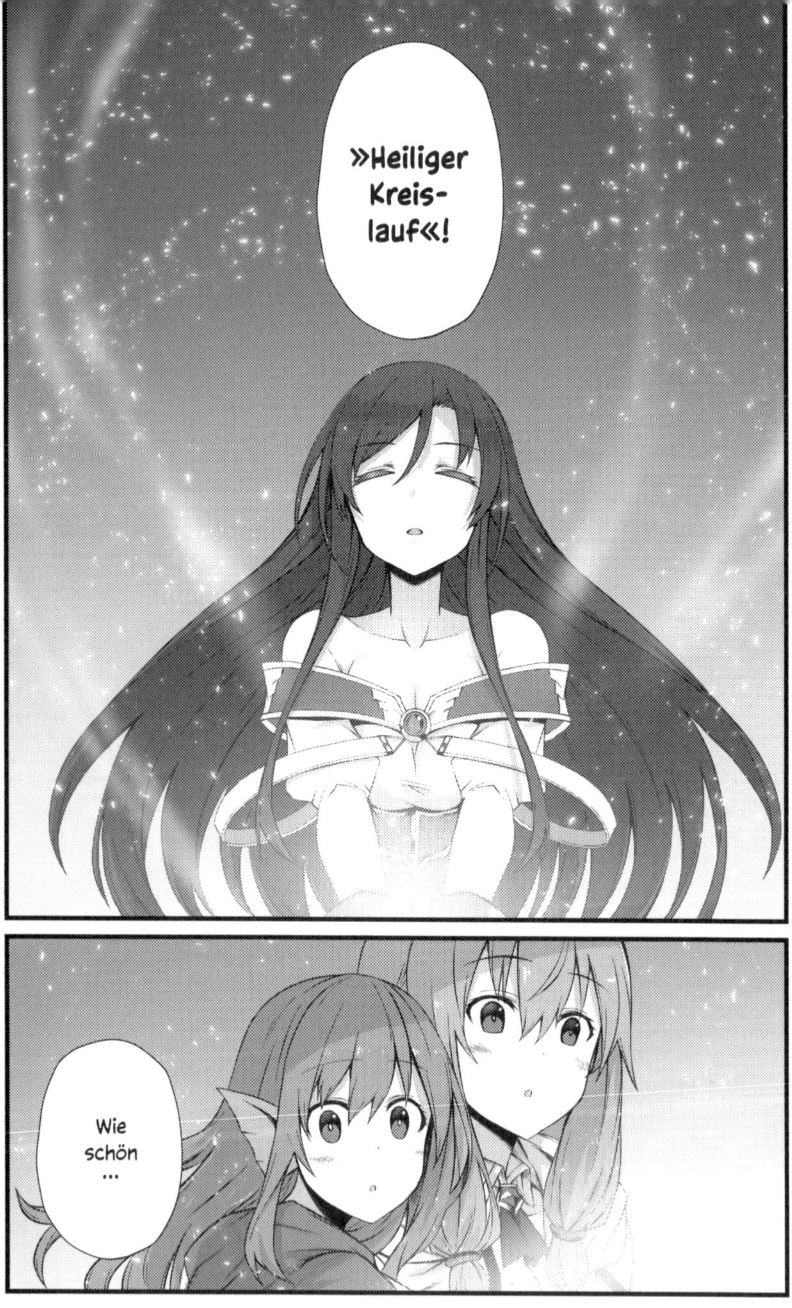
»Heiliger Kreis-lauf«!
Wie schön …

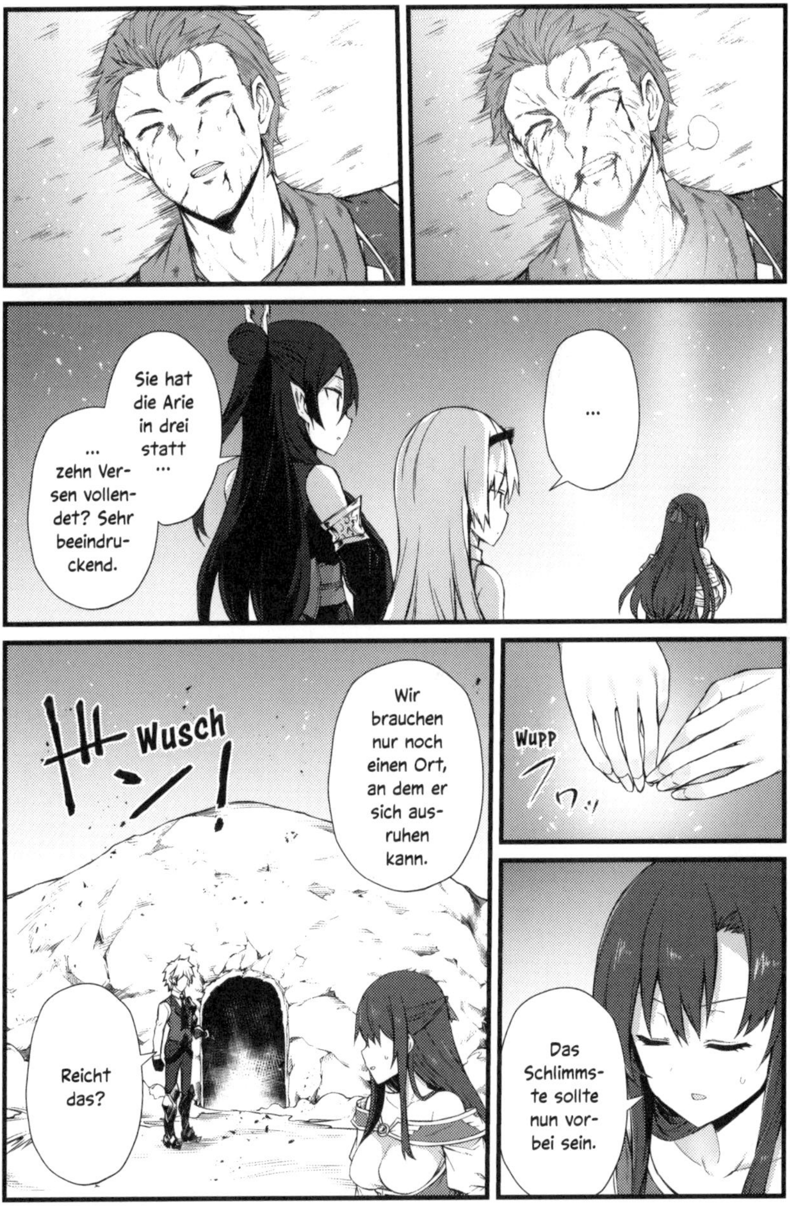
...
Sie hat die Arie in drei statt ...
... zehn Versen vollendet? Sehr beeindruckend.
Wupp
Wir brauchen nur noch einen Ort, an dem er sich ausruhen kann.
Wusch
Reicht das?
Das Schlimmste sollte nun vorbei sein.

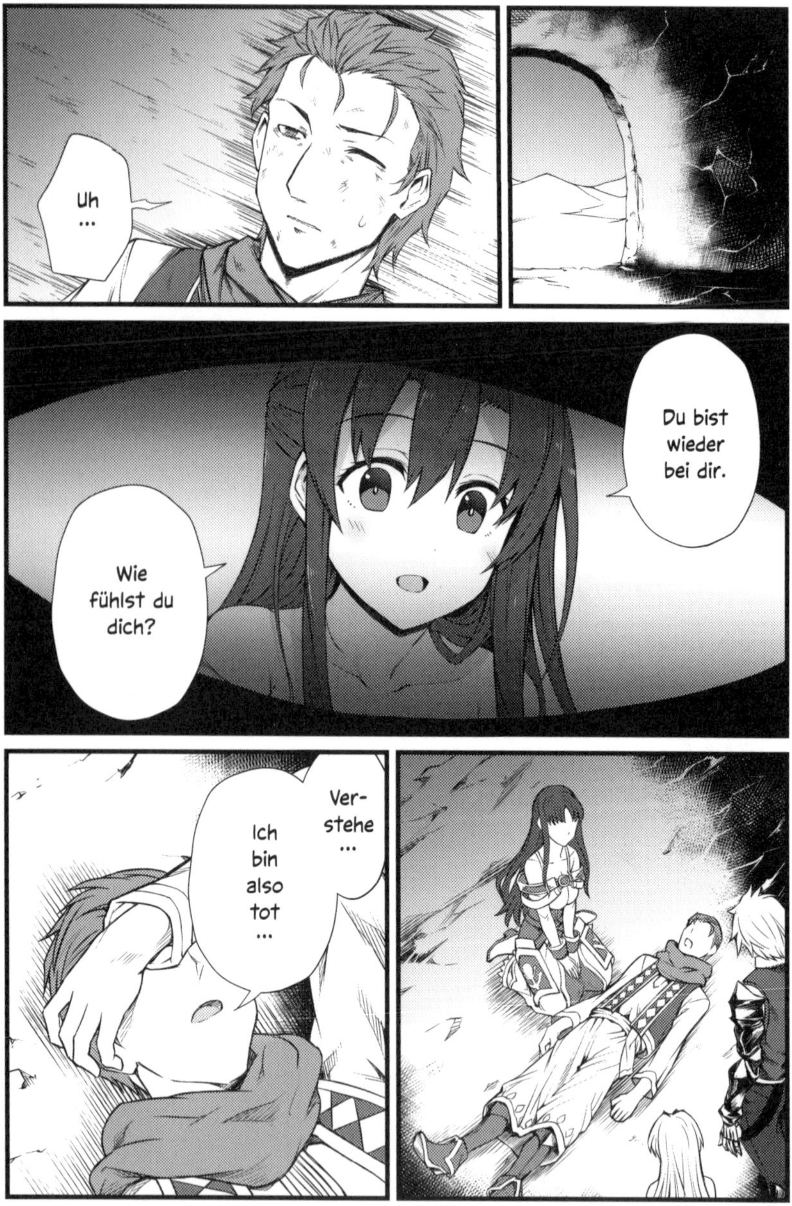
Uh ...
Du bist wieder bei dir.
Wie fühlst du dich?
Ver- stehe ...
Ich bin also tot ...

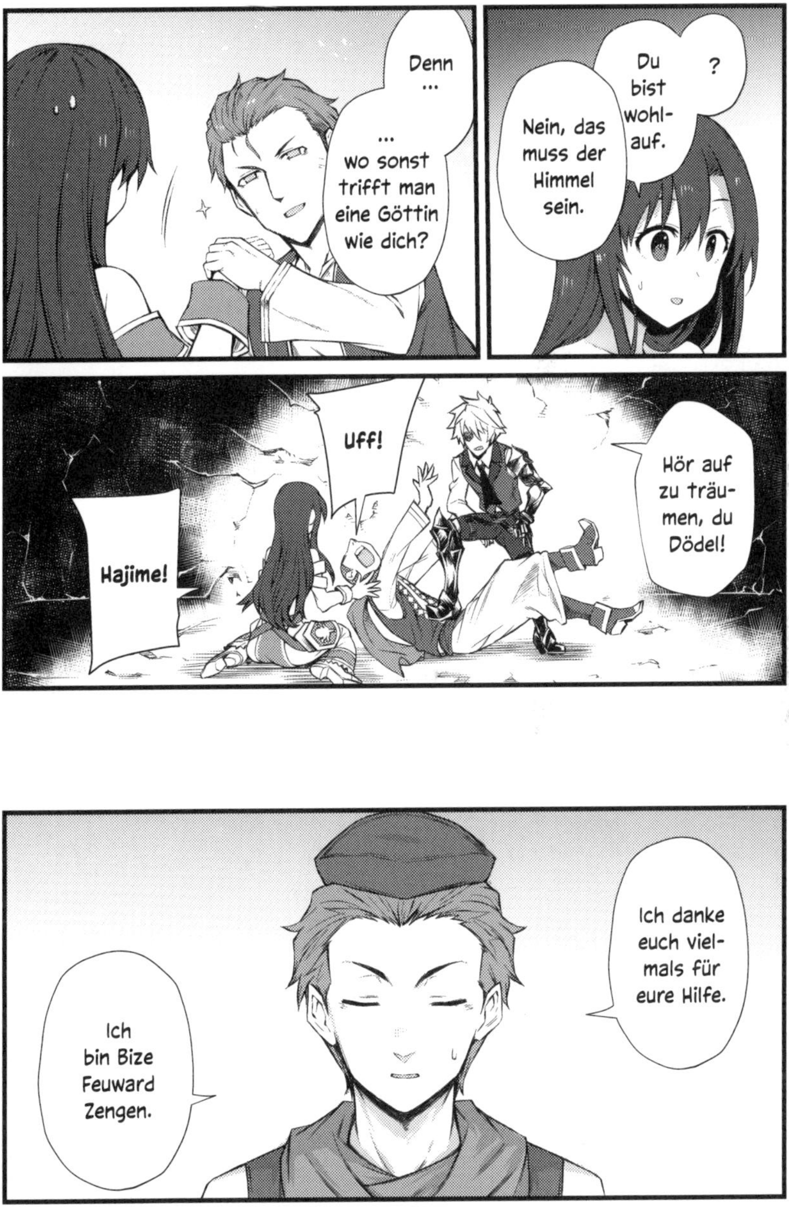
Du bist wohlauf.
?
Nein, das muss der Himmel sein.
Denn ...
... wo sonst trifft man eine Göttin wie dich?
Hör auf zu träumen, du Dödel!
Uff!
Hajime!
Ich danke euch vielmals für eure Hilfe.
Ich bin Bize Feuward Zengen.

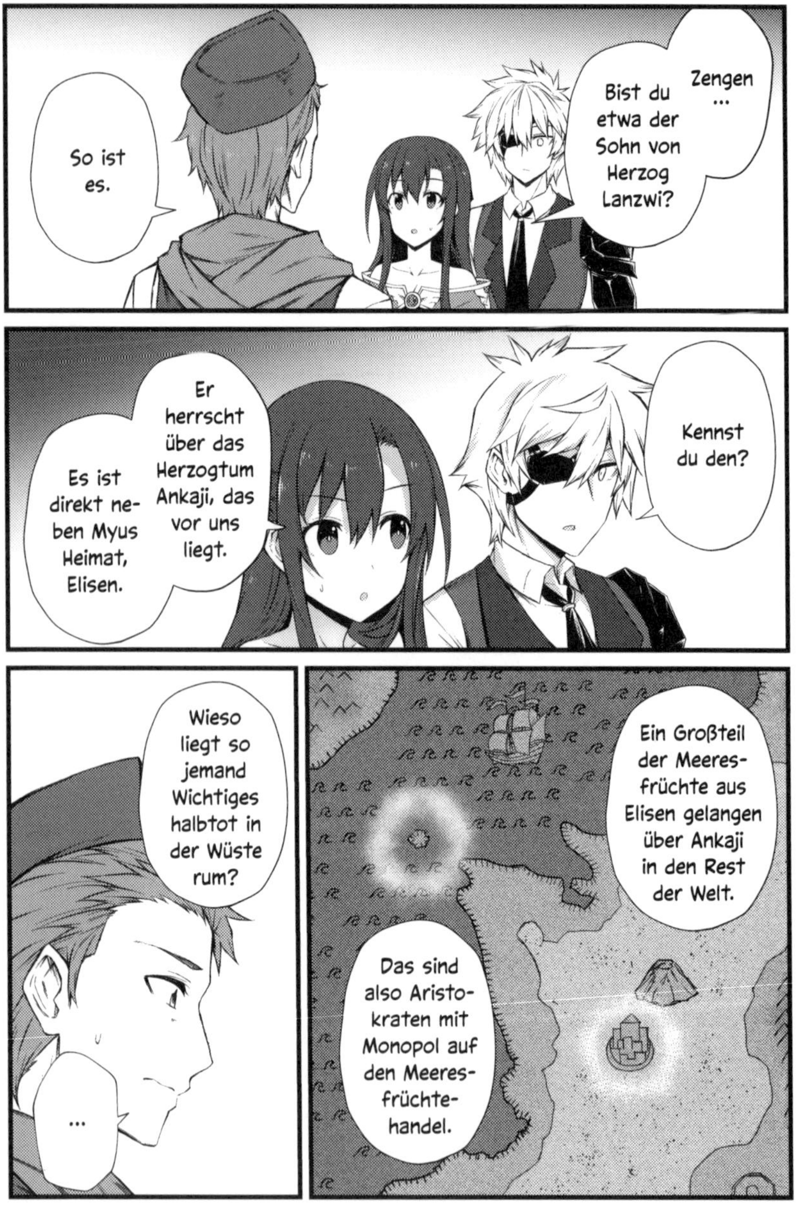
Zengen ...
Bist du etwa der Sohn von Herzog Lanzwi?
So ist es.
Kennst du den?
Er herrscht über das Herzogtum Ankaji, das vor uns liegt.
Es ist direkt ne-ben Myus Heimat, Elisen.
Ein Großteil der Meeres-früchte aus Elisen gelangen über Ankaji in den Rest der Welt.
Das sind also Aristo-kraten mit Monopol auf den Meeres-früchte-handel.
Wieso liegt so jemand Wichtiges halbtot in der Wüste rum?
...

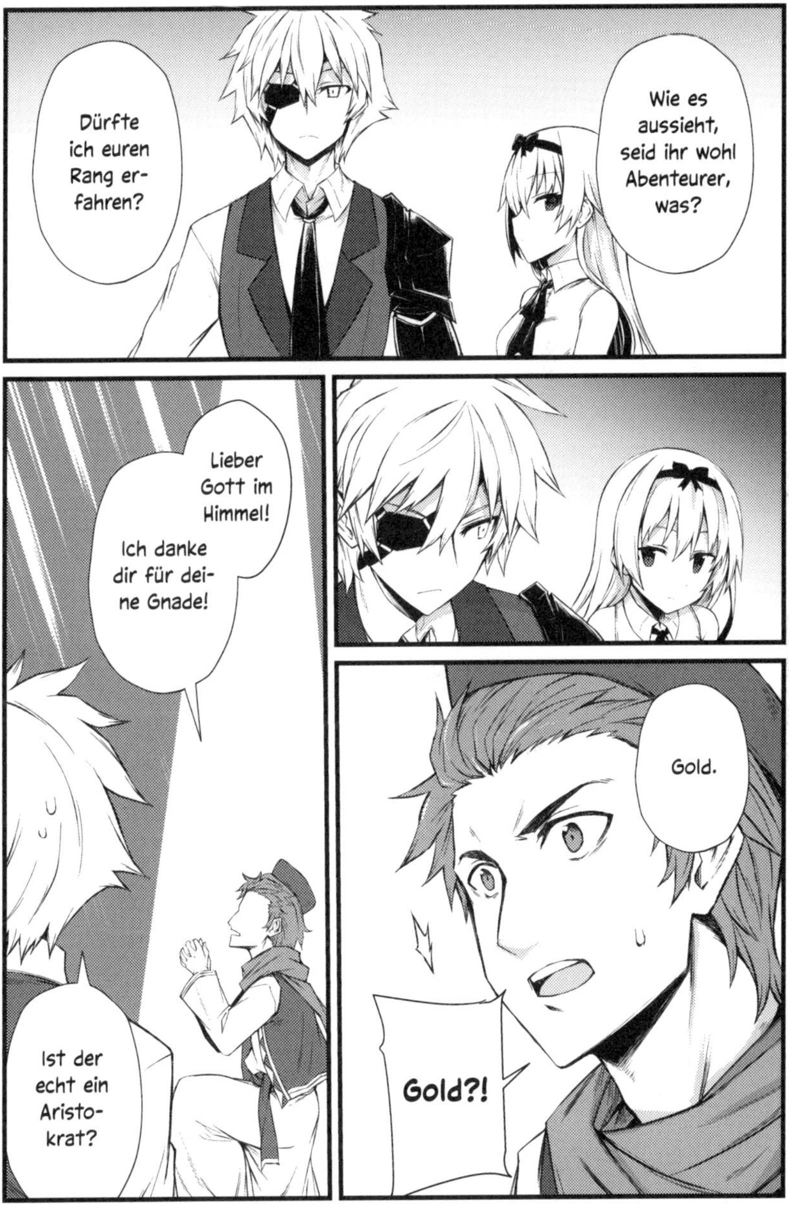
Wie es aussieht, seid ihr wohl Abenteurer, was?
Dürfte ich euren Rang erfahren?
Gold.
Gold?!
Lieber Gott im Himmel!
Ich danke dir für deine Gnade!
Ist der echt ein Aristokrat?

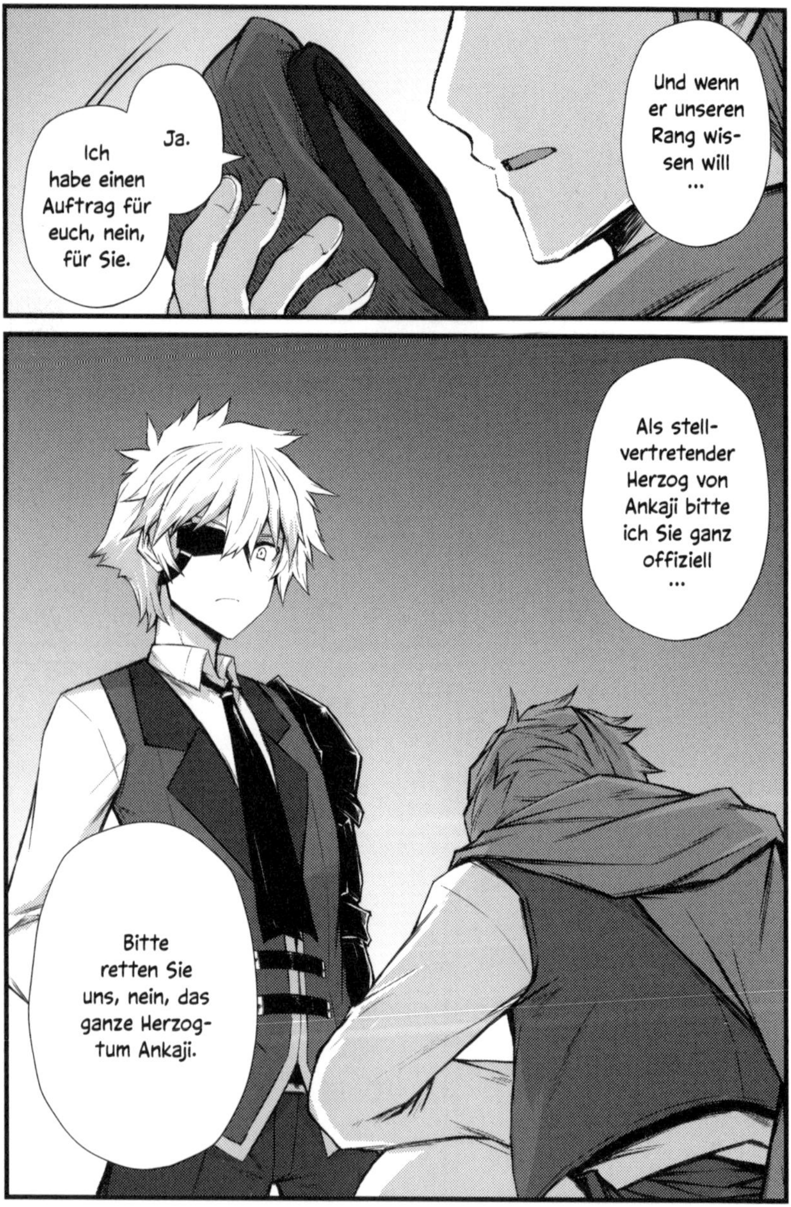
Und wenn er unseren Rang wis-sen will ...
Ja.
Ich habe einen Auftrag für euch, nein, für Sie.
Als stell-vertretender Herzog von Ankaji bitte ich Sie ganz offiziell ...
Bitte retten Sie uns, nein, das ganze Herzog-tum Ankaji.

ARIFURETA

DER KAMPF ZURÜCK IN MEINE WELT

Die glasklare weibliche Intuition der blutsaugenden Prinzessin

In letzter Zeit verhielt sich Hajime seltsam. Als ich das gegenüber den anderen erwähnte, meinten sie:

»Findest du? Auf mich wirkt er so wie immer.«

»Genau, sein abwehrender Schlag eben war noch genauso kräftig und zielsicher wie sonst auch.«

»Stimmt was nicht mit Papa?«

Herrje, ihre Antworten zeigten unmissverständlich, dass sie absolut keine Ahnung hatten. Doch es bestand kein Zweifel. Seine Ausstrahlung wäre auf einer Skala von null (trübselig) bis hundert (fröhlich) normalerweise eine 50, doch derzeit war sie auf 48 abgefallen. Auch seine Augen verharrten im Schnitt drei Millisekunden kürzer im offenen Zustand und der kurze Prozess des Blinzelns dauerte entsprechend merklich länger. Zudem antwortete er durchschnittlich 0,3 Millisekunden langsamer und hob die Mundwinkel beim Lächeln um zwei Grad weniger als sonst. Diese Veränderungen sollten selbst für Leute, die Hajime nicht wie ich selbst im Schlaf und unterbewusst ständig im Blick hatten, offensichtlich sein. Wie konnte ihnen das bloß entgehen?

Tio und Myu, die erst seit Kurzem dabei waren, konnte ich das gerade noch nachsehen. Aber du, Shea, enttäuschst mich zutiefst. Und du willst ernsthaft behaupten, dass du Hajime liebst?! Schäm dich!

»Oha, du machst mir in vielerlei Hinsicht echt Angst. Und was hast du überhaupt für Anforderungen? Da wird man doch verrückt.«

»Das findet selbst sie als seine Nebenfrau unheimlich.«

»Du weißt echt alles, Yue!«

In ihren Gesichtern spiegelte sich blanke Abscheu wider, als würden sie einer manischen Stalker-Psychopathin gegenüberstehen. Ich bekam große Lust, meinen Donnerdrachen auf sie loszulassen, aber weil die süße, kleine Myu dabei war, ließ ich noch mal davon ab.

Wie dem auch sei, zurück zum eigentlichen Thema: Hajime. In Wahrheit hatte ich eine grobe Ahnung, was der Grund seiner Veränderung war. Wir befanden uns auf dem Weg nach Holard, der Stadt, in der der Orkus-Dungeon war. Dies war der schicksalhafte Ort, an dem Hajime das letzte Mal in die Tiefen der Hölle gestürzt war. Offensichtlich erinnerte sich Hajime unbewusst an diese Zeit, an seine alten Kameraden und den bitteren Verrat und Mordversuch. Und dann wäre da noch ...

Kaori Shirasaki ...

Die Frau, die hartnäckig in den Tiefen von Hajimes Herzen verblieben war. Als wir in trauter Zweisamkeit im versteckten Haus am Grunde der Hölle hausten, hatte er mir auf mein Quengeln hin von der Zeit erzählt, bevor sie in diese Welt gerufen worden waren. Dabei fiel sehr zu meinem Missfallen auch immer wieder ihr Name. Allerdings hatte Hajime bereits mit *ihr* abgeschlossen, so viel war klar.

Meine weibliche Intuition sagte mir, dass es ihr Ernst war – dass sie ernsthafte Gefühle für Hajime hegte.

Noch immer hatte sie nicht aufgegeben, im Gegenteil: In der Zeit ohne ihn waren ihre Gefühle nur umso stärker geworden.

Doch zugleich war mir klar, dass sie nicht noch einmal zusammenfinden würden.

»Ha ha ha, na wie du willst. Versuch es doch. Dann werde ich dir demonstrieren, dass Lichtjahre zwischen uns liegen.«

»Y… Yue ist ja plötzlich wie im Blutrausch. Irgendwie wird sie immer labiler, je näher wir Holard kommen. Das macht mir Angst!«

»Nicht Hajime, sondern du verhältst dich seltsam, Yue. Was ist das überhaupt für eine masochistische Lache? Da sträuben sich mir sämtliche Haare! Ha ha.«

»Papa! Komm endlich von der Toilette wieder! Die anderen streiten sich!«

Shea und die anderen veranstalteten einen ziemlichen Lärm, aber da es gerade Wichtigeres gab, beließ ich es dabei. Erst mal musste ich mir überlegen, wie diesem neuen Feind …

»… am besten aus dieser Welt tilge.«

»Wen willst du umbringen?!«

»Papa! Yue will jemanden umbringen!«

Sprich dein letztes Gebet, denn ich werde dir zeigen: Es gibt nur eine auf dieser Welt, für die Hajime Augen hat, und zwar mich!

Wie sich herausstellte, lag ich mit meiner weiblichen Intuition goldrichtig. Kaum kamen wir in Holard an, bat man uns bereits, die Helden zu retten. Unter ihnen befand sich natürlich auch *sie*.

Anfangs zögerte Hajime, da er nicht die Aufmerksamkeit der Götter auf sich ziehen wollte, indem er sich mit den Helden einließ. Das war meine Chance zu glänzen – als verlässliche Partnerin mit viel Lebenserfahrung. Das würde den anderen zeigen, dass ich als seine Geliebte auch für ihn sorgen konnte. Ich hätte versagt, wenn ich meinem Geliebten nicht im entscheidenden Moment den nötigen Schubs geben würde – selbst wenn *sie* der Grund war, weshalb Hajime ihnen überhaupt zur Rettung eilen wollte.

Ich war bestens vorbereitet, meine Vormachtstellung bis aufs Letzte zu verteidigen. Es gab keinen Anlass zur Sorge. Schließlich war Hajime mir derart verfallen, dass er dieselben Qualen erneut durchmachen würde, um mich am Grunde der Hölle zu treffen. Das würde ich ihr nach ihrem tränenreichen Wiedersehen klarmachen und sie in ihre Schranken verweisen.

»Yue? Woher kommt denn die gute Laune auf einmal?«

Ups, ich habe mich gehen lassen. Fast wären meine überquellende Liebe zu Hajime und der Hass auf sie mit mir durchgegangen.

»Ich will bloß deine Gefühle in Ehren halten, Hajime«, antwortete ich ausweichend.

»Verstehe. Danke, Yue.«

»Gern.«

Hach, wie liebevoll er mich ansah! Diesen Blick liebte ich mehr als alles andere. Shea starrte mich schmollend an, doch ich tat so, als würde ich nichts bemerken.

Auch unser Führer, dieser Endo oder wie er hieß, warf uns verstohlene Blicke zu. Irgendwas an ihm war merkwürdig. Die ganze Zeit über schon griffen ihn die Monster nicht an, als hätte er sich mittels Magie unsichtbar gemacht. Doch das hatte er nicht. Sie nahmen ihn nicht einmal wahr. Schlimmer noch: Mein Bewusstsein vergaß ganz unvermittelt, dass es ihn überhaupt gab. Auch wenn ich ihn eindringlich musterte, bekam ich kein rechtes Gefühl für sein Gesicht. Selbst Luft war gegenwärtiger.

»Sag mal, Hajime ...«

»Was ist denn?«

»Ist dieser Junge überhaupt ein Mensch?«

»Ich verstehe, worauf du hinauswillst. Wenn es das leichter macht, stell ihn dir einfach als mysteriöse Lebensform irdischen Ursprungs vor. Seine Berufung ist Assassine.«

Ein Meuchelmörder, das leuchtet ein. Wenn er ganz allein aus den Tiefen dieses Dungeons zurückgekehrt war, dürfte er in der Tat ziemlich mächtig sein.

»War er es, der dich heruntergestoßen hat?«

»Nein, nicht er. Aber mach dir darüber mal keinen Kopf.«

Ich verstand durchaus, dass Hajime keine Zeit damit verschwenden wollte, der Sache weiter nachzugehen oder Rache zu üben. Aber wenn er nicht der Täter war, dann war ja alles gut. Wenn jemand seines Kalibers dahinterstecken würde, hätte ich das nicht auf die leichte Schulter nehmen können. Fast hätte ich ihn im Eifer des Gefechts umgebracht, um diese Sorge aus der Welt zu schaffen.

»W... Was ist hier los? Mir sträuben sich plötzlich alle Haare!«

Selbst seine Intuition ließ nichts zu wünschen übrig. Sicherheitshalber setzte ich ihn auf meine Liste. Würde er sich als Feind entpuppen, würde ich kurzen Prozess mit ihm machen. Doch als fähiger Verbündeter Hajimes könnte er uns aus dem Verborgenen gute Dienste erweisen.

Während ich über unsere Optionen nachdachte, bemerkten wir plötzlich einen ungeheuren Magiestrom. So, so, das musste der Held sein. Zumindest in der Hinsicht wurde er seinem Titel gerecht.

Da Hajime nun wusste, wo sich sein Ziel befand, pulverisierte er den Grund ohne Umschweife mit dem »Pile Bunker«. Hervorragend – der kürzeste Weg ist doch einfach der beste Weg. Als wir ankamen, fanden wir *sie* vor.

So, so. Schlecht sah sie schon mal nicht aus. Sie strahlte eine gewisse Gepflegtheit und Reinheit aus, doch in ihren Augen spiegelte sich eine große Entschlossenheit. Von der Figur her war sie auch nicht zu verachten.

Herrje, und sie war Jungfrau. Das war definitiv das Gesicht einer verliebten Jungfer. Meine Intuition war schon wieder goldrichtig. Sie hatte nur Augen für Hajime, so viel stand fest. Auch mein Starren entging ihr völlig. Hajimes Erscheinung und Ausstrahlung hatten sich völlig verändert, aber das schien ihr nichts auszumachen. Ja, sie war wirklich liebreizend, geradezu goldig ... Eine Rivalin wie sie würde ich von Angesicht zu Angesicht zerquetschen müssen.

Während ich sie so musterte, erschallte plötzlich ein grauenvoller Schrei. Mir war sofort klar, von wem der kam. Das war der Kerl, der Hajime in den Abgrund gestürzt hatte.

Nur mit größter Mühe gelang es mir, mich zu beherrschen. Wenn ihre Retter plötzlich einen von ihnen angriffen, würde sicher großes Chaos ausbrechen. Zudem hatte Hajime selbst über seine Rache zu entscheiden und mich angewiesen, mich nicht einzumischen. Ich durfte ihn also nicht einfach eigenmächtig töten.

Aber ein kleines bisschen sollte doch in Ordnung sein, oder? Ich könnte ja kurz abrutschen und ihm seinen Arm mit meinem Azurdrachen verkohlen. Sollte ich ...?

Während das Teufelchen in meinem Kopf das Engelchen verdrängte und mir eindringlich ins Ohr flüsterte, demonstrierte Hajime eindrucksvoller denn je, dass ihm niemand gewachsen war.

Er war einfach so cool! Gebannt beobachtete ich, wie er dem Dämonenweib kaltherzig eine Kugel in den Kopf jagte. Alle Blicke waren auf ihn gerichtet. Ich konnte die Furcht in ihren Augen bestens nachvollziehen.

Gut so! Fürchtet euch, erzittert! Das ist nicht mehr der machtlose Hajime, den ihr kanntet. *Mein* Hajime hat viel mehr drauf!

Ich jubelte innerlich und überspielte meine tosende Wut auf Kaori Shirasaki, die Hajime von Gefühlen übermannt in die Arme gesprungen war, indem ich sie an den Schurken in der Stadt ausließ. Doch dann machte sich eine Unruhe unter den Zuschauern breit. So, so, unser ach so tolle Held war in echt deutlich kindischer als in meiner Vorstellung. Mit dem würde ich mich gar nicht erst einlassen müssen. Ich verstand nun, was Hajime meinte.

Aber eines erforderte definitiv meine Aufmerksamkeit, und zwar Kaoris Blick. Erkannte ich da Furcht und Enttäuschung? Sie fasste sich wieder, doch als sie Hajime erneut ansah, begann sie zu zittern.

Ehrlich gesagt war ich etwas enttäuscht. Ich hatte mit einer hartnäckigen Rivalin gerechnet. Wenn sie das davon abhalten würde, sich zwischen Hajime und mich zu stellen, sollte das eigentlich ein Grund zur Freude sein. Doch irgendwie ...

Was ist mit den Gefühlen von Hajime, der dich retten wollte?

Innerlich wie äußerlich zerstört und komplett verändert war er aus den tiefsten Tiefen hochgekrochen. Würde Kaori diesen neuen Hajime etwa ablehnen?

Aber selbst wenn, würde es ihm nichts ausmachen. Bestimmt würde er nur mit den Schultern zucken und sagen, er hätte das nicht für sie getan. Hajime würde ihr den Rücken kehren und wie bisher weitermachen.

Aber ein bisschen traurig wäre das schon. Ich wollte, dass er für seine Taten belohnt würde. Wie ein Lehrer, der nicht will, dass sein Schützling sich von allen abschottet oder wie ein Mädchen, das verspricht, das Leben nicht zu vergeuden, das er gerettet hat.

Ich hätte es einfach dabei belassen sollen, aber ich musste sie ja unbedingt provozieren. Letztendlich fasste sie sich wieder. Fast so, als wäre nichts gewesen. Obwohl er sie eindeutig abgewiesen hatte, strahlte sie eine felsenfeste Entschlossenheit aus. Und dann wäre da noch dieses Maskenmonster hinter ihr.

Aber gut, dann komm doch, wenn du dich traust! Du wirst noch Rotz und Wasser heulen! Und auf einem Weg werde ich alles über Hajimes Schulleben aus dir herausquetschen, über das er sonst nicht spricht! Mach dich schon mal auf schlaflose Nächte gefasst!

Auch von dieser Shizuku Yaegashi wirst du mir alles erzählen. Die bringt Hajimes Überzeugungen noch ins Wanken. Denn obwohl sie selbst so stark ist, scheint sie Hajime zu vertrauen.

Erneut warnte mich meine glasklare weibliche Intuition: »Lass sie nicht aus den Augen. Auch sie ist gefährlich.«

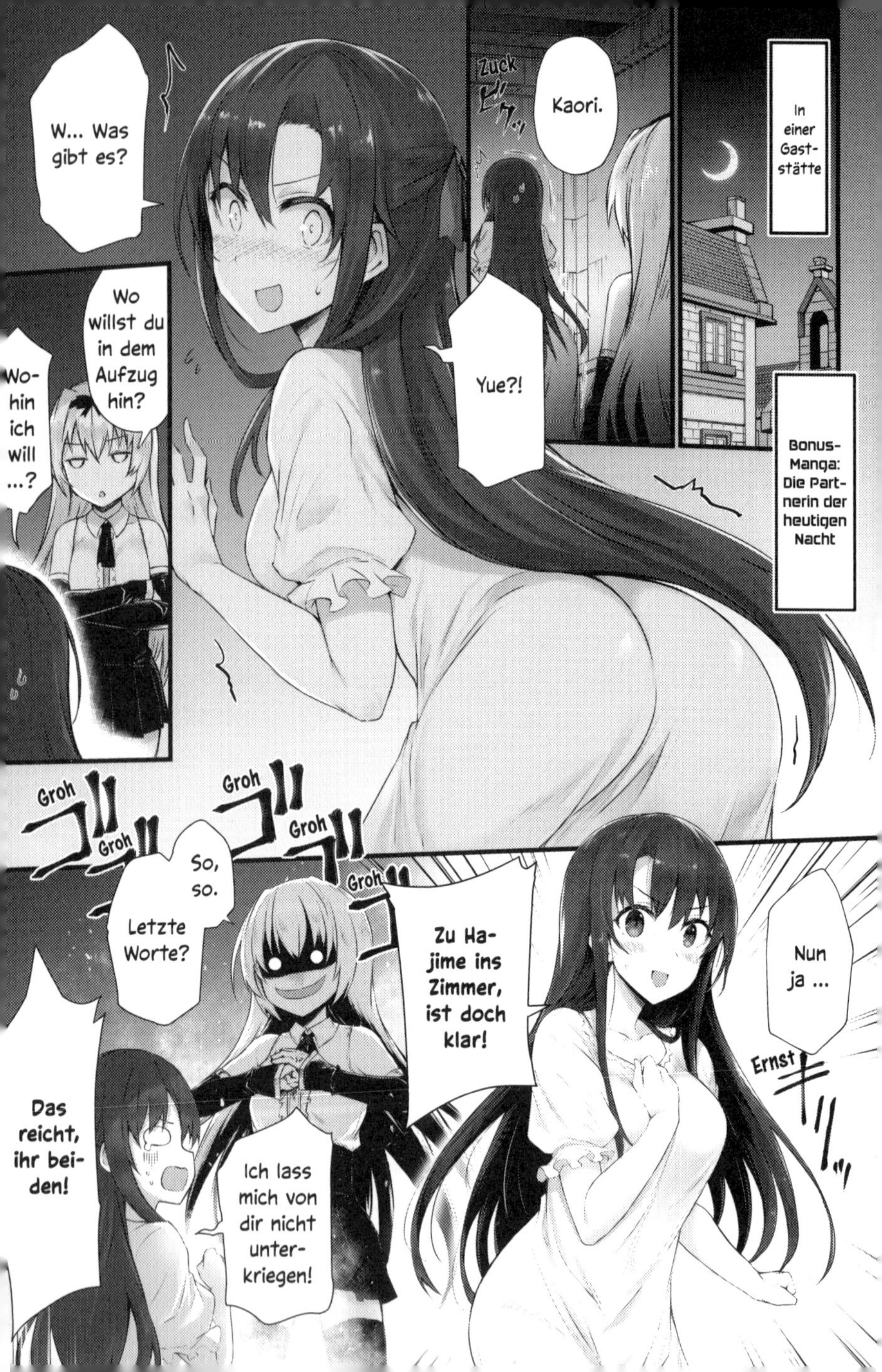

In einer Gaststätte
Zuck
Kaori.
Yue?!
W... Was gibt es?
Bonus-Manga: Die Partnerin der heutigen Nacht
Wo willst du in dem Aufzug hin?
Wohin ich will ...?
Groh
Groh
Groh
Groh
Groh
Nun ja ...
Ernst
Zu Hajime ins Zimmer, ist doch klar!
So, so.
Letzte Worte?
Ich lass mich von dir nicht unterkriegen!
Das reicht, ihr beiden!

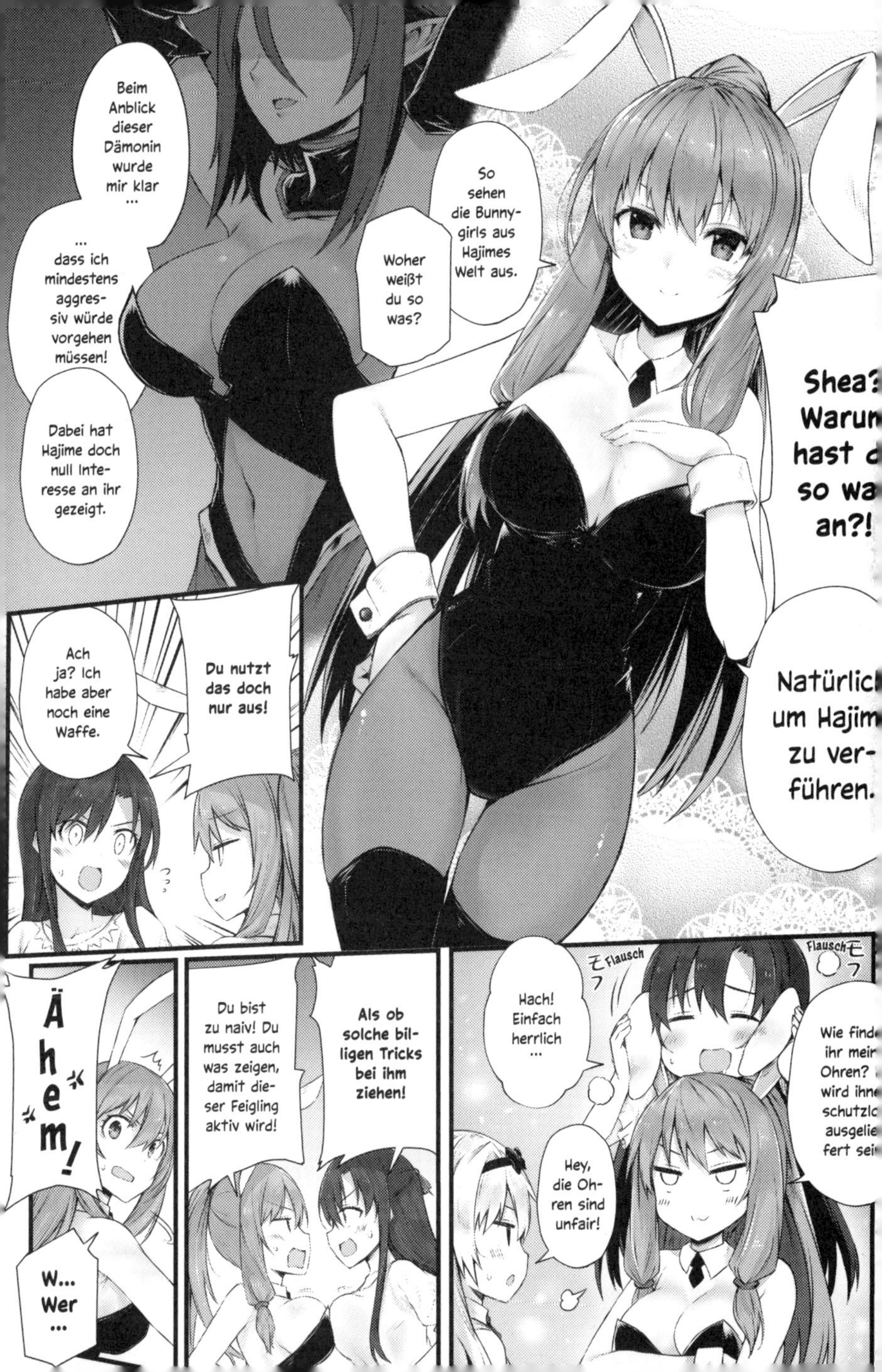

Shea? Warun hast d so wa an?!
Natürlic um Hajim zu ver-führen.
So sehen die Bunny-girls aus Hajimes Welt aus.
Woher weißt du so was?
Beim Anblick dieser Dämonin wurde mir klar ...
... dass ich mindestens aggres-siv würde vorgehen müssen!
Dabei hat Hajime doch null Inte-resse an ihr gezeigt.
Du nutzt das doch nur aus!
Ach ja? Ich habe aber noch eine Waffe.
Flausch
Wie finde ihr mein Ohren? wird ihne schutzlo ausgelie fert sei
Flausch
Hach! Einfach herrlich ...
Hey, die Oh-ren sind unfair!
Als ob solche bil-ligen Tricks bei ihm ziehen!
Du bist zu naiv! Du musst auch was zeigen, damit die-ser Feigling aktiv wird!
Ähem!
W... Wer ...

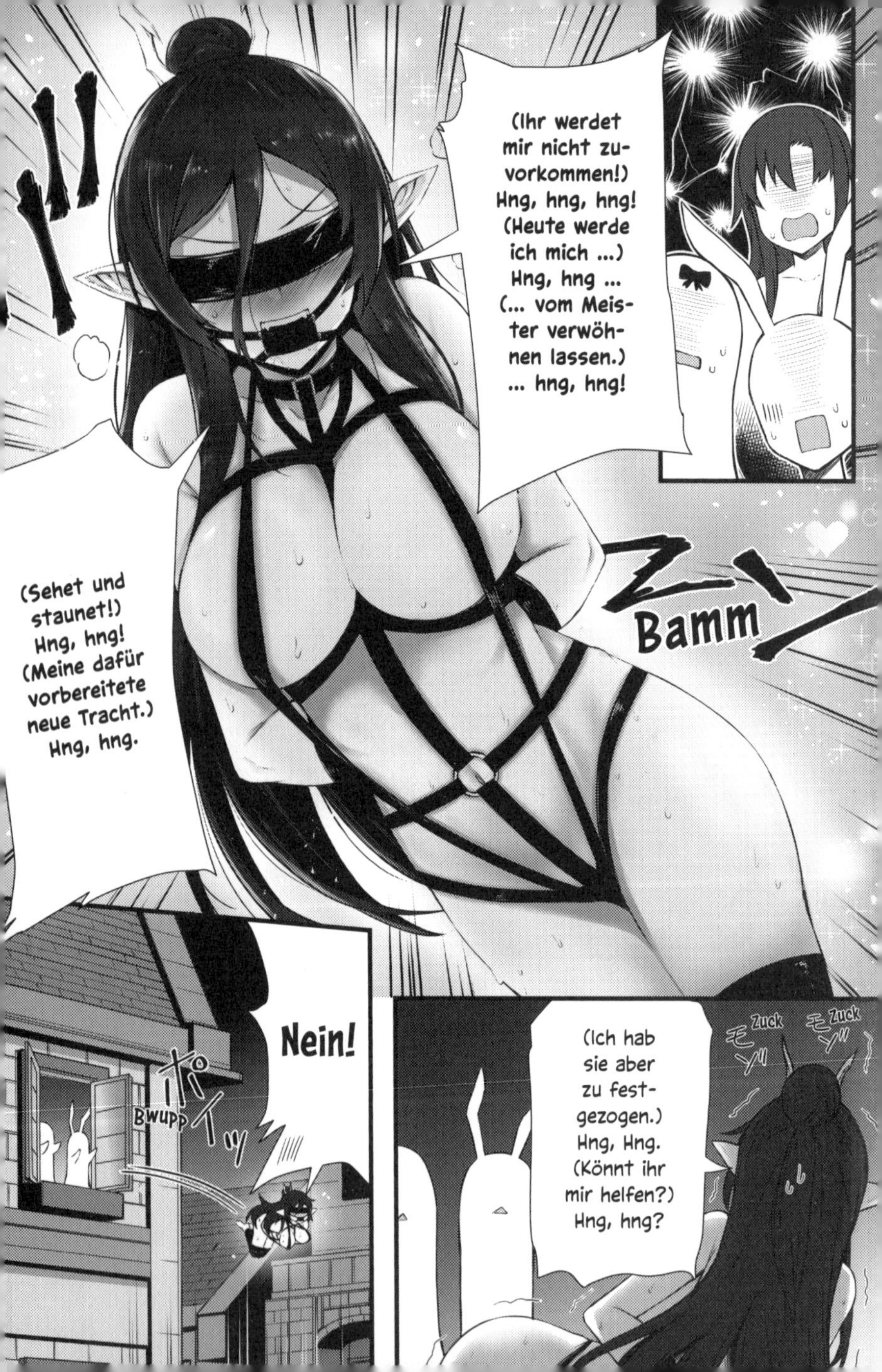
(Ihr werdet mir nicht zuvorkommen!) Hng, hng, hng! (Heute werde ich mich ...) Hng, hng ... (... vom Meister verwöhnen lassen.) ... hng, hng!
(Sehet und staunet!) Hng, hng! (Meine dafür vorbereitete neue Tracht.) Hng, hng.
Bamm
Zuck
Zuck
(Ich hab sie aber zu festgezogen.) Hng, Hng. (Könnt ihr mir helfen?) Hng, hng?
Nein!
BWUPP

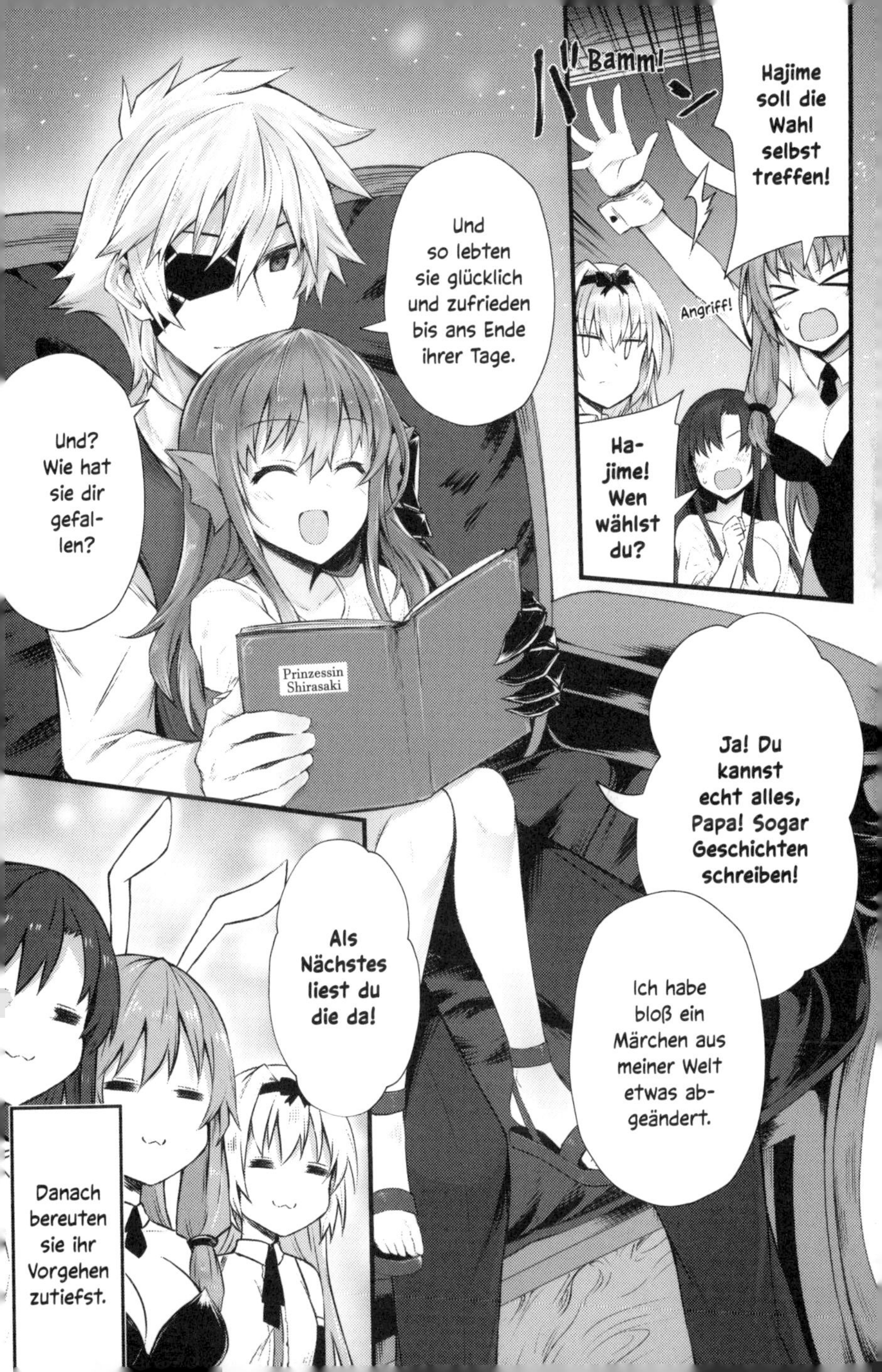

Bamm!
Hajime soll die Wahl selbst treffen!
Angriff!
Ha-jime! Wen wählst du?
Und so lebten sie glücklich und zufrieden bis ans Ende ihrer Tage.
Und? Wie hat sie dir gefal-len?
Prinzessin Shirasaki
Ja! Du kannst echt alles, Papa! Sogar Geschichten schreiben!
Ich habe bloß ein Märchen aus meiner Welt etwas ab-geändert.
Als Nächstes liest du die da!
Danach bereuten sie ihr Vorgehen zutiefst.

Glückwunsch zur Veröffentlichung von Band acht und danke für den Kauf!
Ich bin Shirakome, der Autor.
Mit diesem Band endet nun ein Abschnitt von *Arifureta*.
Als Autor sollte ich vielleicht nicht so emotional werden, aber ich habe es sehr genossen, wie Hajime die Feinde niedergemäht hat und wie sehr Kaori das Wiedersehen mit ihm innerlich und äußerlich bewegt hat.
Mittlerweile wurde Staffel 2 des Anime angekündigt, deren Inhalt in den nächsten Bänden eine Rolle spielt. Ich freue mich schon darauf, Manga und Anime zu vergleichen!

Ryo Shirakome

Band acht ist fertig und diesmal stößt Kaori hinzu.
Mit ihr wird die Gruppe zu einem hitzigen Schlachtfeld.
Wie wird es wohl weitergehen?
So viel von mir.

RoGa

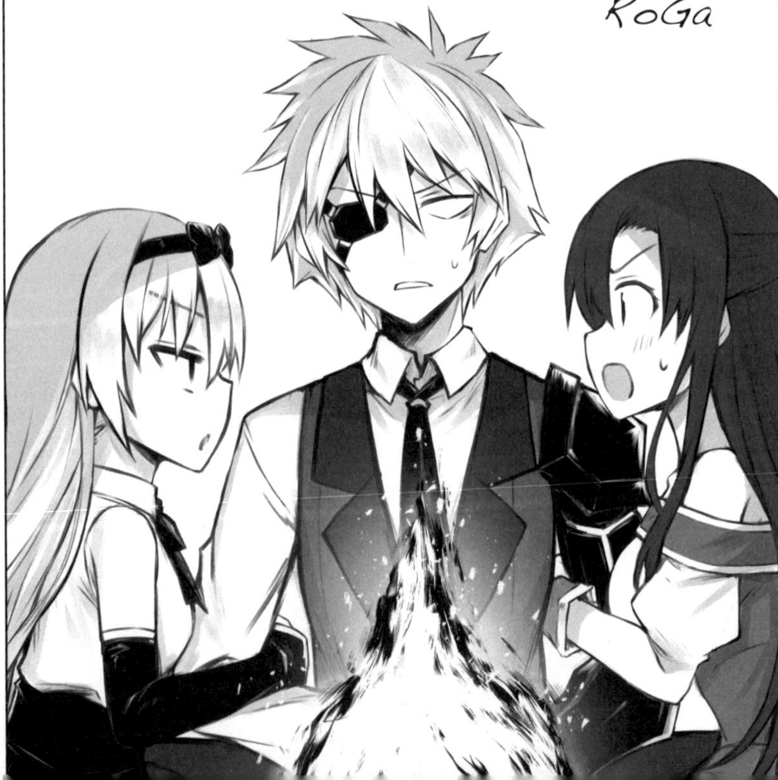

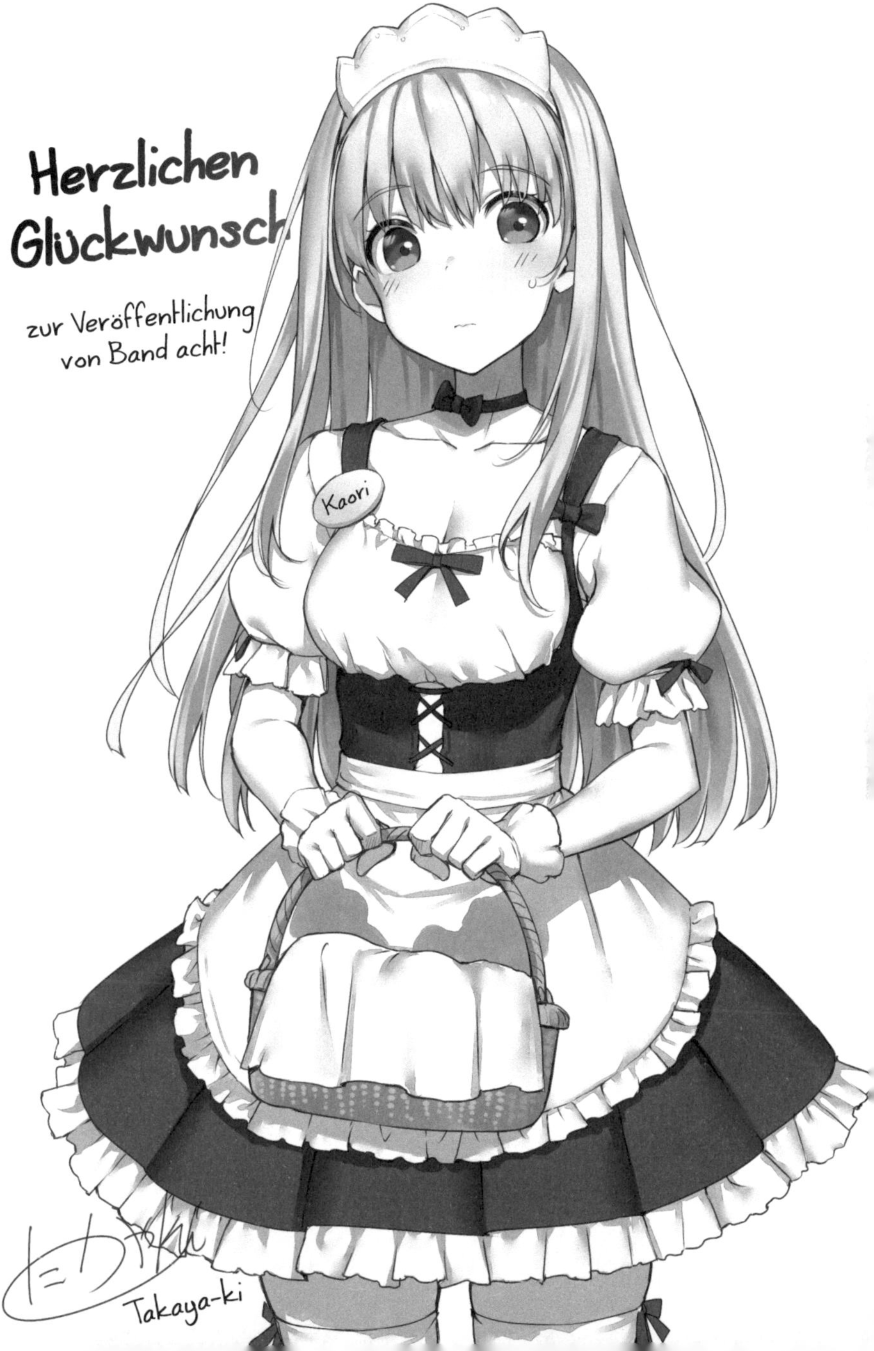
Herzlichen Glückwunsch
zur Veröffentlichung von Band acht!
Kaori
Takaya-ki

RoGa

Band 8 ist fertig. Diesmal stößt Kaori hinzu.
Mit ihr wird die Gruppe zu einem hitzigen Schlachtfeld.
Wie wird es wohl weitergehen?
So viel von mir.

Deutsche Ausgabe / German Edition
Altraverse GmbH – Hamburg 2022
Aus dem Japanischen von Ruben Grest

Redaktion: Anh Tu Nguyen
Herstellung: Michaela Müller
Lettering: Vibrant Publishing Studio

Druck: CPI books GmbH, Leck
Printed in Germany

MIX
Papier
FSC FSC® C083411

ISBN 978-3-7539-0345-3
2. Auflage 2022

www.altraverse.de